公法名著译丛

贪婪、混沌和治理
——利用公共选择改良公法

〔美〕杰里·马肖 著

宋功德 译 毕洪海 校

商务印书馆
2009年·北京

Jerry L. Mashaw

Greed, Chaos, and Governance

Using Public Choice to Improve Public Law

Copyright © 1997 by Yale University

本书根据耶鲁大学出版社 1997 年版译出

《公法名著译丛》编委会

主编 罗豪才

编委（按姓氏笔画为序）

王振民　包万超　卢建平　朱苏力　米　健
张千帆　陈弘毅　陈新民　季卫东　信春鹰
姜明安　贺卫方　夏　勇　韩大元

目 录

前言 ··· 1
第一章 实证政治理论的挑战 ······································· 5
    联邦党人与新政政治学 ·· 9
    当代实证理论 ·· 18
    实证政治理论的潜在影响 ······································ 35
    失败的回应 ·· 41
第二章 探寻可用的知识 ··· 50
    评估利益集团理论 ·· 52
    投票理论的缺点与优点 ·· 66
    前面的任务 ·· 70
第三章 公共选择与理性审查 ······································· 79
    理性审查：法律领域概观 ······································ 81
    宪法领域的公共选择观 ·· 86
    真实的例证 ·· 87
    技巧、逃避与司法(不)克制 ··································· 95
    公共选择能否带我们走出这种混乱？ ··························· 103
    多数派、少数派与"民主"压制 ································· 107
    公共选择的教训与法律限制 ··································· 109

公共选择的危险信号与司法克制……………………… 117
第四章 立法机关、交易与法律解释………………………… 129
　　进入公共选择理论——入场………………………… 136
　　利益集团视角的种种运用…………………………… 138
　　"投票理论"视角下的法律解释……………………… 151
　　博弈论的影响………………………………………… 159
第五章 解释行政过程………………………………………… 167
　　理想主义、现实主义及比较性检验………………… 170
　　行政程序的模式……………………………………… 175
　　评估相关的证据……………………………………… 195
第六章 行政官员应当作出政治决定吗？…………………… 207
　　授权与宪法学说……………………………………… 208
　　授权、责任制与法治………………………………… 214
　　公共选择对禁止授权争论的贡献…………………… 221
　　法律的模糊性与公共福利…………………………… 224
　　法律的模糊性与选举责任…………………………… 229
　　支持宽泛授权的理由………………………………… 232
　　总统制下的责任制…………………………………… 238
第七章 行政决策的法律控制："司法审查博弈"…………… 247
　　放弃规章创制及其成因……………………………… 251
　　司法审查的博弈论分析……………………………… 261
　　政策的评估…………………………………………… 272
第八章 分权与管制决策……………………………………… 286
　　政治与规章创制……………………………………… 287

博弈、总统与国会 …………………………………………… 294
　　立法/行政机关的分权博弈 …………………………………… 303
　　从博弈到制度设计 …………………………………………… 309
第九章　公共选择语用学 …………………………………………… 315
　　该死的公共选择 ……………………………………………… 315
　　投票理论的教训 ……………………………………………… 317
　　利益集团分析的教训 ………………………………………… 320
　　博弈论的教训 ………………………………………………… 321
　　对行政官员的授权：综合的例证 …………………………… 323
　　公共选择与为了公共利益的改革 …………………………… 326
索引 …………………………………………………………………… 329

前　　言

本书的构思经历了一个有些不合常规的漫长过程。我对公共选择观念产生兴趣，直接源于詹姆斯·M. 布坎南（James M. Buchanan）与戈登·塔洛克（Gordon Tullock）的经典著作《同意的计算》（The Calculus of Consent）。亨利·曼恩（Henry Manne）于1971年在罗切斯特（Rochester）举办的首期法律与经济学"法律教授夏令营"中，要求我们去阅读这本书。这就引导我变成"飞马"的创始成员之一，这是一个由弗吉尼亚大学和弗吉尼亚理工学院（Virginia Polytechnic Institute）的法律人与经济学家共同组成的公共选择研究小组，布坎南和图洛克都位列其中。在1970年代早期，我们在夏洛茨维尔（Charlottesville）和布莱克斯堡（Blacksburg）两地轮流举行每月集会，宣读论文，喝酒并一直争论到深夜。

类似的骚动不安也在别处暗潮涌动。1950年代晚期和1960年代的那些孤寂的、寥若晨星的公共选择学者，到1970年代时，已经发展成拥有全国性的理论研究会与令人尊敬的杂志的重要智识运动。在我的记忆中，那个年代公共选择学会的会议颇有一些"疯狂科学家"的性质。当杀青的论文鼓吹可能适用于所有集体人类行为的新公共选择"结果"时，睡眼惺忪的年轻实践者就在宾馆的便签簿上对这些定理进行证明。公共选择帝国主义的诉求获得了回报。公共选择观念对于社会科学具有的普遍重要性,不久就因威廉·赖克斯(William Rikers)荣任美国政治学协会的主席获得了证明。乔治·斯蒂格勒(George Stigler)与詹姆斯·布坎南随后不久获得了诺贝尔经济学奖。

尽管法学研究,特别是那些与法律经济学有关的曾因为这些观念而兴奋不已,但公共选择却被证明是难以驯化的。确实,一些学院派法律人迅速运用这种新知识去"解释"每件事,从联邦贸易委员会的指控政策到建立独立司法机关的原因。不过,对我们当中的多数而言,公共选择同僚们的简陋构造似乎同时呈现出焦虑不安与离经叛道这两种特点。之所以显得焦虑不安,是因为他们有可能就公共制度与公共政策的动态性提出某些坚定的看法;之所以显得离经叛道,是因为同那些公共选择领域中具有文化和制度性贫血的主体相比较而言,现实世界看起来是如此的复杂多变且不拘一格。

在公共选择与公法边缘游历了十年之后,我对这一领域仍然情有独钟。与此同时,我又因为无力将公共选择理念整合到可以在法律解释或制度设计层面利用的知识当中,从而有些心灰意冷。然而,当我收到1986年冬去西北大学法学院作罗森塔尔(Rosenthal)演讲的邀请之后,我再次被激励去面对这个问题。我计划向那些苛刻的听众至少描述一番公共选择之于公法的意义,而且按照邀请的条件,将这些讲座的内容转换成为一本书。

尽管完成这一项目耗费了我另一个十年的时间,但1986年2月在芝加哥那些寒冷的日子里提出和争论的观念依然鼓舞着随后的篇章。当我拓宽同时也深化这一研究时,我的目标始终未变,就是持一种介于公共选择理论的拥护者与恶意批评者之间的中间立场——也就是不仅要在各种公法情形中证明由于认真对待公共选择观念产生的洞见,而且还要证明对那些理论狂热保持一种批判性距离的必要性,这种狂热有时候缺乏内在的一致性,更不用说获得经验证据的支持了。

显然,如此漫长的智识冒险旅行并非独自进行的。实际上,在这一点上,我已经无法完全回忆起那些曾经激励、批评与支持我努力的人的情谊,更不要说感谢了。除了罗森塔尔演讲的催化性贡献之外,我必须提及以下数个发挥过至关重要影响的人。首先是我过去的同事与长久的朋友沃伦·施瓦茨(Warren Schwartz),他一直都在挑剔、引诱和鼓舞我。我无数的耶鲁同事——布鲁斯·阿克曼(Bruce Ackerman)、阿克西尔·阿马(Akhil Amar)、朱尔斯·科尔曼(Jules Coleman)、迈克尔·格雷茨(Michael Graetz)、阿尔·克莱沃赖克(Al Klevorick)以及特德·马默(Ted Marmor),都曾阅读和评论过这些篇章的不同版本。更为重要的是,就讨论大大小小的观点而言,他们是一群知识渊博的对话者。

最后,我还对公共选择学者这个群体欠下大量的智识之债,我这里所探讨的许多问题也是他们近年一直在努力解决的,有时是为了实现不同的目标。我还要感谢诸如马修·麦卡宾斯(Matthew McCubbins)、罗杰·诺尔(Roger Noll)、巴里·温格斯特[Barry Weingast(McNollgast)]、约翰·费内中(John Ferejohn)、莫·菲奥里纳(Mo Fiorina)以及肯·谢普瑟(Ken Shepsle),等等,他们已经成为我灵感与刺激的不断源泉。如同我希望在随后的篇章里使你相信的那样，他们大概有一半是对的。

我要再一次感谢我的助手帕特里夏·帕杰(Patricia Page)。帕杰打印过的这些篇章版本如此之多，以至于她有可能仅凭记忆就能背诵出全部的内容。

第一章 实证政治理论的挑战

据报道,巴勃罗·毕加索在评论其所画的格特鲁德·斯坦(Gertrude Stein)肖像画时曾说:"每个人都认为她一点都不像她的画像,不过不要紧,最后她会设法看起来像它的。"

毕加索的这种评述可以说是他著名的自负的产物,但却包含着一个重要的洞见。我们自己就经常成为我们关于这个世界的画像的俘虏,最后,即使这个世界看起来并非正好与它们相像,但它们对我们的观念却仍会产生深远的影响。

我要讨论的画像并非绘画意义上的图像,而是理论,亦即对我们的政治世界如何组织以及如何运转的言语描述。它们向我们提供的是关于在政治生活中寻找什么与期待什么的精神意象,其方式与毕加索的肖像画引领我们期待而且或许发现斯坦长得是某种样子的方式几乎如出一辙。不过,我的主张要比毕加索更进一步。我要主张的是,这种来自图像或主题的影响不仅及于我们的期望与所见,而且及于我们的需要与断言。图像不仅带来了预言,而且带来了准则。我们关于是什么的设想指引着应当是什么的进路。

这种介于"是"与"应当是"、"实证性"或"描述性"与"规范性"或"偏好性"二者之间的联系,既为人们所熟悉,同时又是问题多多。我们对它的熟悉程度,就像狐狸与"酸"葡萄这个古代寓言那样。如果结果是不可得到的或认为力所不能的,那么我们往往就会通过转变对其可取性的看法的方法,使我们的失望趋于合理化。这极富当代性,如同前布什政府一位官员有些夸张的指示:"国民健康保险制度会把军事采购的节俭与美国国税局稽查的执著结合在一起。"简而言之,努力实现许多美国人主张要拥有的东西结果都证明他们事实上并不想要它。从这些过去和最近的例子当中,总的教训就已经变得很清楚了。我们与"是什么"有关的实证性信念,有力地抑制和塑造着我们关于什么是好的或者什么是可欲的这种规范性信念。

不过至今为止,这种介于"是"与"应当是"之间的关系同样也是问题多多的。实际上,运用理性理解这个世界的本性并预测个人或集体行动可能产生的影响,往往与伦理承诺或个人偏好形成鲜明的对照。在这一点上,实证理论只是在工具性的方面与规范论述有关。首先出现的是目标的界定,即什么是好的或什么是对的。而关于当前现实与变革动态性的理解,也就是实证理论,然后就提供了实现既定目标的全部策略。从这个角度看,偏好是无法获得理性解释的(每个人都具有个人的偏好),而道德则成为信仰问题。二者都不属于实证理论的范围。

这两种对立观念之间未必具有如此十足的反差。实证理论的工具性观念代表的可能仅仅是这样一种主张,即科学理性应当是某种"善"或"真"概念的工具,并非说我们关于"真实"或"可能"的信念就不会影响偏好。这种立场可以通过一种讽刺的评论集中体现出来,有时被认为是弗兰克·奈特(Frank Knight)所说的,"作为一位经济学家,我不能告诉你是否应该控制粮价。我能告诉你的是，如果你这样做了，那么饥饿无处不在。"

当然，奈特的辛辣评论在某个层面上也只是关于制度设计纯粹工具性的评论。我们可能不惜代价希望降低粮食价格，但奈特提醒我们，如果我们想要避免出现一些非常严重的副作用，那就需要采取比直接管制更迂回的路线。不过，该评论在偏好塑造方面的影响不完全是工具性的。通过把价格控制与严重短缺联系起来，奈特的警语会说服我们对政府任何干预市场价格的企图都要保持怀疑。这甚至会促使我们把所有的市场管制都与灾难景象联系起来。由此稍微向前走一小步，就会形成对任何政府管制的不信任以及反政府的意识形态，即谴责限制个人经济活动的任何集体努力，而不管其如何实施。从这一点来看，迅速削减政府行为的幅度和范围本身就变成了目标。个人行为是"好的"，而政府积极主动则是"坏的"。

当然，一位在精英学术圈子之外几乎不为人所知的经济学教授对价格控制的奚落，不可能对偏好塑造产生普遍的影响。对毕加索的斯坦肖像画的快速一瞥，也不可能深刻影响我们对其题材的看法。毕加索和我的观点都与不断地接触画像或观念有关，与习惯性适应或者文化适应的过程有关，这一过程既微妙又深刻。

从另一个经济性导向的例子也可以得出某种类似我说的内容。对于经济学家而言，"经济人"与计算器没有差别，就是为了通过理性的消费与生产行为来改善自身的处境。这当然只是一种简单化的假设。经济学家声称：只要通过假定人们好像是按照纯粹理性计算不同行为选择得失的方式行事，就能够预测市场结果。不过，最初（有时时间会延长）听到这一说法时，许多人发现微观经济学的基本行为假定在道德上自相矛盾。这种通常很强烈的反应似乎是建立在内疚与担心二者之上的。内疚是因为我们有时的确如同经济怪物那样行动;而担心则是因为将人类行为想象成似乎仅仅为"理性的个人利益"所驱动就会带来道德与政治上的不良后果。经济分析的这种始料未及的副作用不仅会帮助我们把利己行为合理化,还表明我们应当将自己培育成那种火眼金睛地计算个人得失的果敢姿态。如果以别的方式行事,那就是非理性的,或许是容易受骗上当的人。像经济人那样去思考,不仅会使我们失去对自私行为的内疚感,而且还会追求纯粹计算私利的生活。这可能会让我们担心。

这些内容,或许足以让人们同意我所持的弱一些的论点形式,即似乎事实或假定的事实至少会对政治价值产生一定的影响。但是,这一简单的探讨同样表明,"是"与"应当是"二者之间的关系既不是必要的,也不是一目了然的。

更好地理解这种主张的一种方法,就是考察我们在美国的政治生活中未能区分价值与事实的某些例子。实际上,我要提出的是,作为公民,我们阐述和理解我们多数弥足珍贵的政治理念、民主治理的方法,主要是我们关于人类在具体制度环境下实际上如何行为这种认识一直在发生改变的产物,而非关于民主本身之道德基础的理念一直在发生改变造成的。就此而言,我们需要考察的只是美国民主意识形态两个形成性阶段:共和国的成立阶段与进步主义/新政阶段。我们的探究就是要理解各个时期不同的"政治科学"如何塑造着具体的民主理念。然后,我们就会快进,考察我视之为20世纪晚期美国政治生活的主导景象。我有些夸张地把这种景象刻画为一个充满贪婪、混沌、自私自利与公众一盘散沙的世界。这种景象给当今的公共制度设计者提出了根本性的挑战,因为这种景象使得所有的公共行动都会让人深表怀疑。

我的基本主张是,这种观点已经在塑造着我们的公共生活,它不仅影响着我们的行为,还影响着我们认为什么是对的和善的。此外,由于我们支持的政治价值牢牢附着于我们关于人性与公共制度动态性的看法之上,我们无法简单地拒绝当代的个人主义或市场价值,支持其他的规范性承诺,像平等或共同体。如果我们要改革或更新我们的民主信念,那么就需要更好地理解我们可以从治理制度中合理地期望获得什么东西以及如何设计这些制度。实证政治理论,或者有时也被称为"公共选择理论"的主张,如果要在塑造我们的价值和帮助我们更好地设计公共制度方面扮演适当的角色,那么就必须按照自身的规定正视其描述的真实性。

联邦党人与新政政治学

联邦党人

关于我们的宪政史,一个得到广泛认可的观点就是,1787年采用的全国性政府方案不仅抛弃了美洲殖民地的社会价值,也抛弃了美国独立战争的激进民主价值,即保护有产者利益而且由"自然贵族"统治的制度。阅读麦迪逊在《联邦党人文集》第10篇

10　贪婪、混沌和治理

中关于联邦党人政治学的伟大论述,就可以看到这种解释的力量,而不是必然会得出它的某些追随者认为具有的阴谋意味。在《联邦党人文集》第 10 篇①中,当其建构旨在可以而且愿意保护个人权利的政府时,人民民主的不稳定性、压制性和无效性的倾向就被列为需要解决的主要问题。

你们可以回想一下,麦迪逊的分析结构首先是确定人民的不适原因在于人性,然后设计政府方案避免这些缺陷,而同时还可以保留该民主理念当中可行的内容。在麦迪逊关于人民民主的描述中,那种不可避免的、会导致多数人暴政、不公正以及瓦解民主合法性的宗派主义的力量,都会因国家的巨大规模、因使用代议制、因政府内部的制衡而被削弱。简而言之,这种新型的美国民主会避开许多人设想的民主形象,地方自治、直接的公民参与和人民多数人的主权。

联邦党人那些促成稳定的策略在多大程度上牺牲了人民民主理念,自然要成为许多反联邦党人小册子的主题。对于联邦宪法反民主的指责,《联邦党人文集》第 10 篇以两种不同的方式进行了回应,二者都仰赖于联邦党人政治学的实证理论假设。首先是关于可行性的基本主张。既然人民的政治行动会退化成为党派政治,那无论更大程度的人民控制还是州主权,都会造成功能紊乱。新政府或者是压迫性的,或者是无效的,或者兼而有之。其次,《联邦党人文集》第 10 篇通篇都贯穿着联邦党人与反联邦党人二

---

① 亚历山大·汉密尔顿、詹姆斯·麦迪逊、约翰·杰伊(Alexander Hamilton, James Madison, and John Jay):《联邦党人文集》(The Federalist),本杰明·弗莱彻·赖特(Benjamin Fletcher Wright)编,麻省剑桥:哈佛大学出版社,1961 年。

者之间在规范性承诺方面虽然细微但却十分明确的差异,这种差异既强化了联邦党人的实证理论,也被其强化。出自麦迪逊分析的民主自决仅被当作工具性目的。政府的根本目的在于维护正义,保护权利。如果人民民主会倾向于压制、无效和不稳定,就不足以保护权利,那就应当被抛弃。

要想弄明白这种对人民民主价值的看法是如何与联邦党人的人性观密切联系在一起的,我们只需要将其与著名反联邦党人的观点进行比较即可。反联邦党人设想了一种既能传授同时又能被公民美德所丰富的人民民主。在这种景象当中,公民通过直接参与治理实现其最高目标。这里的民主参与,同样并非对实现另外一种善——即公民美德,仅具有工具性的作用。这两个目标是不可分割的。公民美德之于民主参与的必要性,就如同民主参与之于公民美德的必要性。因此,反联邦党人指责(这一主张具有相当的可信性)联邦党人因担心强势民主可能产生的结果而导致他们取消了自我治理值得存在的唯一目标,即在公民当中培育公民美德。联邦党人对民主式自我统治的理解导致他们忘却了革命究竟是为何而起。

此外,在拒绝接受我们可以称之为"表达性民主"而支持"保护性共和主义"的理念之后,联邦党人更进一步。《联邦党人文集》第 10 篇认为,共同体的永恒利益,仅能够通过由具有美德之自然贵族组成的代表大会体现出来。人民民主必然带来一种错误的意识,身陷其中的人们在激情和利益的驱使之下无法关注公共利益。另一方面,那些因其领导才能被选中并有机会进行从容思考的代表们陷入宗派恶习的可能性较小。这种得到严格制衡的代表大会,因此并非只是一种对人民意志表达的简单替代,而是其真正的声音。在价值的显著转变过程中,"自然贵族"的统治变成了真正的民主。"正义",即维护个人自由和财产权利,在民主治理的结果与必要条件这两个方面,都取代了公民美德。

根据这种解释,《联邦党人文集》第10篇在令人信服地混淆"是"与"应当是"方面技艺高超。因为一种似乎完全源于人性以及制度设计塑造人性方式之"事实"的论点,人民意志既受到了压制,而同时又获得了加强。

进步主义者与新政拥护者

现在往前看一百二十五年。如果联邦党人政治学的胜利是作为代表人民真正声音的代议制民主的合法化,那么进步主义者和新政政治学的胜利则是行政国家的合理化。这些理论家所要解决的问题已经不再是麦迪逊与其同事为自己设定的问题了,即通过对多数派无节制行为谨慎的制衡来保护权利。实际上,这里问题几乎是相反的。理论研究的任务就是要使在下述社会中进行的改革合法化,这种社会需求的满足因为既得利益者遭到了阻碍。当然,正是部分归因于通过对我们联邦主义宪法的精心阐释以便对这些利益形成保护,从而使其成为"既得的"。不过,问题却并不只是在于法院。

麦迪逊的代表大会也已经是声名狼藉。非但不是具有美德的"自然贵族",到20世纪之交,多数立法机构都被认为腐败有余而能力不足。而且就新的抽样测验技术显示的大量舆论的表达而言,他们还被当作是守旧的瓶颈。因而"进步主义"政治学最初的特征就是再次对反联邦党人的根本理念感兴趣。以创制与复决形式表现出来的直接民主,被当作实现从看守者或守夜人国家转换成公众需要的积极或福利国家的制度手段而受到了欢迎。

但是在面临其他事实时,认为舆论比立法行为更"高级"是无法保证投身直接民主的。政治学因社会心理学的透视产生了一大串的事实。心理学理论与社会心理学家的经验性发现,越来越多地将非理性的驱使、狂热和偏见当作人类行为的主要成因。此外,个人的非理性,如果有什么区别的话,似乎通过集体行动被放大了。社会群体的这种"乌合之众"或者"禽兽之群"的景象是不可能就直接民主的可能结果得出乐观的看法的。社会心理学家提出的那种可怕景象似乎也得到了有关事件的支持,如德国和意大利法西斯的兴起以及最终的"民主"胜利。

如此一来,政治理论似乎就陷入了僵局。舆论要求采取行动以满足工业化和城市化产生的社会需求。对国会与州立法机关的研究表明,美国立法机关显然普遍存在的特征,诸如政党腐败、委员会权力以及论资排辈制度,限制了立法者理性或迅速地处理大量社会不幸的能力。代议制民主并未产生联邦党人政治学预期的那种对共同体共同利益的关注。不过,越来越多地依靠人民民主的动力显然也是危险的,因为实证理论和当前的事件都将投票者描述为冷漠无情和不负责任的。那么,在维持民主控制象征的情况下,可以设计出什么样的治理形式从而将活力与智慧结合在一起呢?

答案似乎是由另一门正在形成的实证理论领域提出的,即管理科学。19世纪末与20世纪初的工业增长被认为是技术和管理创新的共同产物。科学与管理结合的成功孕育出了一种乐观的看法，即以"有组织的智慧"来矫正社会的不幸。实际上，正在形成的管理理论似乎表明，无论是谁，只要把以科学方式组织起来的科学运用于任何问题，就都会取得成功。当代表大会无法促进麦迪逊"共同体的永恒利益"时，仍然有可能通过理性计划的方式促进这些利益。因而公共行政就成为满足公众需要的关键，而同时能够避免人民民主或代议制民主的功能错乱。

当然，问题在于如何处理"民主"本身。管理型政府初看起来似乎与自我统治十分不同，几乎是完全对立的。除非能够以某种方式解释说其支持的制度安排不必抛弃民主观念，否则进步主义政治学就不可能说服别人接受。进步主义者与新政拥护者面临着联邦党人曾经碰到的同样的挑战。此外，他们的主张还具有很强的相似之处：就根本而言，民主是人民获得其所需要之东西的治理制度。进步主义与新政理论家认为人们最想要的是"善政"，也就是追求政体真正长期利益的政府。一旦证明下述内容，即一个被过时的财产权利观念束缚并因由邪恶的政党机制做出立法政策选择的政府无法提供善政，直接民主会直接导向非理性的政策选择或威权主义，那么，只需要一小步就可以主张管理型政府是平民期望的那种政府了。行政国家变成了实现"理性民主"的制度工具，也就是通过"舆论"赋予人民需要的善政的制度。

请注意联邦党人的分析与新政政治学的重合程度。二者都对人民民主深表怀疑，并且都是因为大致相同的原因而担心，即公民的"激情"或"利益"会产生多数人的专制。20世纪的政治学只是给18世纪的观点添加了一层心理学色彩以及关于公众态度某些更科学的发现。但18世纪晚期与20世纪早期关于国家以及具体政府机构之适当角色的看法却存在显著的不同。此外,这些规范性的立场是建立在就如何构造社会组织根本不同的景象之上的,实际上也就是社会如何运作的景象。联邦党人与新政拥护者之间的这些差异,再次引人注目地彰显出实证理论对规范性理念产生的影响。

用最简洁的方式来说,那么联邦党人/新政拥护者的争论是先有鸡还是先有蛋的问题,也就是先有社会还是先有权利?在联邦党人的政治学中,个人具有自然权利。他们缔结旨在实现治理的社会契约主要是为了享有那些权利。为此,治国最主要的任务就是要设计一种机制,通过适当的制衡维持社会均衡并且保护个人的权利资格。

19世纪末20世纪初政治学的大量精力,都投入在对联邦党人这些基本假设的经验证伪方面。比较历史研究被用来证明并没有就前社会的自然权利达成协议,而且也不可能存在这种协议,简言之,自然权利是不存在的。类似研究揭穿了社会契约的神秘面纱。任何政府的发展都可以通过传统规范的演进,被解释为根植于具体的文化、地理和经济环境中;即便是有,也很少是通过有意识的制度建构行为进行的,其中包括公民缔结契约以建立具体的政府形式。

因而联邦党人关于制约、平衡以及均衡的机械设想被认为在历史或经验方面都是天真的。治理的现实并非停滞不前,而是变动不居的;制度并非是按照机械规律运作的,而是有机演化形成的。正如伍德罗·威尔逊在其经典的《美国的宪法政府》中所述：

> 我们各代政治家对孟德斯鸠的引证最为频繁，而且他们总是将其引证为政治领域的科学标准。在他的影响下，政治变成了力学。重力理论是最高的。
>
> 这种理论的麻烦是政府并非机器，而是一个有生命的东西。它并非根据万有理论出现的，而是根据有机生命理论出现的。能够解释这种现象的是达尔文，而非牛顿。政府依其环境进行修正，因其任务而成为必需，纯粹因其生存的压力而改变以实现其功能。没有一种有生命的东西能够让自己的各种器官相互抵制还能够存活。相反，其生命依赖于各种器官之间敏捷的协作，灵敏地回应本能或智慧的指示，目的的亲和一致。②

对社会事实之理解发生的这些变化，导致了与联邦党人根本不同的规范性规定。如果权利并非原始的，而政府并非契约，那么政府的主要目的就不可能是保护权利。相反，政府是实现社会意图的机构。如此一来，决定政府机构之"善"的，不是其所维持的具体契约谈判中当事人地位的能力，而是在不断变化的社会情境中的功能。政府的基本目标是公共福利，而非正义。而公共利益（public good）就在于追求公共福利。

---

② 伍德罗·威尔逊（Woodrow Wilson）：《美国的宪法政府》（*Constitutional Government in the United States*），纽约：哥伦比亚大学出版社，1911年，第56页。

第一章 实证政治理论的挑战　17

这种新的社会生活景象不仅改变了关于政府总体目的的观念,而且还改变了美国宪政基本规范构造具有的含义。再听一下威尔逊对"自主"(freedom)或"自由"(liberty)观念的论述:

> 政治自由存在于政府权力与个人特权最可行的修正当中;而就事务的延缓与促进以及公民的满足而言,改变这种修正的自由与修正本身同样重要。
>
> 如果需要的话,我们可以用很多类比阐释这种观念……当我们谈及精确制造的发动机里的活塞连杆的"自由"运动时,当然明白它的自由是与其精确修正相称的。最低限度的修正偏差都会造成摩擦生热,并致其生硬而难以操作。虽然在一个充满不计其数力的世界中并不存在丝毫不受限制意义上的自由,但当根据其周边的力进行最佳修正之后,每一个力都能够以最佳的方式运动。尽管精神事物与物质事物不具有完全的可比性,而政治自由是人们精神方面的东西;但当我们谈及影响我们的精神的事物内部摩擦时,并未觉得它完全就是形象化的说法而已。因而,这样说就算不上促成性的类比,即最自由的政府就是摩擦最小的政府,亦即政府权力与个人特权二者之间的摩擦最小。尽管修正会因年代有所不同,但其原则却是一直不变的。宪治政府作为维护自由的工具,就是维持对权力之修正的工具,而且必须具有不断进行调整的机关。③

---

③　伍德罗·威尔逊:《美国的宪法政府》,第5-6页。

既然存在这种激进的变动,那么认为联邦党人的政府结构不充分也就不足为奇了。在威尔逊的分析中,只有主导性政党在政府宪政框架之外兴起才会使国家的地位成为可能,并避免因为缺乏活力或纪律而导致彻底崩溃。当然,美国政府不可能永远都仰赖于非公共的而且经常会腐败的政党结构,来提供20世纪的社会与经济生活所需要的长期计划以及有纪律的实施。因而进步主义者及其新政继承人就选择了"非政治"(apolitical)的行政国家作为公共意志的适当表达。我们对"民主"及其可能性的理解因此就发生了转变。

当代实证理论

当下最流行的实证政治理论实际上只是通常被称为"公共选择理论"领域中的一批理论。这些晦涩艺术的实践者们将高度抽象的数理推理与微观经济学的某些基本行为假定结合起来,从而得出关于投票行为、代表大会、官僚机构甚至法院的理论。公共选择理论因而试图在现代福利国家典型的制度环境中解释或者至少"模拟""理性的公共选择"。

公共选择理论的诸多方面往往与美国近来三位诺贝尔奖得主联系在一起,他们就是肯尼思·阿罗、詹姆斯·布坎南和乔治·斯蒂格勒。阿罗与其继承者一直特别关注各种投票规则下的决策结果。出于方便起见,我们可以称他们的贡献为"投票理论"。斯蒂格勒以及其他一些与其事业相关的人,更感兴趣的是分析多元主义、代议制民主可能的立法产出。我们称这套理论为"利益集团理论"。布坎南的著述横跨这两个领域,泛泛地定位于制度设计问题。他在"政治经济学"方面的关注,与联邦党人或进步主义/新政时期的政府理论家具有非常强烈的共鸣。布坎南的进路同时也使他与当代经济学另一股强大潮流联系在一起,此即博弈论,或者说是关于讨价还价策略、信息以及塑造联合或集体决策结果的制度特征的研究。其他特别关注的是官僚行为与政治压力集团的形成,威廉·尼西卡宁和曼瑟尔·奥尔森是其中的佼佼者。④

这里应该赶紧补充说明的是,尽管我将这些理论归于这些著名的经济学家,但我们正在探讨的思想脉络,其智识历史却源远流长并且属于交叉学科。阿罗对投票理论的贡献在很大程度上要归功于孔多塞,他是法国科学院的第二秘书,与麦迪逊是同时代的人物,我们宪法的起草者有可能知道他的著作。此外,尽管阿罗自己是一位经济学家,但是他的洞见不仅为经济学领域的人,同样也为政治学家所大量提炼和阐述。

---

④ 肯尼思·约瑟夫·阿罗(Kenneth Joseph Arrow):《社会选择与个人价值》(Social Choice and Individual Values),第二版,纽黑文:耶鲁大学出版社,1963年;詹姆斯·M. 布坎南、戈登·塔洛克(James M. Buchanan and Gordon Tullock):《同意的计算:宪政民主的逻辑基础》(The Calculus of Consent: Logical Foundations of Constitutional Democracy);安阿伯:密歇根大学出版社,1962年;乔治·约瑟夫·斯蒂格勒(George Joseph Stigler):《公民与国家:管制文集》(The Citizen and the State: Essays on Regulation),芝加哥:芝加哥大学出版社,1975年;威廉·A. 尼西卡宁(William A. Niskanen, Jr.):《官僚制与代议制政府》(Bureaucracy and Representative Government),芝加哥:豪华版,阿尔顿,1971年;曼瑟尔·奥尔森(Mancur Olson):《集体行动的逻辑:公共物品与集团理论》(The Logic of Collective Action: Public Goods and the Theory of Groups),麻省剑桥:哈佛大学出版社,1965年。

同样,斯蒂格勒对利益集团关于立法结果的影响的关注,无疑也是《联邦党人文集》第 10 篇的作者所关注的,而斯蒂格勒的洞见在很大程度上也要归功于同时代政治学者的描述。实际上,尽管最近阐述立法的利益集团理论的许多著作都是经济学家的,但在自由主义和马克思主义传统下的政治学家也创造了可堪比拟的丰富著述。

尽管我们现在讨论的领域覆盖了多种兴趣与进路,但一个将其统为一体的观念是:我们必须努力把政治结果理解为由自利的个人行动作用得出的。⑤ 投票者像消费者一样试图选择最有利于自己的东西;代表们则像商业公司那样努力提供人们想要的东西。也就是存在供求关系,存在集体行动的市场。当然,与所有的市场一样,政治市场也会出现扭曲。例如,由投票者传递给代表的信号有可能含混不清、互相冲突而且比较闭塞;代表们履行职责的质量有可能难以监控;共谋有可能导致垄断或准垄断行动;等等。尽管如此,根本理念却依旧不变,即可以运用经济分析的基本工具来认识政治。

这些当然都不会太令人惊讶。我们不可能指望人们对政治问题的看法无关乎其经济利益。我们都非常熟悉为何无法提供所需物品与服务。许多福利经济学与公共政策分析都致力于解决如何管制或建构市场以使其更好运转的问题,亦即确保公共福利增长

---

⑤ 该领域通常容易理解的一般观点,参见丹尼斯·C. 穆勒(Dennis C. Mueller):《公共选择(二)》(*Public Choice II*),剑桥:剑桥大学出版社,1989 年。

的最大化。同样地，公共政策市场也会出现市场失灵，许多制度设计当然都是要试图矫正这些失灵。这实际上就是联邦党人或新政治学者认为他们应完成的使命。不过，公共选择著述令人吃惊的地方在于它发现"政府失灵"的程度。实际上，这些信息通常与改进政治市场所需的步骤无关，而是与政治市场为什么无法满足民主的意愿，即无法提供人民需要的政府相关。较之于任何有影响的前辈，现代实证政治理论提供了一幅更加黯淡的政治生活画面。它强有力地表明，没有哪一种有吸引力的民主版本是可行的，而可能性的版本又并非讨人喜欢的。我们先从投票理论开始进行讨论。

阿罗定理与投票理论

投票理论家的许多工作都是相当抽象和深奥。然而，这些按照公理的方式推导出的命题却对某些我们最珍惜的信念提出了挑战。这里的社会选择定理通常被称为"阿罗不可能定律"，该定理的核心证据表明，社会偏好的多数决定规则要么是混沌的，要么就是虚假的。

阿罗定理是从 18 世纪所谓"孔多塞悖论"（Condorcet's Paradox）的证据中概括出来的。不妨简单设想 A、B、C 三个投票者要在 X、Y、Z 三种政策之间进行投票。其中，A 的选择是 X 优于 Y 优于 Z；B 的选择是 Y 优于 Z 优于 X；C 的选择是 Z 优于 X 优于 Y。这些偏好次序可以用表格描述如下：

表1-1 孔多塞投票悖论

投票者	优先次序(N)		
A	X	Y	Z
B	Y	Z	X
C	Z	X	Y

显然,没有哪项政策能第一次就获得多数的投票。不仅如此,在成对投票时,这种偏好还会导致"恶性"循环:当X对Y时,X赢(A与C对B);当X对Z时,Z赢(B与C对A);当Z对Y时,Y赢(A与B对C)。亦即,X打败Y,Y打败Z,而Z则打败X。

普通的投票程序根本无法产生一个最优选择。实际上,阿罗的证明令人震惊的普遍性就在于,没有一种容许投票者表达真实偏好而且认为每种偏好都具有同样决定性的投票规则,能够确保对至少拥有三个选项的三个或更多投票者而言会产生一种单一的偏好选择。简而言之,即便对于像委员会这样较小规模的团体而言,多数规则制度都会产生不确定的、变动的因而是混乱的结果,更不用说立法机关或者整个选民了。

作为临时的经验主义者,我们不会经常发现实际操作中存在循环现象。投票通常会产生赢家,而代表大会则做出通常不会被随后的投票立即取消的决定。这难道意味着阿罗定理是不正确的或者是不相干的吗?并非如此。事实上,不存在循环恰恰给该理论带来了规范方面的重要意义。可以通过缓和该证明潜在的任何一个"条件"来实现稳定性。我们可以赋予某人控制选择或决定表达偏好顺序的权力;我们可以赋予某人额外的一票,或者我们可以容许虚假的或策略性的投票。当然,这些选择中没有一个特别有吸引力。因而,阿罗定理可以被重新界定为告诉我们,我们无论在什么时候发现了稳定的选择,都无法知道这种稳定性不是以潜在投票过程中的不公平为代价取得的。我们的选择似乎介于混乱(循环)与某种不公平之间。

无论是支配选举还是其他选择的大多数投票制度,都会运用某种制度设计控制选择,否则他们显然就会放弃多数规则。例如,在大多数选举中,我们投票支持两个候选人当中的一个,其中得票超过50%的候选人就成为获胜者。在差额选举中,就可能运用各种技巧以产生最终的多数。通常终局选举都是在两个得票最多的候选人之间展开的。美国总统选举中选举人团的"赢家全得"(winner-take-all)制度就是如此,这种制度不仅在面临危险的第三方候选人时会产生获得显著多数的获胜者,而且有时也容许候选人在没有获得公众投票多数的情况下胜出。

但是请注意这些手段对实行多数规则选举的意义。多数选举取决于将选择降低至两个。而谁将被选出严重依赖于最后两个候选人的名单如何产生。因而在直觉判断方面显而易见的是,如果谁有权确定这两个候选人,那么就会因此获得决定谁当选的权力。只要对这个显而易见的要点进行扩展就可以认识到,正是与议程设置有关的制度机制,这里就是指通过委员会、大会、核心小组会议或基层选举产生候选人名单,最终决定着选举结果。或者用前面的正式例子来表达这个问题就是,尽管 X 会战胜 Y,但我们不能确保他/她不会输给 Z,而 Z 则会被 Y 战胜。这种结果可能是投票者潜在偏好的产物,同样也可能是投票顺序或其他议程设定的某些方面的产物。

这种结果在某种意义上是很常见的。我们都会有这样的经验,即发现我们心仪的候选人在大选之前就从可选的人中消失了,如同我们钟情的提议在委员会或家庭讨论中消失一样。我们有时会有这样一种信念,即只要我们的候选人或观念能够在终局投票之前以某种方式复苏过来,那就应该会战胜最终的获胜者(当原初的提议是巴黎或巴哈马群岛时,我们是如何再次回到了迪斯尼乐园?)。但是,选举或委员会的规则(以及经常是家庭讨论的不成文规则)会阻止返回起点重启整个过程。实际上,承认议程问题在少数服从多数过程中的至关重要同样强化了我们通常的认识,即立法委员会主席是一个很有权势的位置。当我们认为主席"偏私"或不具有代表性时,就会引燃起民主骚动的火焰。

当然,议程的影响有可能会避免,但这通常要付出巨大的代价。如果缺少受到限制的议程,亦即二元式选择,少数服从多数规则通常根本形不成任何决定。阿罗定理如是说,我们的日常经验也如是说。除非以某些方式限制这些选择,否则讨论就会没完没了。可能性的候选人和可能性的政策多如牛毛,在学院政治中有一个古老的经验规则:如果提交讨论的提议有三,那么结果就是谁也不会获得通过。

倘若在赞同相对多数投票或比例制代表的情况下,那么就可以放弃少数服从多数规则本身。在这样的制度中,无论提出多少种选择都能够做出决定。他们具有的"民主"优势是每个人的候选人或主张都能够被推到投票者的前面。不过,比例制投票仅仅适用于选举,无法适用于政策选择;在选举中,它会导致经常存在零碎和无效的治理。与之形成对照的是，相对多数投票则允许由少数派的候选人或政党进行治理，或者是选择少数派支持的纲领。用相对多数方式选出的"获胜者"，在短兵相接的少数服从多数规则投票中可能会输给其他某一种甚至许多种方案。因此尽管多数派并非具有真正的支配性，但民主主义者仍然坚持少数服从多数规则。

阿罗不可能定律与这些针对熟知的少数服从多数过程普遍存在的不满意之间的关系，多少有些讽刺意味。在某种方式上，就我们对多数规则得出的结果的具体失望情绪而言，它可能带来一些慰藉。在面对显然的不公平或集体非理性时，它可以多少帮助我们了解没有一种多数过程既能够确保公平投票又能得出期望的结果。但是那种"慰藉性的"知识本身也是非常不稳定的。因为如果我们要设计一种可以将个人偏好整合为集体选择的治理结构，那么它告诉我们的就是我们根本不可能设计出一种反映多数情感的制度。投票理论教导我们，多数主义民主必然是一种妥协的过程，而且任何被选来促进民主的制度设计与我们规范性期望之间的关系都是问题多多。

关于立法与官僚机构的利益集团理论

如果投票理论家带来的令人不快的情景让坚定的民主主义者烦心，那么有关立法与官僚机构的公共选择观念则是彻底地令人沮丧。这些理论给抽象的投票理论添加了制度方面的细节。但与联邦党人或进步主义的政治学不同，这里的制度设计既可以矫正人民民主的缺点，又能约束代表大会或官僚机构按照公共利益行事，这种新兴的政治学似乎主要只是解释我们选择的是哪种制度性不公与特殊利益集团的压制。其基本描述如下：

私人集团更希望将社会资源从人民大众那里转移到他们的组织成员。他们愿意通过选票或金钱支持那些愿意实现这种财富转移的政治家。政治家们希望重新当选，而且愿意以立法行为换取支持。他们的问题就是，在下一次选举不至于被投票者剔除出局的情况下，如何从人民大众那里将钱取出来送给私人集团。

解决这个问题的答案在于理性投票者的冷漠与集团形成的动态性。一般而言，投票者获得信息与进行投票是没有报偿的。具体的一张选票在选举特定的代表时产生决定性影响以及实际上产生有利于改善投票者处境立法的可能性显然是微乎其微的。毕竟，几乎没有什么选举是由一票决定的，而且个人代表实现其当选承诺的能力也非常有限，即便他有心这样做也是如此。那么，为什么还要去投票呢？投票的成本，即获悉相关信息、登记、参加投票，远超过其预期收益的价值。当然，人们确实会出于责任感或某些其他的原因进行投票，至少在有些时候是如此。不过，考虑到我们刚才的成本/收益计算，大多数投票者仍然不可能花费与购买电视机同样的时间去"购买"一个国会议员。

不过，还是有方法改变这种投票计算的。尽管个人投票者对政治过程的影响几乎可以等于零，但集团的作用就更大一些。集团不仅拥有更多的投票可以吸引潜在代表的注意，而且还可以通过募集和分发资金、提供志愿工作者、创造宣传的机会（诸如集会、组织通讯等）等方式发挥重要的力量。通过给予这些选举方面的好处,集团更有可能对选举结果产生影响,并且保证代表践行当选承诺。

这种集团偏私的政治观念,长期以来就是我们对美国民主认识的一个话题。我们经常将我们的治理结构说成是"多元主义"模式的,其中的政策是无数政治组合谈判与竞争的产物。通常这种表述蕴涵的是有利甚或肯定的含义。这种景象就是各种公民群体通过开放与竞争的过程来追求各自集团的利益。通过某种形式的说服与调和,很可能在某些时候满足大多数人的利益。这种制度对复合或多元主义需要的回应性就赋予了该过程泛泛而言的多数主义地位。实际上,根据某些描述,多元主义是一个如此开放与包容的过程以致几乎等于合意的治理。倘若如此,那么民主设想的核心就会获救。多元主义的讨价还价模式甚至有可能从阿罗定理主张之议程影响的不确定性中拯救出少数服从多数规则。要理解这一点,我们必须暂时回到投票悖论的正式陈述上。

假设存在着与第二个公共问题 N_1 相关的另一套选择政策,其中 A、B、C 的偏好如下:

表1-2 孔多塞投票悖论的变体

投票者	优先次序(N_1)		
A	X_1	Y_1	Z_1
B	Y_1	Z_1	X_1
C	Z_1	X_1	Y_1

现在假定 A 对 X 优于 Y 优于 Z 的偏好非常强,而对 X_1 优于 Y_1 优

于 Z_1 偏好非常弱。相反,B 对 Y 优于 Z 优于 X 的偏好非常弱,但是对 Y_1 优于 Z_1 优于 X_1 的偏好非常强。如此一来,A 与 B 很可能在 N 与 N_1 问题上交叉投票,都投票支持 X 与 Y_1。倘若他们如此而为,那么投票悖论就会消失,转而在两个问题上都形成稳定的多数。从公共福利的视角来看,这种结果同样也可以说是令人满意的。A 与 B 通过以价值较低的政策交换价值较高的政策都提高了自己的福利(或可以期望提高其选民的福利)。

17　　但是这种投票交易(互投赞成票)同样会给公共福利带来不幸的影响。因为一旦我们允许偏好的强度进入考虑的图像当中,那么就不能忘记 C 的存在。如果 C 对 Z 和 Z_1 的偏好强度比 A 与 B 联合起来对 X 与 Y_1 的偏好强度还要强,那会发生些什么?倘若果真如此,那就会导致公共福利的下降。

　　但不要这么快得出结论。通过增加另外一个问题 N_2 以及一个接一个的问题,还是可以重新获得多元主义的美好景象。因为如果我们允许对任何数量的问题进行投票交易,那么 C 最强的偏好也有可能会得到满足。通过协商,针对某些问题按照自己的真实意愿投票,而对其他问题进行策略性投票,每一个投票者或代表都会留下些什么。没有哪个集团会被遗漏,因为每一个投票交易都会成为最期望之提议的胜利,公共福利似乎也会随之增长。博弈论,也就是关于投票者如何策略性地行动的考虑,将多数主义民主从不确定性与灾难中解救出来。

　　还是不要太快地得出结论。少数服从多数性规则要求政策只要得到 51% 的票数就能胜出,但是政策却会约束每个人。因此,如果就某项政策可以建立简单的多数联合,而且赋予联合成员的收益超过其成本，即便少数人的净成本表明社会整体是受损的，这项政策仍然会获得通过。实际上，不断变化的联合能够通过多重的方案，只要在每种情形下多数派的收益超过了成本，那么每一项方案的社会成本都会超过社会收益。按照这种方式描述，投票交易产生了自身的悖论。通过做出给多数派带来净收益的渐进性决定，投票者或者立法者就会持续不断地压低社会福利。灾难因此重现。

在现实世界中，不难发现与这种假设过程类似的事物。就地区性利益强烈但是全国利益比较模糊的方案进行投票交易，就是传统的、我们与"猪肉桶"* 政治联系在一起的互投赞成票。就当代美国的投票者而言，我们已经无须提醒他们这一过程可能会如何扭曲国家优先考虑的问题并带来国家债务。最近几届的国会与总统都愿意首先满足赢得多数派支持的地方需求，而且不去向一般公众征税来买单。格兰姆—拉德曼—霍林斯（Gramm - Rudman - Hollings）的预算最高限额与预算平衡过程试图控制的

---

* "猪肉桶"（pork barrel）是美国政界经常使用的一个词汇。在南北战争之前，南方种植园主家里都有几个大木桶，里面腌有日后要分给奴隶的一块块猪肉。"猪肉桶"作为政治词汇始于1863年，到20世纪已为人所共知。政界把议员在国会制定拨款法时将钱拨给自己的州（选区）或自己特别热心的某个具体项目的做法，称为"猪肉桶"。"猪肉桶"项目的主要特点是：钱用于特定地区的特定项目，大多数是在有关议员的家乡；为了局部而非整体利益，甚至会损害国家利益；多数议员不知情，没有经过正常的委员会或全院大会辩论，也没有得到多数议员的支持；行政部门没有提出要求甚至表示反对。最初，"猪肉桶"大多是一些基础设施项目，如开凿运河、疏浚河道、修建公路桥梁，人们称之为"绿色猪肉"，后来，出现了资助大专院校和研究机构的"学术猪肉"，支持选区军事项目的"国防猪肉"，等等。近年来，又出现了帮助开发高性能计算机和高清晰度电视的"高科技猪肉"，以及新建或扩建公园、古迹、风景区的"公园猪肉"，等等。——译者

正是这后一种倾向。此外,简单看一下这些预算的技巧,就可以为一种不同的多元主义批评打下基础。

大致说来,类似现在预算平衡过程之类的东西,能够确保在每一届立法会议上通过的一揽子立法支出方案都可以促进福利。如果所有提供支持的项目与税收按照一揽子的方式进行表决,那就很难围绕着降低整个社会福利的综合法案形成多数。要理解这一点,让我们再次回到 A、B、C 之间的投票交易。假定 X、Y 与 Z 分别代表的是 A、B、C 感兴趣的地方项目。这里首先需要指出的是,当 X、Y、Z 都是地方化的项目时,它们就不是彼此排斥的政策。所有的都可以选择,并且所有的都可能被选择。A、B、C 都会投票支持彼此的项目以防止在他们中间出现投标大战,即 A 与 B 形成同盟,但当 C 提供给 B 更好的出价时这个同盟就垮掉了;而当 A 提供给 C 更好的出价时,B 与 C 的同盟也会垮掉,依此类推。每个人都会让其他人进入同盟,以免自己在这种类似抢座位游戏的投票交易中成为被排除在外的那一个。现代立法的研究者称其为"普遍主义标准"(norm of universalism)。

即使面对预算约束,普遍主义也往往会成为标准。简单起见,假定考虑到预算最高限度只能建立 X、Y 或 Z 一个项目。这样没有人可以为自己的地方项目再争取到两个支持者,因为他们可以取得 100% 的收益但其同盟者则要支付三分之一的成本。通过提出给予 X 一定比例的支持,A 可以取得 B 的支持,并且给予 Y 类似比例的支持。但 C 也可以进行这种博弈。这种抢座位式的投票博弈会迅速返回原状。要停止它,就必须要遵循普遍主义的标准。此外,当就整个一揽子方案进行表决时,对于每一个投票者而言,总成本必须不能高于他获得的总收益。如果每个人都投票支持,那么总收益就一定会超过总成本。

当然,普遍主义也是会崩溃的。投票者或立法者会竭力避免交易,或从一个同盟转到另一个同盟以获得策略性的优势。但是,如果每个人的提议都必须与国家岁入方案联在一起进行表决,那么就很容易发现和惩罚欺骗者。因而,综合的预算平衡过程有助于我们强化普遍主义,反过来,这样做又会促进有益结果的出现。实际上,大量证据表明,无论在预算平衡过程制度化之前还是之后,普遍主义都是立法猪肉桶的标准。

我们现在似乎陷入了矛盾当中。首先我们主张,不断变化的同盟有可能通过具有地方化净收益但全国性净损失的方案带来巨大的社会成本;而且我们援引我们关于猪肉桶政治的共同经验支持这种情形。然而我们却又主张,正是普遍主义而非不断变化的简单多数联合应成为标准,而且这种互投赞成票的特征趋于产生的综合性立法会促进福利。这两种主张不可能都是正确的!

它们确实不都是对的。按照利益集团理论,问题就在于我们程式化的多元主义形式。我们将A、B、C看成是收获其投票交易的所有收益而且支付所有成本的投票者,或者是将其所有选民的收益与成本都内部化的代表。而正是这后一种假定是严重不相关的。至少从理性选择的角度来看,代表只会将那些与其存在政治关联的选民的成本与收益内部化,这些选民对于代表的再次当选非常重要。在多元主义政体中,这里指的就是存在政治关联的所有集团。只要考察一下利益集团形成的理论,就会揭示出投票交易既会形成合意又能促进福利这一结论的错误所在。实际上,它将向我们展示为何多元主义政治既是不公平的,又是"无效率的"。

问题是这样的:尽管任何集团都能够进行多元博弈,但并非所有的集团都能够有效地组织和运作。实际上,从理性主体的角度来看,倘若任何组织都是有效组织和运作的那才会让人惊讶。因为没有投票者拥有任何经济方面的理性基础以支持这些试图通过政治行动来为其集团谋取利益的组织。无论是否对结果作出了贡献,投票者都会从组织的成功当中获益。对于那些属于受益阶层的人而言,立法通常是一种"纯粹的公共物品";亦即,那些创造这些好处的人不能排除其他人享有这种好处。如果纳税人联合会(Taxpayers Union)可以减少我的税收或山地俱乐部(the Sierra Club)*可以保护我邻近的野生区域,我都会从中受益,无论我是否对这些组织的努力作出过贡献。作为理性的主体,我因此就具有对其他人的政治努力"搭便车"的激励。如果多数人都以这种方式行事,那么许多集团就不会形成,而与其活动真正会获得的潜在投票支持相比,其他大部分组织也会弱得多。

不过,还是形成了一些集团,这些集团在政治方面非常活跃。他们在一定程度上克服了因搭便车的激励造成的困难。有些时候会出现这些现象,因为相关集团也生产"私人物品",如信息、有价值的交际、集团优惠等等,而这些却不适用于非集团成员。通过将相关工作成本与可以将没有作出贡献的人排除在外的物品或服务

---

* 山地俱乐部(the Sierra Club),是世界最早,也是当今最大之一的民间自然保护组织,它由被誉为"环境保护先知"的美国自然保留主义者约翰·缪尔(John Muir)于1892年缔造而成。——译者

绑在一起，就可以消除对集团政治活动的"搭便车"现象。例如，美国汽车联合会和美国退休者协会就是强大的政治性组织，其组织成员的大量加入主要是为了获得诸如拖车、旅行服务、集团优惠之类的好处。这些组织当然会推销其会员身份，就像他们可消费的物品和服务足以证明其会员费的正当性那样。他们的政治活动因此或者会成为额外的奖赏，或者是左右为难的困境，或者无关紧要，视具体成员的偏好而定。

另一些集团之所以能够成功组织起来，是由于他们拥有独立的团结基础（种族、职业、商业、地域），这种基础使得逃避——即不提供应给予的支持——很困难，而且划不来。在许多集团中，逃避成员资格的社会成本或经济成本都是昂贵的，这一范围从当地邻里协会到美国五金业者协会*。这并不是说，纯粹依靠其成员的"公共精神"或政治信念的集团从来就没有形成，在政治方面从来都不非常活跃。这里只是说他们处于非常劣势的地位。那些得以形成、繁荣并且掌握着重要政治权力的集团，大部分都是传统的、不断寻求立法好处的"特殊利益"集团。

当然，严格说来，普通选民与特殊利益所欲求的立法方案是对立的，特殊利益集团之所以支持这些方案，是因为它涉及将财富从普通选民转为己有。但总的来说，公民没有组织起来，而且不了解情况。他们的看法在政治上无法突显。实际上，就大多数事项而言，在大多数时间内，普通投票者的看法可能根本不存在。在日常的活动中，立法者可以提出针对特殊利益集团的方案以换取政治

---

* 原文为"the American Hardware Association"，似遗漏了"Manufacturers"。——译者

上的支持,而无须担心在与普通公众保持一致方面遭到实质损失。因而,根据这种解释,"多元主义"仅仅是一个漂亮辞藻,用以掩盖对人民连续不断的巧取豪夺。在我们的民主政体中,尽管所有潜在的集团都可以取得权力杠杆,但只有其中的一些才能聚集足够的物力或人力以使得那些杠杆撬动一些东西。因此,从理性选择的角度来看,在理论上可以用寥寥数字来描述立法:立法就是立法者与私人集团之间的交易,通常以普通公众为代价来改进二者的境遇。

因此,即使立法机关的投票交易博弈固有的"普遍主义",也无法保护普通公众对抗削弱整个公共福利的交易。这些交易的成本与收益并未考虑那些尚未形成的集团或者太软弱以至与选举无关的集团。他们的公民权利遭到剥夺不仅会导致利益受损,而且还会限制那种源于真正或普遍多元主义的社会福利收益。多元主义政治之所以无效率,正是因为它的不公平。

联邦主义政治学将代表大会视作一种避免折磨人民民主激情与利益的方法,但在那里,当代立法理论看到的则是由宗派交易维持的立法机关。两院制、分权或根据新政政治学的模式对行政机构授权,都不能将"共同体的永恒利益"从利益集团的"巧取豪夺"中解救出来。两院制会使利益集团的影响变得更加昂贵,但是在当代立法理论中,司法独立与官僚机构的执行,据说不是限制而是强化了利益集团的权力。

根据这种观点,司法机关提供了使立法交易长期保持稳定从而也就更有价值所需要的执行机关。法院的资源和管辖权都是立法机关赋予的。行政部门与立法机关一样,同样容易受私人利益影响,而且可以帮助立法机关掩盖立法行动的真实本质,把普通公众蒙在鼓里。通过似乎符合公共利益的模糊法律,然后却又迫使行政机关优待其支持者,立法者运用这两种方式就能实现其目标。他们可以在迎合特殊利益集团的同时,获得好政府的美誉。此外,行政机关也会产生他们自己的官僚机构目标。他们的运作本身可能非常类似于利益集团,通过优待强有力的立法者(批准其家乡项目、帮助其重视的选区)换取机构预算或特权的扩大。

实证政治理论的新"经济行动者"或"理性行动者"模型将投票、博弈理论与立法的利益集团理论结合在一起,对于巩固经济学成为一门"沉闷的科学"的主张贡献良多。尽管联邦党人与新政治学担心的仅仅是那种没有经过代表大会或专家行政部门理性化影响加以调和的人民意志的表达,但当代的理论家则对通过任何机制表达人民的意志或偏好都感到失望。在他们看来,我们的公法抓住的只是一连串具体的私人偏好,这些偏好由于投票者以及官员的自利行为都具有动态性而变得在政治方面具有关联性。"公法"中的"公"确定的只是被用来为私人目的服务的权力的性质而已。立法阐述的是不具有规范性的标准;其表达的既不是政治共同体激情的奉献,也不是政治共同体理性的判断。

实证政治理论的潜在影响

我稍后还会回来对当代实证理论进行更细致的、批评性的检视。现在我只想勾勒这种集体现实可能会对美国公共制度的发展产生的一些影响。实际上，公共选择对代议制民主的描述已经对制度变革产生了重要的影响，这不仅体现在 1960 年代晚期与 1970 年代早期的"激进主义"管制当中，还体现在最近几年放松管制的运动当中。

乐观的激进主义者

与新政支持者一样，1960 年代的政治激进主义者将大多数社会问题，无论公民权利、贫穷、污染，还是产品安全，都视作要运用联邦政府权力加以解决的问题。他们通过在全国层面上设置不计其数的新项目与新制度来解决这些问题。尽管如此，这些激进主义者还是受到后新政时代智识思潮的重大影响。来自左和右两个方面的批评，都将进步主义与新政时期管制机构英雄的万神殿，例如州际贸易委员会、联邦贸易委员会、联邦通讯委员会、联邦动力委员会以及事实上所有按字母排列的那些兄弟部门，描绘成为反应迟钝的官僚机构，无法在各自的管制领域中产生有效的政策。提供给管制方面了无生气的最主要的理由，它是利益集团理论的一种变体，这些历史悠久的机构被由他们管制的集团给"俘虏"了。州际贸易委员会的设立原本是为了管理铁路的，但反过来却已经成为保护铁路公司对抗来自卡车运输竞争的手段。联邦通讯委员会也异曲同工，关切的是面对来自电视新技术挑战的广播公司，或者是关心面临来自 MCI 和 Sprint 之竞争的美国电话电报公司对长途电话的垄断地位。联邦动力委员会似乎主要致力于的事情就是维持天然气价格人为地居高不下。联邦贸易委员会如果说做过些什么,也只是对各个行业中贸易活动的卡特尔化提供官方庇护。

尽管如此,1960年代的激进主义者却是乐观的,他们认为可以通过重新设计制度来改革这些功能紊乱的官僚机构行为。根据这种激进主义政治学的看法,"俘虏"之所以成为可能,那是因为制度设计的联合错误造成的,含糊不清的立法授权、各自为政的行政、广泛的检控裁量权、独立的行政指导以及没有效率的逐案裁判技术。因此,他们试图确保他们由新的或重新设计的行政机关实施的新方案会有所不同。在认识到利益集团是政治/管制领域的典型特征之后,1960年代的制度改革者试图扯平受管制的"特殊利益集团"与作为新的健康与安全管制之受益者的普通公众之间的不均。

行政机关的命令要制作得更加具体;他们的权力更集中于某个单独在政治上负责的行政官员;通过明确的指示与时限,他们的执行裁量权受到了更严格的限制;他们的决策过程对推定受益者的参与更加开放。可能最重要的是,我们的这些健康、安全和福利的守卫者,被期待主要是通过依靠规章确立强制性一般政策的方式运作。政策不是在拖拉、昂贵、参与受到限制的神秘裁决过程中产生的,在这个过程中,内部人员把持着所有的事情,而未能起到任何作用的行政机关可以躲在"检控裁量权"的后面。取而代之的是,政策是在非正式的规章制定过程中形成的,这一过程的参与对所有人开放。行政机关在通过规章时会有最后期限,而当其未能根据公共利益进行管制时,关心公共利益的公民就可以对他们提起诉讼迫使其采取行动。真正的开放与严格的责任会使这些新的官僚管制形式体现公共利益。⑥

进入悲观主义

政治学的利益集团理论,尽管同样贯穿于自1970年代中期一直到现在的放松管制改革运动,尽管1960年代的改革者是以拓宽利益集团竞争作为发展代表公共利益的政策的手段,但是,这种新的或实证政治理论对此类竞争能否提高公共福利却深表怀疑。批评者不是将这些新获得授权的消费者或环保主义组织视作公共利益的代表,而只是将其视作追求自身特殊目的的新的利益集团。接二连三的研究都已经表明,在使大规模的收入再分配从一个集团转移到另一个集团时,新行政机构的管制努力对公共福利的促进不大。⑦ 有些研究描述了传统的"特殊利益集团"与较新

---

⑥ 参见理查德·B.斯图尔特(Richard B. Stewart):《美国行政法的重构》(*The Reformation of American Administrative Law*),载《哈佛法律评论》(*Harv. L. Rev.*)第88卷,1975年,第1669—1813页;R.谢普·梅尔尼克(R. Shep Melnick):《管制与法院:以〈清洁空气法〉为个案》(*Regulation and the Courts: The Case of the Clean Air Act*),华盛顿特区:布鲁金斯学会出版社,1983年,第5—9页。

⑦ 一些显著的例子,包括安·P.巴特尔、莱西·格伦·托马斯(Ann P. Bartel and Lacy Glenn Thomas):《管制的直接与间接影响:对〈职业安全与卫生法〉影响的新考察》(*Direct and Indirect Effects of Regulation: A New Look at OSHA's Impact*),载《法律与经济学期刊》(*J. L. & Econ*)第28卷,1985年,第1—25页;皮特·利纳曼(Peter Linneman):《消费者安全标准的影响:1973年的床垫可燃性标准》(*The Effects of Consumer Safety Standards: The 1973 Mattress Flammability Standard*),载《法律与经济学期刊》(*J. L. & Econ*)第23卷,1980年,第461—479页;萨姆·佩尔兹曼(Sam Peltzman):《汽车安全管制的影响》(*The Effects of Automobile Safety Regulation*),载《政治经济学期刊》(*J. Pol. Econ.*)第83卷,1975年,第677—725页;W.基普·维斯库希(W. Kip Viscusi):《消费者行为与产品安全管制的安全影响》(*Consumer Behavior and the Safety Effects of Product Safety Regulation*),载《法律与经济学期刊》(*J. L. & Econ*)第28卷,1985年,第527—553页。

的"公共利益"集团二者之间的恶性联合，这种联合既以牺牲公共健康又以牺牲国家经济增长为代价，追求共同的组织目标。如此一来，例如阿巴拉契亚的烟煤利益集团与西部的环保主义者联合制定空气质量管制措施，都毫无必要地以巨大的经济代价污染空气。⑧

实证理论与经验性证据的联合，似乎已经导致在一般观念方面发生了相当显著的变化。1960年代激进主义者的乐观主义已经接近于被愤世嫉俗的悲观主义所取代。政府的努力被认为必然具有瑕疵。管制过程的民主化远未解决管制俘虏问题，现在则被描述为只是为特殊利益集团的诉求提供了一个毫无阻拦的领域。自卡特政府以来进行的公共政策改革，被认为是寻找手段以防止执行昂贵的管制政策，并且在有可能的情况下使政府从管制事务中脱身。制度改革主要是由对管制性倡议设置障碍组成的，既收缩管制也收缩管制权。所有"公共的"事物都是可疑的。对有些人来说，唯一值得尊重的公共目的似乎就是消灭公共部门。

尽管不是按照同样的技术术语来表述，但公共选择同僚们的基本观点在公共讨论中也被复制了。政治家、行政官员、"公共利益集团"等等也都是"为了自己"，这已经成为政治信念的重要组成部分。正是因为这一转变，与1930年代以来相比，美国政府如何运作以及目标为何这个问题，现在在更为根本的方面产生了争议。在一定层面上这是显而易见的。总统竞选自1970年代开始

---

⑧ 布鲁斯·A.阿克曼、威廉·T.哈斯勒(Bruce A. Ackerman and William T. Hassler)：《清洁的煤/污浊的空气》(*Clean Coal / Dirty Air*)，纽黑文：耶鲁大学出版社，1981年。

就不再是围绕政策问题进行的,而是围绕谁会更好地限制公共支出、削减"赤字"、缩减"官僚机构"等不同主张展开的。这种竞选活动是对民众反应强烈而且日渐发展的不满情绪作出的回应,即政府臃肿、反应迟钝、没有效率,而且往往是腐败的。

20世纪晚期的政治修辞同样强调有关制度重新设计的大量观念。有些是综合性的,诸如在某些圈子内对议会制政府的狂热持续不断;多数则是更加温和,例如平衡预算修正、条件限制、公共资助选举等等。诸如"定期废止"法律、行政管理和预算局的管制审查、管制协商等许多东西,除了对大多数在华盛顿和学术界的专家之外,它们都是无形的。

在美国的公共生活中,周期性的祛魅与重构工作算不上什么新鲜。纵贯我们国家的历史,可以确定存在许多这样的周期,随后就是"感觉良好"阶段,至少是平静阶段。不过当前的状况似乎不太一样。那种影响我们的"委靡不振"(吉米·卡特的话虽然适当,但对他而言却是政治上的不幸),与其说是对问题或一系列问题的回应,不如说是对问题的态度,尤其是对公共机构回应这些问题的能力的态度。实际上,如果民意测验的资料可信,那么多数美国人都不认为政府甚至会努力追求"集体物品"或"公共利益",不管两者如何界定。公众的情绪具有改革性,不过意义与过去完全不同。尽管让政府变得更好以使其能够从事更多的事情仍然鼓舞着某些人,但改革最近意味着限制公共机构可能造成的破坏,或者只要有可能就支持市场的解决方案而废除公共机构。伴随着坚决拒绝重新回到信任的潮流,对公共机构能力与诚实信用的信任似乎也正在随之消退。

如此一来，来自公共选择的挑战就变得很清楚了。它要求我们重新考虑现代激进主义行政国家的前提。它似乎告诉我们，在20世纪早期的几十年里，我们的转变是错误的。那时候我们认为大政府能够改善社会的不幸而且不会腐蚀美国民主的基础。但是我们错了。当代公共选择理论家对集体选择机制的重新分析嘲弄了我们关于民主治理的努力。多数主义只是不切实际的幻想。立法与行政管制并不比以公共财政支付的私人契约更好。我们因此应该回到我们联邦党人前辈的原则，不过最好还是回到反联邦党人的那些原则。全国性政府，所有的政府都应当受到严格约束。我们应当信任的是市场、自愿的联合以及地方性的、基于社区的治理。因为只有在这些制度下，我们方有可能发现平等讨价还价的完整性，或者发现维持那些之于追求真正集体目标不可或缺的利他主义公共精神的条件。

失败的回应

现在该回到本章一开始讨论的主题了。对公共选择理论黯淡景象的一种回应就是促使其实践者抛弃它。在这种观点看来，问题并不在于公共选择对各种制度安排效果的描述是否真实，而是这些描述是否会通过摧毁公众信念这一必要前提而摧毁民主治理的可能性。这种对当代实证政治学的回应是不充分的，但也绝非无稽之谈，因为它是认真对待"是"与"应当是"二者之间关系的问题。

不过,有些民主社会毕竟具有一种特别悲观的政治理论观点,不断地指出民主的缺陷。在苏格拉底时期的雅典,破坏公众对民主治理的信念足以招致死罪。在今天,尽管对通过教授公共选择理论的思想观念腐化年轻人的指控,不可能导致对经济学家或政治学家的刑事审判,但实证理论塑造规范信念的力量却并非无足轻重的琐事,即使对公共选择理论家也是如此。例如,杰弗里·布伦南和詹姆斯·布坎南就感到有必要捍卫公共选择以反对斯蒂文·凯尔曼的指控:"关于政府行为的愤世嫉俗的描述性结论,有可能破坏规定公共精神的规范。新闻记者甚至教授著述中的愤世嫉俗,只要通过描述他们所主张的是公共精神不存在,就足以削弱公共精神。愤世嫉俗者因而所做的就是作出威胁可能会自我实现的预言。如果公共精神的规范死去,那么我们的社会看上去就会更加黯淡,我们个人的生活也会变得更加贫乏。那真是'公共选择'的悲剧。"⑨

值得大力称道的是,在答复凯尔曼时,布伦南和布坎南明确回避全部依靠"那是科学"这一原理继续从事公共选择学术研究,而布坎南正是因为公共选择荣获1986年的诺贝尔经济学奖。他们并未声称公共选择实践者毫不关心实证理论的规范性后果。相反,他们回应说:"没有希望的知识,没有信念的科学,也就是并不确信科学会带来更好的生活,这些毫无疑问根本不会提升价值,而那些为了纯粹的快乐而粉碎幻想的人,他们的'工作'无疑是不应

---

⑨ 斯蒂文·凯尔曼(Steven Kelman):《公共选择与公共精神》(*Public Choice and Public Spirit*),Pub. Int. 第87卷,1987年,第70、93-94页。

当获得喝彩的。"⑩

相反,他们提出的辩解既是实用主义的,又是试探性的。在布伦南和布坎南看来,公共选择只有通过其产生有益的制度改革的能力方能获得证明;这种对于共同体有价值的改革,可以抵消公共选择讨论可能会对凯尔曼所谓"公共精神"带来的任何有害影响。用辩解者的话说就是:

> 在有关各种宪法规则的比较分析中,应当引入关于"人"的什么模式才是适当的呢?在回应这个问题时,我们明确追随的是古典经济学家,而且理由也与他们阐述的完全一样。我们将人模拟为一个福利最大化者,不是因为这种模拟必然最具有经验描述性的特点,而是因为我们寻找的是一套能够独立于引入的行为假定的良好运行的规则。

> 因而从我们的视角来看,我们同意某些人担忧公共选择被解释为关于政治性行为的预言模式是有道理的。当公共选择被用于以典型的"实证经济学"方式提出关于政治过程的预言理论时,也就是说,将重点完全放在提出可以在经验方面获得支持的规则选择理论,而宪法设计的最终规范性目标在脚注中被一扫而过,或者完全略过不谈,那么确实就有产生前

---

⑩ 杰弗里·布伦南、詹姆斯·M. 布坎南(Geoffrey Brennan and James M. Buchanan):《公共选择是不道德的吗?"诺贝尔"谎言的个案》(*Is Public Choice Immoral? The Case for the 'Nobel' Lie*),载《弗吉尼亚法律评论》(*Va. L. Rev.*)第74卷,1988年,第179、187页。

面讨论过的道德后果的危险。⑪

布伦南和布坎南的进路显然是可行的。他们似乎是在敦促我们设计制度保护自己不受自私政治行为的损害,而同时承认这种行为会塑造我们对治理的态度。作为设计者,我们于是就应该对公共选择导向的制度设计得失与基于更乐观的人性设想的制度设计得失加以比较。但在关键意义上,布伦南和布坎南提出的辩护却是无效的,因为它与凯尔曼的埋怨毫不相干。

严格来说,凯尔曼的论点是这些世界是无法比较的。从布伦南和布坎南的自卫性民主制度之设计和运作中学习政治的人民,与凯尔曼设想的那些人完全不同。他们会具有不同的偏好和价值。他们在追求这些价值时会设计不同的制度。可是衡量和比较这两个世界的成本与收益的阿基米得支点却完全不存在。以这种方式来看,不仅公共选择愤世嫉俗者自我实现的预言,就连诸如凯尔曼等新共和主义批评者的埋怨,也是无法回答的。持续强调设计公共制度并且限制公共干预以防止自私行为的危险,就会建立一个严重限制培育公共精神和拓展其范围的世界。公民共和主义则永远不会获得试验的机会。

然而,这并非争论的终结。实际上正是从这里开始,事情才变得有趣。需要注意的是,我们现在似乎已经越过了一个到目前为

---

⑪ 杰弗里·布伦南、詹姆斯·M. 布坎南(Geoffrey Brennan and James M. Buchanan):《公共选择是不道德的吗?"诺贝尔"谎言的个案》(*Is Public Choice Immoral? The Case for the 'Nobel' Lie*),载《弗吉尼亚法律评论》(*Va. L. Rev.*)第74卷,1988年,第188页。

止造成公共选择实践者与新共和主义者分裂的关键点,其争辩的是偏好是否应被想象为完全外生于政治。布伦南、布坎南和凯尔曼都同意,公民的偏好或价值,部分是他们如何被统治或如何统治他们自己的函数,并非完全从外部公共生活输入的。政治活动会使我们通过社会活动获得一种具体的世界观,正如我在本章开篇提出的那样,这种世界观会有力地影响着我们的价值与政治奉献。

从这一共同的基础出发,我们也可以看到新共和主义者对公共选择的批评也是不充分的。它至少含蕴地提出,如果我们的政治制度设计完全按照似乎生活于其下的都是具有公共精神的而非自私的公民进行,那么这样的公民就会出现。这种论点会让人想到反联邦党人的论点,即认为公民美德与人民民主制度具有密切关联。新共和主义者不足以挫败公共选择视角的原因,与反联邦党人的论点未能战胜联邦党人政治学的原因是一样的。

第一,政治偏好具有"内生性"这种观念似乎以一种令人难以置信的人性观取代了另外一种。通过政治被社会化,形成具有美德或公共精神的习惯与许诺,不可能描述人类偏好形成的全部内容。如果确实如此,那么政治冲突也就不存在了。通过共同参与公共事务的社会化过程,我们最终会拥有相同的价值和偏好,所有的公共选择都会变成合意的。简而言之,这种所谓新共和主义的政治设想只不过就是公共选择设想的反面。在后者看到原子化的个体无情地追求自己由外部决定的个人偏好的地方,前者看到的则是社会化的利他主义者运用公民美德追求共同体的福利。

人们并非必须否认某些非常强大共同体的存在是不确定的,在远未达到现代民族国家的治理的情形中,它们甚至往往都是存在的。我们似乎缺乏超出家庭或是宗族之外连续不断扩展同情心的能力。至少,人类历史的许多悲惨故事都表明,以公共精神作为制度设计的指导原则是极其危险的。因此,留给我们的必然就是公共选择理论家关于如何最好地整合顽固的个人偏好这个难题,包括预防自私行为的必要性。

第二,就如何设计能够认真对待公共行动对偏好的塑造的制度而言,我们实际上没有很多的信息。就制度如何塑造偏好而言,我们知之甚少。仅仅使人们彼此交谈直至他们都赞成可能还是不够的,除非我们同时认为所有为通过对话塑造的偏好都是好的偏好。倘非如此,而且实际情形就是这样,那么这种讨论在什么条件下才有可能产生可以接受的结果?我们应当如何设计制度以促进那些导向"好"结果的"适当"讨论?在承认合意往往不完善的情况下,我们对未完全社会化的偏好还知道些什么?它们比总体的个人主义偏好更好吗?是否有可能通过设想我们已经在那里的方式引导我们走向具有公共情形的治理?实际上,这是人们能够有目的地追求的状态或条件吗?[12]

这些都是非常棘手的难题,而且就这些问题的回答并不必然会导致抛弃公共选择的讨论。毕竟,"强大合意"可能也只是"群氓精神"的另一个术语而已。自私的自我代表与平等讨价还价的做法,可能是理性自治和共同文明化共同体的先决条件。对最低限度理性与公平的政体的实现与维持而言,自私行为的控制策略

---

[12] 有关这一主题的探讨,参见乔恩·埃尔斯特(Jon Elster):《酸葡萄:合理性的颠覆研究》(*Sour Grapes: Studies in the Subversion of Rationality*),剑桥:剑桥大学出版社,1983年,第37-42页。

可能是至关重要的。

这些复杂的难题可以得出一个简单的结论:必然会存在的偏颇以及当前应当设计政治制度以促进"公共精神"或公民美德这种模糊的观念,都会对传统公共选择假定仍然是相关的提供支持,而且具有策略方面的效用。信念历经"祁克果式跳跃"*,有可能进入公共精神当中一个比较好的策略,但也可能是荒诞不经的。我们不但应当希望它变得尽可能好,而且应当努力避免那些导致我们低估自己潜能的行为;但是几乎可以肯定的是,改革的任务不只是设想由更好的自我构成的更好的世界。

此外,由于"应该"暗示着"能够",因此就不可能把对公共选择理论家败坏了公共道德这种指责与下述问题区分开,即公共选择理论家关于偏好是外生的而且在物质方面是自私的假设,是否给公共行为像什么这个问题提供了好的解释?如果公共选择群体对政治语境中人类行为的描述很好,那么就那种过程与制度对我们来说是可行的以及如何建设这个问题而言,就应当可以为我们

---

* Kierkegaardian leap,从"不安"到"罪"的质跃(qualitative leap),是祁克果宗教哲学思想的一个重要范畴。在解释基督教时,祁克果把罪与单个的人遭遇自己时的不安和绝望联结起来,在存在论层面上把人对罪的理解向前推进了一大步。在《不安的概念》一书中,祁克果把基督教通常所说的原罪(original sin)称之为遗传之罪(hereditary sin),认为传统的神学家总想用这种遗传之罪去说明罪本身或罪的来源其实是一种误解,他试图从一种生存论的层面去理解这种遗传之罪,将其解释为人生存中"心理上"的不安状态。所谓"不安",是指生存中的个人在独自面对自身充满了各种可能性的未来而省悟到自我的自由时,内心所经历到的那种颤栗。不过,祁克果并没有把不安本身看作是罪,认为它只是罪的机缘或诱因,或者说是一种最趋近罪的生存状态或条件。在从不安到罪之间存在着一个不能被理论说明的质跃——它之所以不能被理论说明,乃是因为由不安到罪的过程具有的个体性特征所决定的。亦即,不安虽然预先地使个人有向罪发生质跃的倾向,但并不是强迫个人进行这种质跃。——译者

29 提供某些指导；如果该理论为政治行为提供了很好的解释，特别是在当前强调共和主义美德信念的制度情形中，那么即使在策略意义上不会促进道德，也很难说其避免粉碎共和主义的幻想是无关道德的。劝诫人们去达到比其有可能达到的更好的状态，传播的是内疚感而非道德教化。

在这里，我仍然坚持认为斯蒂文·凯尔曼对公共选择的批评，在某种程度上是无法回答的。分析模式的确具有规范性的结果。公共选择命题的检验标准根本不可能证明全新的世界超越了我们力所能及的范围。实际上，这些检验标准可能会支持凯尔曼的立场。因为如果公共选择的解释非常贫弱，那就可能会强化这样一种信念，即或许通过更多关注公共精神以及培育公共精神的制度，可以把我们不完善的政治世界变得更好。如果预计时好时坏，那么我们就会更好地理解认识是如何实现我们的理想及其与制度安排之间的关系。通过集中关注公共道德，我们也无法回避事实问题。

因此，我所主张的对毕加索关于斯坦肖像画观点的理解更加复杂。艺术家确信他的绘画会对我们的理解产生影响，他这样说不只是基于他所画的任何东西都必然会产生影响这种夸张的估计。相反，他主张的是，他已经在肖像画中捕捉到一些关于斯坦的根本的东西，而要是对作品进行认真思索，那么这些根本的要素就会湮没对肖像细节的关注。

当代的实证政治理论也有类似的主张，其实践者敦促我们相信他们对集体行动某些核心的东西非常熟悉，即追求理性的私利。他们的主张就是，如果我们完全抓住这个根本信念，那么我们就不会被公共利益修辞与民主狂热的不确定性所误导。相反,我们会清晰地看到各种集体选择过程可能得出的结果是什么,我们将能够决定什么样的政府形式最适合我们。但是,正如毕加索对其肖像画的主张一样,公共治理关于治理必然具备的动态性设想也可能是错误的。

第二章　探寻可用的知识

实证政治理论对我们政治生活评说的所有那些坏东西难道都是真的吗？"不"会是一个让人安慰的答案。它可以让我们重新将政治想象为对原则与公共利益的追求。它同样表明，只要我们确信政府机构保持对人民的回应，那么我们就无须过分担忧其谨慎的设计。

当然这只是愚蠢的建议。人类在治理方面的努力，几乎没有什么是绝对有效的或者持久的。所有不幸的情形只有一个教训，即我们对通过"公共精神"的治理依赖过少——这当然是不可能的。政府应当授权给全体公民，但也必须对其进行限制。我们缺乏群居昆虫那种"直接联系"（hard-wired）的社群主义本能。经常的情形是，我们认为我们的利益比公共利益更加重要，或可能等同于公共利益。确实，我们的政府机构应该努力向我们灌输更多的公共精神。然而，如果仰赖于那种普遍性与持久性都存在问题的精神作出的治理安排，那很可能归于失败。

在某种意义上，就实证理论对集体行动预言的真实性这个问题，"是"可能是次佳的答案。如果我们能够确信集体行动的机构几乎总是会出错，特别是它们完全是以系统的方式出错，那么我们制度设计的困难将会减少很多。毕竟，我们据此得知不能指望从集体行动那里奢求太多。我们会着手建构一个功能有限的最小政府。当然，即便如此，我们仍然不能确信这些功能都能得到有效的实施。不过，我们却能够通过限制政府的方式来限制损害。通过广泛限制管辖范围以及足以防止大部分政府行为的制衡，我们就不必太担心政府。取而代之的是，我们的困难将是如何处理那些似乎促进了现代民族国家的治理范围与趋势的经济、社会问题。

这个答案仍然难以让人认为是可以接受的。即便我们认为实证政治理论基本正确，在现代的社会和经济条件下，我们在一定程度上也需要去组织宽泛的政府活动。我们具有太多的相互联系，太多的相互依赖，对市场和自愿联合会控制其外部性影响的力量太过怀疑以至于无法再信任"守夜人"国家。故而，即便实证政治理论可怕的预言基本上是正确的，我们仍然需要保留和建设一些激进主义的机构。此外，如同我们马上会看到的那样，实证政治理论依然还要做许多解释。这个理论在其某些核心进路和结论方面还是含糊不清的，而且/或者是不一致的。它经常会做出错误的预言。

制度设计者真是悲哀！我们似乎处于第三好的世界当中。自信地回答"是"或"不"或者会夸大现代实证政治理论结论的真实性，或者夸大其谬误。因此，本章的工作就是通过分析针对该理论提出的概念性批评，通过评估该理论在集团形成、投票、立法与行政行为方面实际上会出现什么进行预言的能力，从而吸引更多地关注实证政治理论的某些主张。在继续考虑一些与该理论真正相关的重要的且持久的制度设计问题之前，我们需要更多地理解公共选择导向的局限性与说服力。这里的看法,是在对公共利益的天真信任与只要集体行动露头就加以消除的愤世嫉俗的运动二者之间,走某种中间道路。我们需要采取一种更实际的姿态,允许我们运用现代公共选择理论告诉我们任何真实的内容,而同时又不屈从于其经常支持的过于消极的设想。

评估利益集团理论

32　暂时回想一下关于政治行为的经济理论预言的内容。第一,投票者没有参加政治活动的理性基础。他们应当是对政治保持无知,对政治问题漠不关心,而且不参与政治生活。第二,由于集团很难形成并结合在一起,我们应认为鲜有集团会形成以追求"公共利益"。集团凝聚力是以下二者的函数:一是规模较小;二是成员个人从加入与支持集团中可以获得经济利益。对于汽车生产者而言,采取一致行动追求其政治利益是比较容易的,但汽车消费者则很难这样做。第三,立法者被认为实际上是对集团的诉求作出回应。这些集团是那些有能力提供让立法者当政所需的金钱与选票的集团。因而,我们应该期待看到的立法机关产出,会严重偏向于那些将其有效组织为政治力量的经济利益主体。

　　正如我前面说过的那样,所有这些都似曾相识。至少在美国投票率是低的,而且对这个或那个游说集团塑造国家立法的影响的抱怨,从未间断过。严密的利益集团在立法领域如何得到其想要的东西,这是新闻调查报告的主要素材。而且因为在我们的制衡政府中,利益集团只需要控制一个机构(众议院、参议院或总统)就可以阻止立法,或者使官僚机构或法院的实施发生扭曲,做出下述预言似乎就是相当合理的:同私人利益立法的通过相比较而言,更多的公共利益立法会遭到阻止。我们还可以进一步预言:即使通过,公共利益的立法也是长于热望而短于效果。

然而这并非故事的全部。更加平衡的观点尚需两项彼此相关的调查:一则要对概念的模糊性与预言的不规则性进行探讨,这种模糊性与不规则性应当会缓和我们从公共选择的假定中得出普遍结论的热情;二则,当公共选择观念以更具有试验性与区别性的方式运用时,重新评估其效用。

利益集团理论的缺陷

事实上,有一些很好的理由驳斥利益集团理论关于立法的某些更普遍的含义。首先,该理论具有明显的预言性错误。例如,关于管制的利益集团理论很难容纳不可否认的放松管制的政治趋向。诸如由民用航空委员会实施的管制体制的存在及其后来的发展,完全符合管制的俘虏理论。一小撮公司支配着一个被管制的产业,在价格方面几乎不存在竞争,并在超过30年的时间里阻碍对国家航线所有新航空公司的认证。结果就是高工资、高利润以及该产业的惬意生活;但对于消费者而言则是高价格与有限的选择。然而,令人惊讶的是,被认为是支持该特殊利益集团的民用航空委员会与国会却终止了整个安逸的制度,结果导致激烈的竞争、服务的拓展、新的进入者以及机票价格的显著降低。没有组织起来的消费者得到了好处,而航空公司与航空公司工会却因此遭到损失。怎么可能会出现这种情况呢?[1]

在交通运输、银行业以及其他领域,类似的向取消管制性约束与开放市场方向发展的趋势,同样为利益集团理论的预言提供了反证。此外,关于1970年代颁布各种管制性法律的过程的个案研究,对利益集团的解释也没有提供什么支持。例如,《清洁空气法》的颁布确实有利益集团的因素,但似乎更主要是以所谓"企业家政治"的一个方面出现的。企业家政客不是等待由有组织的利益集团提出某种要求,而是推行符合更大范围内选民的利益的问题,并且利用投票者的积极回应获得在谋求国家职位方面的政治好处。[2] 利益集团理论似乎忘了,政党与雄心勃勃的总统可能会完全绕过确定的利益集团而径直走向选民。

实际上,随着人们的寻找,就出现了越来越多的不规则情形。正如我们刚刚指出的那样,环境保护方面的立法具有利益集团的因素,但它们往往是"公共利益"组织。根据利益集团理论,代表那些诸如"关心环境"之类的松散利益的集团应该不会形成,更不用说有效了。但在20年中,山地俱乐部、环境保护基金会、国有能源保护协会、国家野生物基金会以及许多其他的组织都发展起来,

---

[1] 迈克尔·E. 莱温(Michael E. Levine):《修正主义的修正?航空放松管制与公共利益》(*Revisionism Revised? Airline Deregulation and the Public Interest*), L. &Contemp. Probs. 第44期,1981年,第179-195页。

[2] 参见 E. 唐纳德·埃利特、布鲁斯·阿克曼、琼·C. 米兰(E. Donald Eilliott, Burce Ackerman, and John C. Millian):《迈向法律进化论:环境法的联邦化》(*Toward a Theory of Statutory Evolution:The Federalization of Environmental Law*),载《法律经济学与组织期刊》(*J. L. Econ. & Org.*) 第1卷,1985年,第313-340页。

蒸蒸日上而且发挥着影响。

环保主义并非吸引有效支持除很好组织起来的压力集团的狭隘自利之外的其他一些东西的唯一原因。人们很难指责拉尔夫·纳德(Ralph Nader)追求的是汽车行业的利益,因为他与其他一批流行病学家和安全工程师在少数企业家政客的支持下推动了《机动车辆安全法》的通过。③ 在有些情形下,未组织起来与未获得充分代表的利益,似乎在没有任何看得见的集团形成活动的情况下就得到了保护。例如,格兰姆—拉德曼—霍林斯赤字削减法案从其预算的毁灭机器中留出了关于贫困的项目。但是,正如罗伯特·多尔所述,"并不存在穷人的政治行动委员会*"。如果法律是利益集团压力及与代表讨价还价的产物,那这些结果该如何解释?

在某种程度上,利益集团在理论预言记录方面的缺陷,可以通过拓展该理论的范围而得到解释。相关"利益集团"未必就是捕获租金的产业。因法律而形成的财富转移有可能同时发生在若干方向,而且向数个集团提供好处。如果我们考虑官僚的权力与声

---

③ 参见杰里·L.马肖、大卫·L.哈夫斯特(Jerry L. Mashaw and David L. Harfst):《为汽车安全而斗争》(The Struggle for Auto Safety),麻省剑桥:哈佛大学出版社,1990年。

* PAC,即 Political Action Committee。美国的政治行动委员会是在选举中代表利益集团筹集并向候选人及政党捐助竞选经费的组织,它是 20 世纪 70 年代选举经费改革的产物,由于这项改革严格限制个人对候选人的捐款,因此利益集团就设立了相应的政治行动委员会,以委员会的形式向候选人捐款。美国的选举经费法没有限制政治行动委员会的捐赠限额,相关法令也承认政治行动委员会的合法地位,故而从 20 世纪 70 年代开始,政治行动委员会迅速兴起,成为利益集团进行政治捐赠的主要工具。——译者

望、为立法者创造的给被管制集团谋求特别好处的机会、安全性获得提高这种变化给保险公司带来的次要收益、资源在全美国范围内各地可能进行的重新分配以及一系列其他因素,那么我们就会发现因法律变化而受益的利益集团(或者"潜在的利益集团")。

但这种进路有可能使公共选择成为让人不感兴趣的预测理论。法律总是会转移权利与预期。事后,总能确定一个获益的集团,而如果我们让官僚与政客充当尚未形成的集团,也就是他们后来能够从中获得好处或能与之形成联盟的集团的代理,那么这种理论不仅变得完整而且累赘了。在假设正确的情况下,任何事情都可以在事后得到解释。但是利益集团理论本身在选择与特定事先问题相关的政治动态性的正确假设方面提供的帮助有限。我们已经进入了信念的领域,使得实证政治理论无法主张"科学"的解释。

这还不是唯一的困难。该理论共同界定其原因性动力的构成因素往往是模糊的。以下述问题为例:

当考察利益集团对立法的影响时,我们应寻找大的还是小的集团?利益集团理论确实无可奉告,因为交换的媒介是不确定的。当用金钱给代表回报的时候,大多数利益集团理论家似乎都认为,规模较小但对结果具有重大利害关系对形成、维系与发挥利益集团的力量是有利的。另一方面,如果交易的媒介是选票,那么即使其利益并非如此强烈,大规模的集团显然就具有突出的优势。那么我们应设想政客会对大集团还是小集团作出回应?答案似乎是二者兼而有之。但倘若如此,那么激烈的派系以公共福利为代价产生符合其利益的立法这一基本情形就会开始解体。在最好的情形下,也要通过关注与具体情形下利益集团力量有关的大量偶然情形加以重大限定。

那么起草立法实现利益集团诉求的技术又如何呢？我们应期望那些赋予私人集团利益的法律是以精确还是模糊方式加以制定呢？利益集团理论家有两种不同的说明。有些人设想利益集团的协议应以相当精确的方式加以规定,以便确保相关的利益集团因其贡献金钱或选票而实际获得其价值。然而其他人却预言,利益集团立法在形式上是模糊的而且包含对行政人员的广泛授权。④大概在这一种情形下,被管制集团与行政机关之间未来的联盟可以确保收益不被人注意到,而同时使立法机关的政客免于承担促进特殊利益集团私人目的的责任。

实际上,就利益集团在政治领域的竞争是主要应被视作以公众为代价产生私人物品,还是通过集体行动必然产生公共物品,这一点甚至还没有达成共识。究其根本而言,这似乎是相关模型说明中的另一项模糊或分歧造成的,即当利益集团寻求或反对立法时,讨价还价者是谁？大部分利益集团理论家设想的似乎都是利益集团与立法者之间的交易,其中立法者被诱使为了获得选举支

---

④ 请对以下二者加以比较:莫里斯・P. 菲奥里纳(Morris P. Fiorina):《管制形式的立法选择:法律过程抑或行政过程?》(*Legislative Choice in Regulatory Forms: Legal Process or Administrative Process?*),载《公共选择》(*Pub. Choice*)第 39 卷,1982 年,第 33 页以下;理查德・L. 多恩伯格、弗雷德・S. 麦克切斯尼(Richard L. Doernberg and Fred S. McChesney):《论税收改革的稳定递增与稳定递减》(*On the Accelerating and Decreasing Durability of Tax Reform*),载《明尼苏达法律评论》(*Minn. L. Rev.*)第 71 期,1987 年,第 913 – 962 页。

持而以公共支出为代价提供私人物品。但在其他模式中,代表却成为公共物品供需均衡的市场上的利益集团之间的仲裁者。⑤ 在后一种解释中,多元主义妥协以及通过政治改善公共福利这些令人欢欣鼓舞的设想,都再现为真实可能的事情。

最后,对利益集团理论的更沉闷的一般预言必须以怀疑的方式加以看待,因为其对选举与立法过程的描述都是令人难以置信的。尽管这两个问题相当不同,但二者对具有内在一致性的说明而言都具有根本性。大家会记得,利益集团的基本场景是具有强烈利益的投票者联盟以一般公众为代价从代表那里谋得立法。其潜在机制取决于投票者总体上的"理性的冷漠"连同利益集团对代表的严密监控。在立法过程中,互投赞成票同样发挥着显著的作用。

现在,关于投票者令人震惊的就是他们拒绝理性地行事。可以证明的是投票者让自身熟悉相关的问题并不合算,更不用说去投票站投票了。然而,在周而复始的选举中,许许多多的人都会出来参加那种对个人具有负回报的活动。这种反常行为强烈表明:完全以工具或经济方式界定的个人自利的计算,并非公民参与中主导性的,甚至并非重要的因素。果真如此,那么政客就不能指望投票者不了解情况或无动于衷。给"特殊利益"的需求予以关照

---

⑤ 请对以下二者加以比较:乔治·J. 斯蒂格勒(George J. Stigler):《经济管制理论》(*The Theory of Economic Regulation*),载《贝尔经济学与管理学期刊》(*Bell J. Econ. and Management Science*)第2卷,1971年,第3—21页;加里·S. 贝克(Gary S. Becker):《关于压力集团就政治影响进行竞争的理论》(*A Theory of Competition Among Pressure Groups for Political Influence*),载《经济学季刊》(*Q. J. Econ.*)第98期,1983年,第371页以下。

就并非没有代价的。

同样不清楚的是,利益集团靠什么机制监控其支持的代表以免其无法兑现承诺。在代表的选票中不存在可以转让的财产权利。此外,利益集团惩罚背信弃义代表的能力也受到利益集团关于未来交易伙伴的替代选择的严重限制。代表之间的勾结(更不用说他们之间的不可替代性)使利益集团发挥影响的"市场"非常不完善。代表们有大量的机会躲避交易,而且根据履行交易的制度性障碍或者建立联盟的长期利益的考虑将这种躲避行为理性化。如果众议院军事委员会的主席躲避交易,那就不存在可以达成类似交易的替代性代表。利益集团时常不得不与在任何时候都具有近乎垄断的权力的人打交道。

简而言之,利益集团与代表之间的关联存在大量的制度性松弛。就我们所知,这一松弛容许代表进行消费支出,包括追求代表理解的"公共利益"。毕竟,这是公共职位持有者独享的特权。实际上,在已知其潜在回报模式的情况下,除非公共职位持有者打算从追求其理解的福祉中获得大量的满足,否则人们就会奇怪为什么他们会选择追求"公共服务"。如果利益集团是政治过程的委托人而代表是其代理,那么在"用良心投票"的外表下似乎就存在巨大的"腐败"领域。

就委托/代理问题展开的那点儿工作似乎就验证了这些推测会预言的内容。在代表的选区中活跃的利益集团的狭隘私利并非关于代表投票模式很好的预测者。通过增加意识形态变量可以大大提高预言的准确性,这些变量代表的或者是立法者关于什么对国家有利的信念,或者是某些基于并未得到现有利益集团代表的选民的一般利益的宽泛偏好。⑥

当然，这并没有否定利益集团活动的大规模存在，没有否认派系对政治的潜在影响是应当加以关注的。这里所说的更加有限。利益集团的立法理论经常是模糊的，其预言经常为反例所困扰。在某种形式上，它是累赘而且空洞的；而在其他形式下则是遵守不如不遵守好。至少在国家政治的层面上，麦迪逊的那种设想，即美国宪法的制度结构能够有效地将选民的激情与利益这种原材料转换成接近于公共利益的某种东西，至少仍是可行的。或许公民美德、公共精神以及对公共利益的寻求并没有消亡。

利益集团理论的重新考量

不过，倒也不应过分夸大利益集团理论的缺陷。的确，人们观察到的结果似乎不能很好地契合这种理论。投票者的投票以及立法者追求的东西似乎是普遍的公共利益，有时甚至还能发现政客具有人格与信念。不过，除非这被认为是普遍真实的，否则并不能由此得出利益集团理论就是不正确的结论。

首先，请考虑一下我们有时确实将立法视作追求宽泛的公共利益而非狭隘的特殊利益的观念。环境立法往往被作为这一方面的个案。泛泛而言，环境立法似乎确实是在追求如此普遍的利益，

---

⑥ 例如，参见约瑟夫·P.考特、马克·A.朱潘（Joseph P. Kalt and Mark A. Zupan）：《政治学经济理论中的俘虏与意识形态》（*Capture and Ideology in the Economic Theory of Politics*），载《美国经济评论》（*Amer. Econ. Rev.*）第74卷，1984年，第279-300页。

以至于你很难设想会形成推动环境保护的有效集团。实际上，因为许多环境保护的目的在于为了子孙后代而保护地球，所以这种立法的受益者就不可能是被组织起来追求个人私利的利益集团。

过分安于这一说明存在的问题乃是其不完整性。首先，我们应转变对下述主张的偏见，即通过对政治产出的观察，我们可以得知公共利益是生机勃勃的还是死气沉沉。立法对某个集团具有特别有益的影响或似乎旨在赋予一般公众利益，并没有告诉我们多少为何颁布该法的内容。尽管我们能够提供一系列关于公共利益的说明作为私人利益预言的反例，但这很难说就意味着立法行为本身是以公共利益为导向的。实际上，对几乎所有立法的认真考察都既会产生一种似乎可信的私人利益解释，也会产生一种似乎可信的公共利益解释。

职业许可是一种保护消费者免受欺诈与无资质的手段，还是限制竞争与提高被许可者所得的手段？食品与药品管理局对处方药的管制是为了保护公众免受危险药品的危害，还是确保只有大厂商才有能力进行药物开发进而限制供给、提高有用药品价格的强硬措施？环境署对煤电厂二硫化物的管制是为了保护公众的健康，还是意图取悦西部的房地产利益集团并保护东部高硫煤矿的市场？

几乎在每种情形下，答案都可能是"都有"。确实，某些立法很难被解释为多数人关注什么对国家有利的情感之外的东西。下述证明，即立法具有巨大的福利分配效果，其成本大、收益小，是通过极有可能助长受益集团可恶的寻租这种过程颁布的，可以提供公共利益方面的理由对该法进行强烈的指责。但从制度设计的立场而言,有趣的在于我们怎么知道相关过程是如何导向公共利益的结果的？或什么机制在限制私人利益的财富转移方面能够发挥作用？只要我们不苛求实证政治理论提供最终的答案（而且不被那些主张其可以提供最终答案的人所迷惑），那么实证政治理论就可以帮助我们思考这些问题。

其次,我们应对认为任何人都知道立法者为何投票支持立法这种主张保持警惕。现已开展的各种整理立法者投票记录的工作,通常是国会代表的投票记录。通常提出的问题是,立法者是为了那些支持其重新当选的集团与选民的利益进行投票,还是按照其本身对良好公共政策的认识进行投票？分析者试图确定与评估人们在具体情形下发现的混合立法动机,这确实是极其聪明的。尽管某些此类的研究可以说是学术力量与社会科学方法的胜利,但除了立法者的行事是出于个人意识形态与以重新当选为导向的私利的混合之外,还没有人能告诉我们更多的内容。这并非什么大新闻。当然,问题在于很难控制所有相关的变量,党员身份、选民的特征、立法机关的位置、竞选捐助、个人意识形态。这些东西不仅彼此之间高度关联,而且研究者也无法直接对其中的某些进行观察。

以宣称立法者更多的是按照其意识形态投票而非为其捐献者或选民经济利益投票的研究为例。当进行这样的经验性检验时,立法者的"意识形态"（关于公共利益的观点）是通过观察其投票记录的方式进行建构的。这些记录因而被加以解释以便将立法者的观点置于问题/意识形态的刻度尺上,比如从自由主义到保守主义。然后,分析者就考察那些国会具体讨论的问题,该"自由主义者"或"保守主义者"是否根据自由主义或保守主义的阵营进行投票。如果意识形态变量解释的投票多于竞选运动的捐献者或选民政治联合解释的投票,那么就能得出这是一个依照其良心投票的立法者。

这一方法的问题在于,虽然立法者的一般投票模式,也就是通常将其定位于意识形态刻度尺之上的模式,被用于解释对具体问题的投票。但是,如果某种不存在或不可被衡量的东西在解释着立法者的一般投票模式,那么这些东西同样在解释着由意识形态刻度尺赋予他们的"意识形态"。当立法者在意识形态刻度尺上的位置进入了研究者的预测模型时,立法者的"意识形态"就被计算了两次(或三次、四次)。总而言之,既包含意识形态又包含经济自利因素的模式,它在预测立法者的行为方面似乎优越于纯粹的经济模式。

问题的关键在于,许多关于投票行为或利益集团行为的社会科学研究,可能都是在非常笼统的层面上提出问题与给出答案的。在实际政治领域中,存在着似乎具有公共利益性质的结果以及立法者会根据其信念或意识形态投票都被当作令人鼓舞的消息。但是如果我们只是询问关于整个法律的问题,那么我们可能就没有问到点子上。例如,很容易就可以编造说环境立法的本质是一种特殊利益。但如果要看到它是特殊的利益,人们就必须考察立法的细节而不仅仅只是关注通过了一部清洁空气法或清洁水的法案。上帝存在于细节当中,特殊的利益诉求也是存在于细节当中。而对私人利益交易的成本是否超过了就环境保护做点事情方面的公共利益进行计算,这是极其困难的。

那些投票者又是如何呢？当他们去投票时，难道就真的意味着他们是追求公共利益的利他主义者吗？实际上，我们对人民为何投票，其投票时的动机是什么，在投票的激励本身与以某种具体的方式投票之间存在什么关联——如果有这种关联的话，都知之甚少。这些问题的回答甚至会表明，立法者是为了帮助特殊利益集团或取悦选民进行投票，还是根据自身的信念投票？这些问题都是被误导的。此外，这些难题又是重要的。如果人民是出于公共精神方面的原因进行投票，而且在投票时是根据其对公共利益的理解来决定如何投票，那么以重新当选为导向、仅考虑职位保留这一自身利益的立法者，就仍然会被迫（显然有些懒散）像是追求选民理解的公共利益那样行动。立法的基础因而将是意识形态，但是得到实行的意识形态乃是选民的而非立法者的意识形态。

在这一情形下，探究投票者为什么投票这一问题可能起不到什么重要作用。更让人感兴趣的问题是他们为什么那样投票。此外，关于投票者为什么投票的辩论，不仅本身并不具有决定性，而且对讨论最重要的利益这一问题也无法提供什么资讯。因此，经验性的调查者已经绕开"为什么投票"这一问题径直探究"为什么那样投票"的问题。为此，他们建构了检验投票者是否为了其钱袋进行投票的试验。

结果有些自相矛盾。考察总体性影响的研究，倾向于确认是为了钱袋进行投票。当经济条件糟糕或恶化时，"当局者"就被抛弃；而当其得到改善时则被保留。相形之下，调查数据倾向于表明，投票者为了国家的钱袋的投票，并不必然就是为了自己的钱袋。投票更多的是与投票者关于国家整体经济运行状况的理解而非其个人的过活如何联系在一起。社会科学对这些结果的解释,就是相信第二套个人投票者层面的调查研究,也就是"公共利益"设想的胜利。⑦ 关乎总体层面的研究所表明的投票者是为了其钱袋进行投票的问题,被称为"生态学的谬误"。在群体层面上发现的用于描述群体的行为,被错误地用来描述群体之内的个体的行为。因为投票者整体会在不景气的时期抛弃当局者,所以当投票者事实上追求的只是国家的整体福利时,却被假定为做出抛弃选择的投票者本身正经历经济方面的痛苦。

但是,社会科学给我们印象最深的就是表明我们不应相信先前的社会科学。根据进一步的认真探讨,结果是关于投票者调查的建构,并未将总体经济条件的影响与个体经济条件对投票者行为的影响区分开。我们不能确定:那些因为他们的投票与其当前的经济利益不符从而似乎就像是为了"公共利益"进行投票的人,并不是根据其未来经济利益进行投票的。而且因为这些研究通过时间来考察当局者或局外者在景气与不景气的时候当选犯了"生态学的谬误",所以他们就无法反对关于个体投票行为的利他主义或意识形态解释。⑧ 根据可以获得的最佳信息,留给我们关于投票者个人选择的基础或动机的内容,只是某种诸如不可知论的

---

⑦ 参见丹尼尔·A.法布尔(Daniel A. Farber):《民主与厌恶:公共选择的沉思》(Democracy and Disgust: Reflections on Public Choice),载《芝加哥肯特法律评论》(Chi. Kent L. Rev.)第65卷,1989年,第161、163-164页。

⑧ 杰拉尔德·H.克雷默(Gerald H. Kramer):《再论生态谬误:关于经济学、选举与社会取向投票在总体与个体层面上的发现》(The Ecological Fallacy Revisited: Aggregate-versus Individual-Level Findings on Economics and Election and Sociotropic Voting),载《美国政治学评论》(Amer. Pol. Sci. Rev.)第77卷,1983年,第92-111页。

东西。

投票理论的缺点与优点

我们同样必须直面投票理论的真实性问题。因为即使代表大体上努力追求的是公共价值，投票理论也表明他们无法这样做。摆脱这种让人不快的说明的通常路线，就是证明阿罗定理与真实世界的关注毫不相干。但它们当中没有任何一个是完全令人信服的。

例如，人们可以主张大多数关于偏好集合的理论工作都在根本上误解了公共选择的过程。因为政治选择是在讨论与商谈的环境下进行的，最终产生了关于代表或政策的判断。那些判断是受政治互动过程影响的，并非完全外在于这一过程。我们的老朋友A、B与C不是必须进行投票。相反，他们可以就此进行讨论。在讨论之后，他们可能发现K而非X、Y或Z是应当作的。将政治问题确立为如何从最初的偏好开始并且将其汇总为具有一致性的社会选择函数，这样提出的只是一个假问题，我们不应为该问题的误解感到困扰。

但是，唉，这并非一个完整的答案。首先，讨论可能强化而非缓和冲突。此外，尽管讨论有可能会揭示这些投票者是出于原则而非偏好的方式行事的，但阿罗定理的总合问题，并不取决于对任何政治参与者心理函数的描述。无论人们将品味视为由内生于政治选择的因素形成的，还是将投票刻画成为关于得到提议的候选人或政策之良好性的深思熟虑的判断,只要有三种选择与三个投票者,阿罗定理就是成立的。并不能仅仅运用公平的投票规则就可以隐藏结果与潜在的偏好之间的关系。缺少公正的方法实现从个体到集体的一致映射,要影响到所有的选择。而且因为其普遍性,阿罗的洞见就会对适当的制度性设计产生强大的影响。

我们还必须再次小心不要混淆了内在逻辑的一致性与结果的确定性。例如,阿罗定理结果的稳固性已经被作为一种令人信服的主张来反对人民民主主义或者具有强烈民主性的制度。在《自由主义对人民民主主义:民主理论与社会选择理论的遭遇》中,威廉·赖克主张,投票理论证明了其所谓的自由主义(究其实质而言,是具体的个人自由得到明确保障的代议制民主)优于人民民主主义或直接民主。⑨ 他的逻辑直截了当:人民民主主义是通过诉诸公平的多数决定程序证明其正当性的,即赋予每个公民表达其偏好、进而可能决定集体决议的平等机会。但是,因为投票理论证明,在多数决定程序的结果与投票者的潜在偏好之间并不存在必然的联系,人民民主主义承诺的民主控制就只是幻象。程序性公正得出的只是毫无价值的东西,而非多数意志的表达。

依照赖克的见解,自由主义则不会面临同样的反对。自由主义的基本价值就是保护个人利益。这可以通过一套具体的保障措施连同解散公共决策者的周期性机会来实现。因为即便公职者的免除与保留与社会成员的潜在偏好并不存在必然联系,但仍能阻

---

⑨ 威廉·H. 赖克:《自由主义对人民民主主义:民主理论与社会选择理论的遭遇》(*Liberalism Against Populism: A confrontation Between the Theory of Democracy and the Theory of Social Choice*),旧金山:自由人,1982 年。

止形成稳定的专制。故而,根据赖克的分析,社会选择理论证明尽管不可能实现"表达性"的民主,但"防卫性"的民主仍然是具有正当性。赖克在某种重要的意义上重新确认了联邦党人政治学的制度安排,不过其主张确实比我们在《联邦党人文集》第10篇中碰到的要有限得多。这里并未表明代议制机关代表着人民的意志;只是说既然某些公共事务必须要由某些公共机构来处理,那么我们所能做得最好的就是拥有一个能够被抛弃的代议机关(以及对政府行为取消个人利益的程度施加严格的限制)。

但是赖克已经证明了他的基本主张吗?如果自由主义(赖克往往将其等同于受宪法限制的代议制民主)或代议制民主可以被证明是保护个人权利的工具,那么为什么人民民主主义不能被证明是实现公民自尊或集体认同或其他某种价值的工具?赖克似乎认为,关于无论自由主义还是人民民主主义的程序主义的解释都是无效的这种批评,似乎只对后者具有决定性。但是赖克没有解释他为何未能就人民民主主义作出工具性的辩解。同样不清楚的是为何人民民主主义方案结果的专断性如此令人烦恼?赖克毕竟泰然看待替换官员的投票制度,这种制度运作的理性程度与瘟疫或恐怖主义的袭击无异,或者是由某个专横但却聪明的议程操纵者控制的。而且赖克也未能考虑将人民民主主义与以宪法限制国民投票的权力或者限制侵犯个人自由结合起来的可能性。

此外,正如我们在第一章看到的那样,通过增加某种制度结构就可以缓和选举制度具有的混乱与专断的特征,前述选举制度不具有超越多数决定规则的制度结构。民主政治过程的结果并非毫无意义。它们只是必须被解释为既是潜在投票者的偏好又是偏好表达之制度机制的函数。现在可以确定的是,下述观念几乎没有什么规范意义,即这些结果可以根据潜在偏好与既有制度结构之间的某种函数关系进行解释。我们仍然应了解这些结果与潜在偏好或判断之间的关系以及制度结构如何影响相关的结果。因为除非这些结果与代表的选择或可以以其他理由获得辩护的决策制度结构存在某种有意义的联系,否则,我们就仍要面对其陈述充斥着虽非随机但却武断的法律大全。

摆脱这种混乱的途径可能就是要借助更多的投票理论,因为尽管投票理论声称任何结果都是可能的,但并没有说所有的结果都是同样可能的。投票过程产生混乱结果的可能性是与投票者的数目以及其面临的选择的数目直接相关的。那种限制决策者的数目而且将选择减少到可操作数量的制度安排,在绝大部分时间里都能得出一致的选择。因而,如果我们将美国政府的制度结构设想为通常将选择赋予诸如国会的小组委员会或行政机构,在这些机构中较少的人数以及深思熟虑会保证带来一致性,那就没有理由认为公法过程的产出是混乱的。在那些行使被授予权力之人的行为当中就能发现意义之所在。因此,我们最好不要将美国政府描述为代议民主制度,而是描述为类似短期制度性独裁者的体系。这可能会威胁到法律表达的是公众意志这种观念,但它不会挑战法律语言的意图。在这里,"独裁者"并不具有特别轻蔑的含义。我们的议程设定者和准独立的政策规定者,即总统、国会的领袖与行政机关,都要服从不计其数的监督形式,包括公众的、政治的与法律的监督。

此外,与当前投票理论研究相关的一种路线,已经开始探讨围绕少量选择产生的选择合并的理由。这种观点的基本逻辑直截了当:尽管"任何结构都是可能的"的证据证明存在着可以得出任何结果的决策进路,但也可以证明得出普遍偏好之选择的进路也是非常多的,而得出相对较少人偏好之选择的进路则是寥寥无几。这表明,偏好的重复表达会证明模式与相对首选的选项发生重合。尽管还存在只由通过某种"专断的"制度特征方能加以阻止的循环,但那些循环却很有可能属于得到显著支持的选择范围。

这些初步探索具有重要的潜在意义。[10] 持续存在的结果似乎就可以说是真正潜在的偏好的体现。因为随着时间的流逝,改变关键的制度主体以及决策制度的形式的可能性表明,那种稳定的结果不仅仅是制度结构本身的人为现象。

前面的任务

关于实证政治理论,令人困惑的事实就是我们在什么时候应相信其预言这个方面知之甚少。当宽泛地解释利益集团理论从而包括代理理论和博弈论时,它就具有得出下述假设的惊人能力,即为什么有些事情会出现或特定制度结构和程序如何被解释。但是,到目前为止,不仅用于检验这些假设的方法缺乏说服力,而且其结果也充满了不确定性。实证政治理论的这一分支同样因为运

---

[10] 相关讨论参见,丹尼尔·A. 法布尔、菲利浦·P. 弗赖克(Daniel A. Farber and Philip P. Frickey):《法律与公共选择:批判性导论》(*Law and Public Choice: A Critical Introduction*),芝加哥:芝加哥大学出版社,1991 年。

用未经检验和似是而非的行为假定而遭到了毁灭性的抨击,而且被彻底宣判对社会科学方法犯下了重罪。⑪

投票理论存在的问题不同。因为它在很大程度上是公理性的,而非经验性的,其主张的真实性取决于内在一致性,而非与事实的契合性。公共选择行为这一分支的基本原理因而能够很好地经受住那些不断试图破坏其声誉的批评。不过,投票理论方面的优点同样是其实践方面的缺点。从不证自明的理论转到真实世界的制度几乎是不可能的。政治选择的真实世界是如此复杂,以至于无法运用一套可以用数学方式操作的公理予以记录。然而,当数学模型失灵时,投票理论家在从富有直觉吸引力的公理中得出反直觉结果方面取得的重大胜利,却告诫我们反对"仅凭直觉"的理论化。

不过这些得到广泛认可的缺陷很难表明,当我们努力认识和建设更好的政治制度时可以忽略公共选择的分析。尽管物理学并没有关于物质和能量如何运动的统一理论,但却提供了足够的洞识从而使得工程学取得了令人瞩目的成就。实证政治理论很难建立在与大多数物理学同样坚固的基础之上,但是我们忽视其基本洞识也会存在风险。几个简单的例子就可以说明这一点。

设想你自己正在院、系、委员会或家里开会。在听取了一些讨论之后,主席提出似乎存在 A、B、C 三种选择,而现在要做的事就是投票。在决定最终通过的内容方面,你是否还会把投票的次序

---

⑪ 参见唐纳德·P. 格林、伊恩·夏皮罗(Donald P. Green and Ian Shapiro):《理性选择理论的病理学:关于其在政治学中的运用的批评》(*Pathologies of Rational Choice Theory: A Critique of Applications in Political Science*),纽黑文:耶鲁大学出版社,1994 年。

或形式看作无关紧要的问题呢?

或者设想你自己是地方规划委员会的成员,被要求就提议改变规划分类的问题举行公开听证。在听取了前来支持或反对相关改变的人的意见之后,不管这些人是谁,你是否有可能相信你听到的是人民真正的声音?或者你是否会因怀疑为什么特定利益集团得到了过度的代表而其他的集团则无法形成或出现,从而调节前述观念?

就这些问题而言,公共选择的视角可能无法告诉你该怎么去做。但它确实有助于你贯通与思考集体决策存在的危险,此前这些危险在直觉上让人困惑,但并未得到系统的认识。实际上,你现在会在你的前公共选择(pre-public choice)的幻想未能觉察到危险的地方看到可能潜在的问题。此外,如果你能够避免全部拒绝那些提供并非敷衍了事的答案的理论,而同时又不被抽象的理论化冲昏了头脑,那么你就可以就如何组织集体行动做出更明智的决定。这里至少提供了某些工具来分析下述主张,即这种或那种观点代表了民主过程或人民意志。

当然,在某种程度上,实证政治理论之所以不能被忽视,还因为政治经济学家的理论化往往与我们关于人民如何行为以及什么激励他们行为的直觉观念联系在一起。与选民和共同事业联盟一样,你不必阅读关于公共选择的大部头著述就能够得出:使选民登记更加容易(降低其成本)会提高公民参与选举的程度;或限制在政治竞选中对特殊利益集团金钱的需要,就同样有可能限制特殊利益集团在政治活动中的影响。在这两种情形下,传统的智慧默示承认的就是"自私的理性行动者"的政治行为模式。

不过，与这些相对简单的例证相比，制度设计的公共选择视角走得更远。公共选择认为追逐私利是思考政治生活的主要兴趣目标所在，并且试图系统地解释政治行动者如何通过策略性的行动实现其目的。正如前面所述，我认为公共选择理论家往往高估经济性自利对文化、意识形态、道德与宗教信念以及纯粹利他主义的支配程度，他们的模型太过简单、静态，以至于无法记录政治生活的动态性。不过，建议系统而且策略性地思考在政治制度中追求私利的行为，据此得出的洞识超越了简单的直觉、传统的智慧或"常识"。

以我撰写本书时正在讨论的主题为例，即"软钱"（soft money）竞选资助改革。这个问题按照通常的表述就是：许多通过竞选捐献发挥影响的渠道已经被管制性限制堵住了。尽管如此，还有一个大动脉畅通无阻：对国家政党的捐献。因而巨额捐献能够并且已经通过国家政党机器的渠道谋求发挥影响。由于钱是并非具体投给某个候选人的，因此它是"软的"，但无论如何还是会给人带来歪曲政治过程的感觉，管制软钱的活动因此而起。

表面看来，这似乎是一个好主意。但是公共选择进路做出的进一步分析会使其变得问题多多。公共选择的命题是以政治必然会涉及集团通过与政治家进行交易来为自身寻求好处开始的。政治制度可以引导和指挥实现这些交易的方式，但不能改变这种博弈的根本属性。问题因此成为：哪种引导或驾驭形式可以被用来限制私人利益集团直接攫取公共权力？

从这个角度来看，可以说软钱捐献是限制特殊交易和提高民主责任性的良好手段。为什么呢？这种分析是很简单的。在政治竞选中，立法机关几乎不可能完全与所有接受私人支持的方式隔绝，因此真正的问题就是，我们究竟是想要个人立法者直接对捐献者承担主要政治责任，还只是通过可以约束他们的政党机器间接承担责任？如果他们不支持政党的纲领，这种政党机器至少在大多数时间里能够通过拒绝给予其资助的方式约束他们。显然，前一种政治责任结构并未压倒后一种。实际上，许多人现在都认为，20世纪后期美国民主制度的主要缺陷就是政党权威的下降。不仅作为独立企业家之政治家的兴起造成了特殊利益通道超常的"僵持"立法过程，而且还使公民不可能让政党在追求公共目标时负责提议并提出一致的纲领。

　　引导捐献以便赋予政党权力因而看起来颇有吸引力。此外，受惠于政党领袖支持竞选的个人立法者，不仅会有强大的动力接受政党的纪律路线，而且还会努力确保政党的纲领对一般公众具有吸引力。他们同样还会有种种理由去兑现政党的承诺。不然的话，选民在下一次选择中很可能将其淘汰出局。

　　以最近的政治斗争来说明这个问题，在1994年由纽特·金里奇（Newt Gingerich）策划的共和党人接管国会的选举中，对软钱"漏洞"的利用就发挥了很重要的作用。此外，或许自萨姆·雷伯恩（Sam Rayburn）和林登·约翰逊（Lyndon Johnson）主宰民主党国会（按照非常不同的选举与内部规则）以来，现在的政党比以往任何时候都会更加明确地说明其立法纲领，以及投票支持该纲领的政党纪律。共和党人正忙于履行承诺，这是一种承担政治责任的行为，否则投票者就可以在1996年将其淘汰。尽管如此，这里并不是说软钱的资助必然会产生好的或受欢迎的政策，而是主张其有可能同时增强职责与责任。实际上,作为增强职责与责任的手段,软钱看起来如此令人满意,以至于我们可能会考虑将其作为资助竞选的唯一方法而非将其排除在外。

现在可以肯定的是,这一论点掩盖了许多问题,需要进行更广泛的分析。纪律以及腐败的政党既可能成为民主的疾病,也可能成为代议民主的推动器。尽管如此,软钱个案阐明的要点却是非常重要的。如果认真对待公共选择观念,就能够得出一些有趣的洞识而且有可能进行创新性的变革。系统地思考如何重建一种无法消除追逐个人自利,同时具有复杂但又不明显互动的政治过程,似乎是有必要的。公共选择进路因而有可能就我们往往认为可以起到有益作用的改革观念与传统实践提出怀疑性的分析,这些观念与实践经过反思会是十分成问题的。

当我们在随后几章探讨美国公共机构设计中某些永恒的主题时,我们试图从公共选择理念得出的正是这种指示。这些主题包括:官僚决策在塑造公共政策方面应当扮演什么角色?法院在撤销声称不合理的立法时应当扮演什么角色?权力分立如何有利或不利于具体的政府机构?即使谨慎地运用公共选择的观念,我们往往也会对传统的问题做出非传统的回答。

例如,与既有学说以及大多数宪法学者的观点相左的是,我断定最高法院从1930年代"理性"审查的大规模撤退是错误的。我会在第三章中提出,这种撤退更多的是表面上的而非实际的,当在替代性学说的烟幕背后进行而非光明正大地实施时,就有可能更加危险,既没有保护当事人的重要权利,又没有向当事人合理地解释为什么他们的利益应服从集体目标。从公共选择之于公法的潜在贡献来看,最重要的是,我主张源于利益集团理论的洞识能够为理性审查的运用提供重要的程序标准,从而使得"反多数难题"不那么让人烦恼,这个难题说的就是以非选举产生之法官的"法律"合理性判断取代选举产生之立法者的"政治"合理性判断。在可以证明民主失灵的情况下,"民主"将不应当作为宪法上的王牌。

在第四章中,我将用两种方法推进这种反向的进程。首先,我将分析此前发掘公共选择进路的努力,特别是利益集团理论,从而为法律解释提供可用的指导。我的结论是,该领域尽管是此前的公法分析者最常发现公共选择观念的有用性的领域,但是公共选择解释进路的价值却遭到过高的吹捧。不过,在那些把公共选择分析鼓吹成法律解释的罗塞塔石碑*的观念中,我发现有一些金子和银子与那些黄铜和水银混在一起。

公共选择分析让我们看到的重要内容,就是解释在我们具体的宪法制度下是非常有影响的。从这一探讨中浮现出了数个相互关联的、反直觉的、因而非传统的观念。首先,司法机关对法律的"误解"会使立法机关在一大批案件中无法推翻司法机关强加的政策,并且实际上在所有的情形中都会阻碍立法机关重新颁布原

---

* 罗塞塔石碑(Rosetta Stone),是一块制作于公元前 196 年的大理石碑,上面刻有埃及国王托勒密五世(Ptolemy V)诏书的石碑。这块石碑因其同时刻有同一段文字的三种不同语言版本,故而使得近代的考古学家得以有机会对照各语言版本的内容,解读出已经失传千余年的埃及象形文的意义与结构,从而成为当今研究古埃及历史的重要里程碑。罗塞塔石碑最早于 1799 年由法军上尉皮耶—佛罕索瓦·札维耶·布夏贺(Pierre-François Xavier Bouchard)在埃及的一个港湾城市罗塞塔(Rosetta,现称 el-Rashid)发现,后因英法战争而辗转流落英国,自 1802 年起保存于大英博物馆并得以公开展示。——译者

初的立法政策。其次,因为这是事实,法律解释往往比司法审查具有更强烈的反多数主义倾向。最后,从前述命题中可以得出,告诫法院解释法律以避免宪法问题的法律解释准绳,在很多情形下会造成对多数决定过程的不敬,而这恰好是该准绳意图避免的。

第五章至第八章将探讨公共选择对于我们理解现代行政国家之结构与运作的贡献。尽管"俘房"故事俯拾皆是,但第五章却对公共选择的下述主张深表怀疑,即行政过程可以被解释为国会据以建立为支配性政治利益谋取好处的监控的手段的方式。当然,对于那些全神贯注地把行政过程当作一套确保公正与法治的结构与决策技术的法律人而言,公共选择的描述确实包含着重要的警示性报告。但是,作为理解美国行政法的现状是如何形成的方式,公共选择的说明内部并不一致,而且极不完整。

第六章同样就公共选择对赋予行政官员宽泛的政策选择权这一现代实践的抨击表示怀疑。当然,公共选择的实践者在这一方面是与其他法律和政治理论家一致的,这些人哀叹这些授权建立的治理制度被刻画为"有权无责"[12]。与这种不断发展的传统观念相左,我认为认真的公共选择分析表明,对行政官员的宽泛授权可以大大支持民主责任与多数决定规则。

通过运用博弈论对司法审查以及规章制定的政治监督的说明,第七、八章进一步分析了行政责任的观念。在第七章中,我主张法律文化坚持在实施之前对管制进行审查的做法,已经严重破

---

[12] 大卫·舍恩布罗德(David Schoenbrod):《有权无责:议会如何通过授权伤害人民》(*Power Without Responsibility:How Congress Abuses the People through Delegation*),纽黑文:耶鲁大学出版社,1993年。

坏了政府能力与法治。第八章则提出理由认为，我与大多数评论者的观点不同，最高法院以宪法为根据驳回对行政规章创制的"立法否决"，已经严重扭曲了对行政机关行为的政治控制，但这有利于执行机关。这种失衡引发了一系列功能紊乱的立法实践，包括过分具体地起草法律以及规定司法机关事实上在实施之前对所有规章创制进行审查。

我之所以秉持这些通常充满争议而且有时还具有对立性的观点，是因为我试图认真对待公共选择。但不是过于认真。当公共选择分析者认为"代理理论"可以解释行政法的结构，或者法院应当像在解释十分详细的私人合同那样处立法解释时，我发现他们的证据并不可信，他们的论点前后不一。我有时会认为公共选择是心有余而力不足，但在其他时候，则认为对其洞识的研究尚不充分而且不够系统。本书并非旨在简单地褒扬或贬损，相反，而是试图从一门非传统学科的视角把握政府结构与公法中某些持久性的问题。本书同样试图对学科性热情保持批判的距离，这种热情能够轻易地转化为对公共生活的怪诞描述以及不明智的制度与法律改革进路。

第三章 公共选择与理性审查

美国的律师、法官与法律学者在将近200年里一直都在寻找一种具有充分说服力的理论,用以证明当法律未能满足司法机关对联邦宪法之要求的理解时就宣布其无效的正当性。对于许多法律职业之外的人而言,这似乎是一项极其古怪的事业。首先,自19世纪早期以来,联邦法官就一直在运用宣布法律违宪的权力。其次,经过两个世纪,最高法院每年宣布无效的国会立法尚不足1件。此外,在多数案件中,违宪裁决影响的往往只是某一可以修正的法律条款,而对国会实现其意志之权力的干涉极其有限。简而言之,这一实践牢固地确立了起来,但实际影响有限。

从这个角度来看,司法审查的正当性问题在宪法学术研究中居于核心地位,这似乎是倒退到了中世纪的经院哲学。关于美国法院在什么情况下推翻美国国会或者50个州立法机关的深思熟虑的判断是正当的,至少与一个针尖上可以有多少个天使跳舞的争论同样有趣和重要。

然而以这种方式认识该问题是极其错误的。实际上,这几乎就是一种倒退。司法审查在美国法律、宪法与政治生活中的重要性,不能通过被推翻的法律及其施加给我们由选举产生的立法机关的约束性限制来加以衡量。相反,应当按照其给予被维持或从未遭到挑战之法律的合法性力量来认识司法审查的实际重要性。在一个宪政通常被视作公民信仰形式的政体中,有些法律可能违宪实际上就使得那些合宪的法律神圣化。美国人之所以相信他们生活在"法律之下",部分是因为所有的法律都可能受到宪法方面的挑战。

同样重要的是,司法审查彰显了美国人信奉的多数决定规则(民主)与同时信奉的个人自由(自由主义)之间的张力。司法审查由此成为一种必须谨慎使用的宪法黏合剂。因为如果没有司法审查的黏合力(双关语),那就难以就在合众国中什么形式的治理是合宪的组织这个问题进行对话。而如果没有那种对话,就无法保留宪政观念本身。

不过,司法审查表现为许多不同的形式,而且其阐述或多或少是有争议的。本章将集中讨论一个争论不断的具体领域,这一领域的司法审查似乎构成了对多数决定规则最大的挑战。这里的问题就是,法院能否证明纯粹因法律在"非理性"、"不合理"的意义上是"专断的"而将其撤销是正当的,以及在什么时候、通过什么方法证明其正当性。因为当公共选择试图解释可以实现理性(就微弱意义上的"可传递性"或不存在循环而言)的程度,并且集中考察由于利益集团的压力而致立法产出与追求公共福祉的潜在分歧时,它在这一点上有可能带来最大的回报。

尽管公共选择理论不能回答司法审查之适当形式与适当范围等长期存在且令人烦恼的规范性问题,但还是能够就立法机关如何运作与失灵给我们提供某些洞识。而且倘若如此,它还能表明我们在哪里最可能希望见到对立法活动积极监控以使其具有宪法上的正当性。如此一来，公共选择甚或有可能向我们表明，我们关于这些问题的某些传统观点并不完全是有道理的。

无论在本章论述的理性审查还是下一章论述的立法过程与法律解释中，我都希望表明我们确实要从公共选择理论家的基本理念中学习一些东西。但是在每种情形当中，都不应当把"学习一些东西"与诸如在宪法分析中"采用其理念"甚或"运用其主张"等观念混为一谈。在思考宪法原理时，公共选择的视角是有益的，但每一件都必须贴上"小心轻放"的标签。

理性审查：法律领域概观

理性审查，或者更好地说是审查立法的"合理性"，既是一种宪法上的必需，又是一种政治上的不可能，还是一种概念上的含混不清。

宪法上需要某种形式针对立法行为的合理性制约，这植根于我们总体而言信奉个人自由保护与有限政府的理念。依照联邦宪法第5条与第14条修正案，未经正当法律程序，联邦或任何州政府都不得剥夺人们的生命、自由或财产。尽管这一文本如此含糊以至于几乎没有什么意义，但其包容性却使美国的诉讼当事人与法院可以就任何损害个人或集团利益的立法提出这样一个根本的问题：什么样的政府权力运作能够证明这种损害的正当性？除非能够提出该立法如何推进同样属于立法机关职权范围内的某些公共利益的说明，否则就是专横的，违反了正当法律程序。

正如宪法学者可能主张的那样,所有的立法在追求某些宪法上可接受的立法目标时,都必须包括合理的立法方法。这种不存在专断的保证,有助于接受在追求集体目的时给私人利益造成的不可避免的牺牲。在这一点上,就存在着宪法上的进行审查以确保不存在专断的必要性。

但是作为一种宪法学说,司法机关发现理性审查是如此难以驾驭,几乎可以说在政治上是难以操作的。作为一个历史问题,我们只需要回忆一下守旧的最高法院与新政这一陈年旧事就可以了。当政府认识到新的需要与行为难以符合我们那种19世纪的、关于可允许之政府目标与手段的理解时,最高法院却援引"实体性正当过程"(不得专断)来遏制州与联邦立法机关的诉求。但是最高法院以自由之名抵制激进的政府在政治上变得让人难以接受。在富兰克林·罗斯福威胁让国会将最高法院的大法官从9个增至15个的情况下,最高法院就进行了著名的"挽救了9个人的及时转变"。法院虽然在实质上保留了审查立法的合理性的权力,但却创制了一个几乎无可辩驳的假定:无论立法机关做什么,在某种意义上都是合理的。

这种解决办法不但在智识上是一致的,而且在政治上也是审慎的。因为一旦最高法院承认州立法机关拥有(依据其"警察权")合法权力去保护公共"健康、福利与道德",并且对联邦宪法的商业和公共福利条款赋予类似的扩大理解,那么法院就没有什么余地把立法机关的目标或实现目标的手段贴上非理性的标签。那种介于从事政治上敏感的事情与采取宪法上合理的行动二者之间的界线几近无法发现,以至于在司法意见中无法令人信服地界分，更不用说精确界定了。理性审查的正当性与从政治判断中区分宪法上的合法的能力一同蒸发了。理性审查的象征性威胁仍然存在，但事实上变成了很少运用的"形式"学说，其运用几乎不存在。实际上，抛开宪法政治不谈，评论者非常中肯地指出理性审查的整个理念在概念上都是含混不清的。如果宪法诉讼针对的是立法机关在颁布立法时追求的目标，那么真正的问题就在于立法机关是否有权追求该具体的目标。这里的问题并非手段与目标契合意义上的"理性"。

监督立法机关实现其目的的手段，还面临着更让人畏缩的智识阻碍。实际上，任何试图监督立法机关手段而非目的之"工具理性"的努力都会遭遇困境。一方面，当立法机关创制法律时不可能只有单一的目标。由于多元目标在有些时候会彼此冲突，因此从其他目标来看，实现其中一个目标的方法似乎必然不会是理性的。法律是政治妥协，而不是抽象政策分析的运用。如果观察足够严格，它们总会包含"非理性的内容"。

另一方面，试图理解立法目的以及去检查手段与目的之间的"契合"程度的整个工作，同样可以轻易得出没有什么法律会是非理性的这一结论。只有通过考察法律整体方能理解立法机关的目的，要考察其目标、实现那些目标的手段以及该任务的资源。实际上，可以说法律的目的只有通过执行才能体现其内涵。

但假如这是真的，那么就可以通过观察立法机关的所作所为，把目的与手段结合起来，从而很好地理解立法机关意图实现的目的。由此可以得出选择的手段总会非常适合正在追求的目的。如果那些目的是合法的，那么法律就是可以接受的。审查法律以确定其是否选择了合理的手段去实现可接受的目标这一观念,就再次蜕变为这样一个简单的问题,即政府是否有权做其所做的事情。

因此,按照工具理性行为的方式审查立法似乎注定要失败。如果严格审查被人为分离的目的和手段,就有可能发现非理性无处不在并由此宣布所见的任何一部法律无效;而如果把立法同情地解释为政治妥协,当目的与其实施分离的时候它就无法识别,那就从来不会发现任何一部不合理的立法。

考虑到在政治、历史与智识方面对理性审查提出的这种颠覆性批评,人们可能认为我们会将其抛弃在失败的宪法观念的垃圾箱中,然后继续处理治理事务。但美国宪法的历史并非如此。

这种观念之所以能够持续,部分是因为在我们宪法生活的某些领域,我们发现有必要对立法运用更严格的手段/目的理性检验标准。当立法机关追求的目标通常为宪法所禁止——比如限制言论自由,但有时又是合理的情况——通过向敌人传播国家秘密而实施叛国罪毕竟也是言论,我们对更严格的理性检验标准的适当性就具有更大的信心。在这里,依照既有的宪法学说,国家必须具有非常有力的理由或"重要的公共目的"方能侵犯那些否则就禁止的领域,而且必须证明其运用的手段之于必要目标的实现是"限制性最低的"。

不过需要注意的是,与我们此前讨论中设想的理性审查的作用相比,这里所谓的"严格审查"理性检验标准起到的是全然不同的作用。不是针对广泛授予的政府权力施加普遍的限制,理性审查在言论自由案件中、在一种有限的情形下,是作为放弃一种限制意在保护个人自由的政府行为的手段。法院对某些类型的立法运用的"严格审查",就是在宪法对政府规定限制的情形下适用政治必要性的检验标准,政府期望获得司法的保护,但如果将其绝对化就会破坏整个国家本身。因此在这种情形中,显然有必要采用某种手段/目的性的调查。在政治上赋予最高法院审查国家行为以及运用这种"理性检验标准"就会更加安全。

结果是,最高法院往往将理性审查问题归为两类:一类是那些与一般的社会和经济管制问题有关的法律。最高法院针对这些法律运用的是一般理性检验标准,这种标准如此不严格以至于实际上就不存在。另一类是公民自由的保护。除非政府满足下述苛刻的理性检验标准,这种标准往往被表述为通过"认真量身定做的"与"限制性最低"的法律手段追求"根本的国家利益",否则这些自由就可以在与政府权力的较量中胜出。实际上,一旦最高法院将案件归入这种或另一种宪法类型,结果基本上就预先确定好了。除了特殊的情形,被归入第一类的法律是合宪的,而被归入第二类的法律则是违宪的。

然而,如何处理"合理性"司法审查的问题仍然悬而未决。该问题之所以仍然有趣,正是因为这种两极结构一直存在崩溃的危险。例如,聪明的律师不断请求法院在立法上只是与受保护的个人自由沾点儿边的案件中进行"严格审查"。而且他们通过提出"双层"进路本身的不合理诱使法院深入理性审查的密林。确实,许多主张都属于中间地带。他们试图保护那些尚未成为"核心"自由的重要宪法利益,或者提出那些最高法院称之为"离散且孤立之少数派"的利益,这些人在多数决定的政治中有可能处于特别不利的地位。在诸如此类的案件中,某种"中间"形式的手段/

目的审查似乎要求或者保护自由,或者促进民主。因而关于合理性审查之合理性的争论还会持续下去。实际上,我们无法一劳永逸地解决这个问题,这可能在很大程度上与公共选择理论的某些基本观念有关。

宪法领域的公共选择观

让我们暂时把宪法工作者与法律理论家看待理性审查的方式搁在一边。公共选择对该问题会有什么看法?简单回顾一下孔多塞投票悖论或阿罗定理,我们可能立即就会对许多立法结果的民主正当性产生疑问。毕竟,如果法律是议程组织方式的人为结果,甚至可能是特定的强大立法主体或制度控制的产物,那么立法声称代表什么"人民的意志"?它可能甚至连立法机关的意志都代表不了。

如果透过"利益集团理论"的透镜进行观察,这一描述就会变得更加悲哀。因为所有潜在的集团都没有形成,而那些确实形成的集团在立法过程中拥有显著的额外权力,所以十分有可能的就是,把大量立法设想成利益集团控制那些有能力设定立法议程的制度主体的结果。

简而言之,公共选择理论似乎为我们提供了两种思考立法的方式:一方面,立法可能只是偶然出现的,是立法组织与投票规则的人为产物,这种组织与规则可能过于复杂,其影响过于难以令人理解以至于无法被任何人充分理解、控制或操纵。这种进路赋予立法的民主正当性实质上与通过抽奖挑选法律一样。另一方面，如果制度规则与情形允许人们将抽奖变为有目的的行动，那么同样的规则与制度就会表明，"特殊利益集团"俘虏治理机器并且使其目的得以实现的可能性就很常见。正如我前面说过的，大部分立法结果的解释都可以用下面两个词之一加以描述：贪婪或混沌。果真如此，那么作为公民，努力让立法应是"非专横的"这一要求恢复一些生机，这当然是符合我们的利益的。

真实的例证

为了使讨论更具体，不妨在一个具体判例的情形下审视这些理念。加利福尼亚新机动车辆委员会诉奥林·W. 福克斯有限公司案[1]涉及的加利福尼亚法律要求，只要在任何经营同一品牌汽车的既有经销商的市场领域（314 平方英里）范围内新建或重新布置汽车零售经销商，就必须得到该州新机动车辆委员会的批准。依据该法律，由既有经销商提出的异议会导致提议设立的经销商被告知在听证期间必须搁置其计划，异议者在听证会上努力提出"好的理由"以说明不应在该市场领域赋予额外的特许经营权。虽然异议者在听证时要承担举证责任，但是要取得那个会维持现状的听证通知，他们只要说"我抗议"即可。

原告之一福克斯公司在审判中论证该法的主要作用是被用来拖延建立新的经销商。在向委员会提出的 117 份抗议中，在听证

---

[1] New Motor Vehicle Board of California v. Orrin W. Fox Co., 439 U.S. 96 (1978).

中只有一份得到了维持,而三分之二的抗议则撤回了。但无论如何,既有经销商的异议至少足以耽搁福克斯公司的开张达15个月之久,超过了一个完整的车型年份;当延迟迫使原告之一延迟租期时,其重新布置就完全受阻。

原告基于多种理由对该法提出了质疑。他们的主要论点是,通过提出抗议就自动延迟其行动,这剥夺了他们的正当法律程序权利。在他们看来,在该阶段,委员会至少未就抗议的可信度及其对最终取胜的可能性进行调查研究,州政府权力的运用没有对他们根据具体情况作出判断,而这却是宪法要求的。这种程序性正当过程的论点,是与另一种论点结合在一起的,即将"空头抗议"机制刻画为州权力对私人公民非标准式的授权。原告进而提出,因其将私人约束贸易的意图付诸实施,该加利福尼亚的法律违背了《谢尔曼反托拉斯法》。

代表多数法官撰写法院意见的布伦南大法官清除了这些论点。在他看来,这种程序性正当过程的主张其实只是一种隐藏的实体性正当过程论点。最高法院被要求去就法律的合理性做出决定。因为该立法并没有授予委员会是否安排听证的裁量权,正是该法而非笼统的行政命令耽搁了原告的行为。将其当作对该法律的挑战的问题就在于,原告是否拥有某种不受州经济管制的权利——这种管制被立法机关明确界定为保护"该州的总体经济制度与公共福利"。援引菲格松诉斯格拉柏案的措辞就是:"立法机关拥有广泛的权力就经济问题进行试验,"[②]按照惯例,最高法院

---

② Ferguson v. Skrupa,372 U.S.726,730(1963).

响亮地回答:没有。

一旦以这种方式描述相关的基本主张,授权与反托拉斯的问题就变得容易了。否则,有效的州管制之所以不是无效的,就仅仅是因为其运用的是私人强制或具有反竞争效果而已。就这两个主题做出相反的裁决会分别得出荒唐的结论:多数州的私法安排都是违宪的,各州实际上没有权力进行经济管制。

请注意福克斯公司律师们的法律诡辩。在他们的辩论中,他们从未提及理性审查或实体性正当过程。而且他们确实也没有主张:加利福尼亚只有当具有显著的利益而且运用限制性最小的手段追求这些利益时方能进行经济管制。福克斯的律师们关心的显然是立法的"专断"与"特殊利益"的特征,但他们却忙着想方设法通过运用其他学说范畴,诸如程序的专断性或州权力对私人主体非标准式的授权等,将这些论点偷偷输入该案当中。

福克斯案的多数法官并未受骗。他们迅速地将程序性正当过程的主张转变成实体性的正当过程,而且认识到其他主张是什么,意即试图限制加利福尼亚管制权的手段(以竞争者充当控诉者)与目的(干预汽车转售市场)。通过这种方式的改造,福克斯公司得到的答案,可以说是后新政时代针对无效和/或有害的州管制提出的申诉通常都会获得的答案:"有请下一个案件!"

不过,请考虑一下,关于原告诉讼的简单描述是多么容易与公共选择分析的利益集团理论分支形成对应。福克斯及其同谋者(公平地说史蒂文斯(Stevens)大法官对此持异议)认为私人主体在利用州权力干扰竞争者。他们想知道什么能够证明这种损害的正当性。实际上,潜在的竞争者被告知其私人利益必须服从公共利益。但是考虑到现在已经成为传统的理性审查的进路,公共利益却不会被认真地加以讨论。如果加州吟咏一些诸如"做得过头"或"破坏性竞争"甚或"保护公众"等漂亮口号,那么讨论就结束了。

尽管我们还将会以更系统的方式返回去讨论在此类案件中"可讨论的"内容是什么,但我们还是应注意,福克斯案原告对加州的漂亮口号所做的辩驳似乎在表面上是有些可信的。显然,加州的方案意味着保护两类集团:保护特许经销商以防制造商做得过头,保护公众以防可能伴随"破坏性竞争"出现低劣服务。

但是,加利福尼亚已经具有其他直接服务于这两个目的的立法。汽车经销商必须得到许可,而要获取这些许可,就要求满足意在确保充分且可靠服务的资质条件。同时,针对特许协议的形式和执行,还有直接的监控。在存在这些管制的情况下,福克斯案的原告显然有理由去怀疑:这一地域限制的法律给消费者保护或特许经营的公平究竟增添了什么内容?

对消费者而言,没有竞争的许可方案优于有竞争的许可方案吗?你如何说服潜在的特许经销商去拿出几十万美元或自己大部分的钱加入制造商"过度赋予某地区特许"的图谋之中从而损害公众或所有特许持有者?制造商说什么才能引诱这种旅鼠式[*]的行为?"你觉得在制造商的赞助下,运用多重特许的方式榨取那些幸存下来的特权经销商,卷入一些毁灭性竞争(其中你可能会

---

[*] 旅鼠是一种体形短小但很健壮的啮齿目动物,尤指旅鼠属动物,它居住在北方地区,因其有时以淹死来结束生命的季节性群体迁徙而闻名。——译者

破产),怎么样?"

不过,假如公共利益的收益似乎是短暂的,但私人的损害却是真实的。人们不是因为对职业的随机选择而变成汽车经销商或诸多其他什么人。他们之所以这样做,是因为他们的个人经历使其适合该职位,或者至少看起来比其他选择更适合他们。我们不必去讲述从技工、职员或推销员辛苦向上爬以拓展自己事业范围的心酸故事,就可以认识到挫败雄心往往就会把在相当一部分工作经历中"辛苦获得的"专业知识的运用排除在外。③ 当然,个人损害的不愉快系统性影响,正在越来越多地成为机遇与自我实现通道的阻碍,而正是这种渠道,使得我们在资源稀缺的世界里不断调整个人欲望以适应其他权利的必要性,变得可以忍受。

但是这些因素在福克斯案中无一谈及。原告并非傻瓜,他们并不打算根据法律之理性设计其挑战。其发展出的策略是绕过实体性的要害转而去砍掉枝节,如授权、程序、反托拉斯。当然,导致这种策略的原因,是最高法院坚持拒绝考虑基于实体理性抨击

---

③ 在1930年代放弃将"经济理性"作为一种宪法学说之后,最高法院可能就错过了从那以后经济理论的一项重要发展,这项发展使得赫伯特·西蒙赢得了诺贝尔奖。例如,参见赫伯特·亚历山大·西蒙(Herbert Alexznder Simon):《人的模式:社会人与理性人》(Models of Man: Social and Rational),纽约:威尔利(Wiley),1957年。经济理论现在承认理性是"有限的",经济主体在作出决策时是基于他们特殊的、经常是不可言传的知识。因而,当某些基于经验与知识的生产线被淘汰时,工人与企业家往往无法横向转入某个更大的领域。采取"次优选择"有可能带来更大的损失而非只是边际成本,特别是在那些生产知识与工作经验息息相关的领域,通常来说这是真实的。参见莱斯特·C. 瑟罗(Lester C. Thurow):《代际不平等:美国经济制度的分配机制》(Generation Inequality: Mechanisms of Distribution in the U. S. Economy),纽约,基础读物,1975年。

"经济性"管制。因此,多数大法官按照实体的方式重新描述相关的主张,自然一定会令人震惊。它还意味着该案是根据从未有人主张过的理论进行判决的,实际上这种理论通常被认为是无法论证的。可能出于这个原因,实体性问题被按照最普通的形式当作是主张具有不受州管制的自由——这肯定是要输的。

但是,在福克斯案中,原告希望讨论的显然并非加州的一般性管制权力。他们希望讨论的是他们自己所从事事业的重要以及实在利益,讨论的是法律为竞争者所提供的可能进行破坏性侵扰的机会,讨论的是从立法所带来的极其有限的公共收益。简而言之,他们认为该立法是专横的,因而是违宪的。为什么不让他们辩论那些问题?

从历史的角度看,我们已经回答了这个问题。最高法院自著名的洛克纳诉纽约州案(Lochner v. New York)之后不久,便放弃了对州立法进行直接的理性审查④。在那个案件中,最高法院推翻了纽约州管制面包工人工作时间的一部法律,其理由是纽约州没有任何特别理由干预面包工人以及其他人通常具有的、就其服务条款缔结契约这种权力。但是,正如霍姆斯大法官在其洛克纳案的异议意见中指出的那样,要求州具有充分的、适当追求的目的以证明其管制的正当性,这就赋予了"契约自由"无需验证的、强大的宪法地位。用霍姆斯大法官的名言来说:"联邦宪法没有规定赫伯特·斯宾塞先生的社会静力学(Social Statics)。"⑤简而言

---

④ 198 U. S. 45(1950).
⑤ 同上,第75页(霍姆斯法官的不同意见)。

之,霍姆斯之所以抨击多数意见,是因为它在宪法分析中赋予自由放任经济学或达尔文式社会学一种特殊地位。

不幸的是,最高法院当前对于理性审查的态度具有类似缺陷。从公共选择的视角来看,它很容易被看作是赋予下述观念以特殊地位,即"民主制度可以发挥作用"或立法"体现了公众的意志",至少是在法院所谓的"社会与经济立法"的领域是如此。

通过拒绝审查州经济立法的实体内容,最高法院肯定了民主政治过程的优先性。作为基本价值,民主当然是无法反驳的。但问题在于民主并非总是不能反驳的,"社会与经济立法"范畴也没有确定一个民主在其中未遭异议的领域。

所有这些可能都是显而易见的。毕竟,司法审查制度预示着,通过州立法体现的民主判断并非总是与宪法的最高地位一致。"国父们"并不完全信任立法机关,这已经是老生常谈的东西。[6]内战修正案的起草者尤其不信任州立法机关。如同有人(完全模仿幽默的口气)表明的那样:"在阿波马托克斯,李将军向约翰·马歇尔投降了。"

不过,正如我们前面指出的那样,并非只是宪法历史才抑制了我们对民主的热情。令人不快的事实是,如果把"民主"理解为"多数决定"规则,如果我们指望多数决定规则得出多数人真正想要的东西,那么我们就会知道,即使在理论上,民主的运作也不可能完美无瑕。当人们把居中调停或代议制民主显然固有的阻碍多

---

[6] 例如,可参见戈登·S. 沃德(Gordon S. Wood):《美利坚共和国的创立:1776 - 1787》(*The Creation of the American Republic*, 1776 - 1787),纽约:诺顿,1969 年,第 273 - 282 页。

数派情感真正表达的因素,与这些困难结合起来,[7]外加可以预期的、互投赞成票联盟的结果时,[8]那么起草一部将立法机关的产物隐藏在不受法律影响的所谓"民主"或"多数主义"外表之下的宪法,似乎实属罕见。

当然,理论上的缺陷,并非我们所关注的以民主外加多数主义、外加州立法行为作为宪法裁判未加检验之大前提的全部。我们同样了解州立法机关作为现实制度是怎么回事。可能没有其他政府机构获得的尊重,会像我们的州立法机关那样少了。罗列州立法机关的缺陷,已经为数代政治科学家提供了专业工作的机会。[9]而讲述其蠢行、违法乱纪以及彻头彻尾的不诚实,已经成为那些"熟悉"州立法过程的人最喜欢的一项户内运动。

这里似乎可以总结说,最高法院反洛克纳的不审查政策,差不多因为与霍姆斯批评洛克纳案本身完全相同的理由而遭到了谴责。它并没有认真研究解决下述问题,即为什么当涉及"经济"或"社会"问题时,民主就应当被赋予决定性的权重。实际上,这种

---

[7] 例如,参见罗伯特·阿兰·达尔(Robert Alan Dahl):《民主理论的前言》(*A Preface to Democratic Theory*),芝加哥:芝加哥大学出版社,1956年。

[8] 参见,詹姆斯·M.布坎南、戈登·塔洛克(James M. Buchanan and Gordon Tullock):《同意的计算:宪政民主的逻辑基础》(*The Calculus of Consent: Logical Foundation of Constitutional Democracy*),安阿伯:密歇根大学出版社,1962年。

[9] 或许可以在下述文件中找到关于州立法机关结构与组织方面的缺陷最全面的列举,州立法机关公民大会:《州立法机关:效力评估》(*Citizens Conference on State Legislatures, State Legislatures: An Evaluation of Their Effectiveness*),纽约:普拉格尔,1971年。关于较少结构性、更具"政治性"的评估州立法机关绩效的进路,可参见亚历山大·海德(Alexander Heard)编:《美国政治中的州立法机关》(*State Legislatures in American Polices*),新泽西:克里夫斯,英格沃德:Prentice Hall,1966年。

态度产生的结果之一就是极大地激起了洛克纳式审查批评者的愤怒:宪法原则公然违抗社会现实。州立法总是代表着人民的意志,这至少与血汗工厂的工作条件总是代表着面包工人的合同意愿这一主张同样可笑。

技巧、逃避与司法(不)克制

最高法院并没有完全忘记这些论点。尽管它声称州、社会与经济立法不会被审查,但事实上还是对其进行了审查。问题在于,这种审查往往会以某种伪装成程序性审查的形式进行,或者某种相关的、以其他方式保护的实体价值进行。无论在哪一种外表之下,相关审查的方向都是错误的,因而可能是非理性的。

在一定意义上,关于最高法院是认真审查社会与经济管制并且宣布其无效的这种主张太过简单了。[10] 有什么能比法律上的种族隔离更明显地属于社会与经济性管制呢?或是比宣布禁止就避孕方法提供咨询服务的无效更能挫败社会政策?或是比禁止就药价做广告的州法更能贯彻州的经济政策?[11] 同样,在联邦宪法的

---

[10] 例如,可参见约翰·哈特·伊利(John Hart Ely),《哭泣的狼的酬报:罗伊诉韦德案的评论》(*The Wages of Crying Wolf: A Comment on Roe v. Wade*),载《耶鲁法律杂志》(Yale L. J.)第82期,1973年,第920-949页。

[11] 参见布朗诉教育委员会(*Brown v. Board of Education*),347 U. S. 483(1954);格里斯沃尔德诉康涅狄格(*Griswold v. Connecticut*),381 U. S. 479(1965);弗吉尼亚州制药业委员会诉弗吉尼亚州市民消费者理事会有限公司(*Virginia State Board of Pharmacy v. Virginia Citizens Consumer Council, I. nc.*),425 U. S. 748(1976)。

文本中或者相关利益对个体人类的重要性当中,都找不到任何理由认为获得经济机会这种简单的问题,与以种族歧视、婚姻隐私或者言论自由等形式体现出来的问题存在着系统的差别。联邦宪法毕竟从未说过:种族隔离是不平等的,广告属于言论(或"国会"同样也包括"州"),或者婚姻隐私具有宪法地位。此外,同样很难设想,公民不会为了获得大量与个人相关的经济机会而放弃一些微不足道的言论自由、隐私或种族平等。

但是这种论点太过简单了,而且导向错误的方向。所有这些关于社会或经济审查的例子都不简单就是最高法院错误的例子。实际上,这些情形更多表明的是最高法院介入社会与经济管制领域乃是不可避免的,甚至当某些此前确定的或新近建构的基本价值尚未陷入争论旋涡时也是如此;而无视这一点,只会使这种介入更不一致,最终更不明智。

以下述著名的药品广告案为例,即弗吉尼亚州制药业委员会诉弗吉尼亚市民消费者理事会案。[12] 禁止就药价做广告的反竞争效果是显而易见的,但不那么明显的是广告对配药过程的诚实性产生的影响。但是否真的有人会认为把该问题设计为自由言论的问题会使其变得更容易?正如我们从关于理性检验标准的严格审查的简短讨论中所看到的那样,灌输言论自由的观念只是颠倒了假定而已。这虽然提供了一种不同的判决规则,但并没有使理性决策的核心问题显得更加清晰。此外,这还可能使宪法学说屈从

---

[12] Virginia State Board of Pharmacy v. Virginia Citizens Consumer Council, Inc., 425 U. S. 748(1976).

于各种奇怪的诉讼当事人"博弈"形式。例如，难道我们真的希望最高法院认真考虑影响汽车经销商在其他人的"版图"内做广告的管制，而不去认真考虑影响在该版图内的竞争性企业的管制吗？倘若如此，那么福克斯公司的诉讼就应当强调相关管制压制了它去树立向潜在消费者表明自己公司的招牌。

因此不可避免的是，在下一个案件（或下一个的下一个，依此类推），最高法院会觉察到在言论自由的主张背后隐藏着洛克纳式审查的幽灵。而就此而言，最高法院要以某种方式维护反洛克纳的原则——亦即不作事后批评立法政策的判断，那就必须采取逃避行为。一种可能就是去修正自由言论原则，从而使商业言论无法假定可以获得有力的保护；另一种可能就是确定一些会获得特别考虑的州管制动机；第三种可能就是将商业言论区分为重要的与不重要的两种。事实上，在发现幽灵光临的情形时，最高法院同时采取了所有这三种路线[13]（该幽灵让人恐惧）。但具有讽刺的意味的是，这些手段并未驱除实体性审查，反而诱使其前来。最高法院必须探询州的目的、相关管制如何实现这些目的、被压制的言论的用途、替代性管制是否有可能包容涉及的所有价值等等。

现在，正如下一节将要说明的那样，任何参与讨论的人只要稍稍了解公共选择关于立法过程产生奇形怪状法律的诸多方式的观念，就不会反对在适当情形下以恰当方式考察这些问题。不过在这里，最高法院正是基于一种特殊的借口正在被引入实质性审查的密林，即它必须如此而为以保护言论自由，保护（考虑到最高法

---

[13] 弗里德曼诉罗杰斯（*Friedman v. Rogers*），440U. S. 1（1979）。

院审查商业言论的限制性进路)那种它必定无法被认为与第一修正案的核心意旨存在根本联系的言论。如果最高法院要认真审查州的一些经济与社会管制的理性,那么除了勉强沾边的非根本性言论自由主张之外,显然还有更好的选择标准。

对之后判例的观察趋于强化下述怀疑,即要是从诉讼程序中厘清言论问题这一幽灵,就可以改进关于"商业言论"主张的分析。例如,当最高法院告诉我们,药品价格广告之所以有别于眼镜商标广告,是因为药品价格广告涉及到健康,因此在本质上是更有价值的言论时,我对说明司法理由这一传统的尊敬,就会变得寥寥无几。

有关商业言论的判例,甚至还算不上是与几近愚蠢的理由说明结合一起的理性审查的最好例证。正如前面关于福克斯案的讨论表明的那样,就诱使审查而言,将实体性主张转换为程序性主张显然是一种很有吸引力的方法。福克斯案因为表明其实体性主张而被最高法院抓住了,或者我们应该说,出于某些原因,最高法院愿意透过程序的表面发现实体理性的问题。但情况并非总是如此。最高法院有时也会被程序性主张蒙蔽了双眼,尽管这对其他任何人而言都是透明的。

1970 年代早期关于"无法反驳的假定"的判例就是这种类型的经典。在类似贝尔诉布森和斯坦利诉伊利诺伊州等判例中,涉及的立法显然是过于一般化了。⑭ 所有那些卷入车祸但没有保险的驾驶者(贝尔)并非都是危险的或不负责任的,所有的未婚父亲

---

⑭ Bell v. Burson,402 U. S. 535(1971);Stanley v. Illinois,405U. S. 645(1972).

(斯坦利)也不都是糟糕的父母。但是,这些判例的挑战并没有直接指向实体立法的理性,相反,原告要求的是听证。他们的主张是,法律规则是根据无法反驳的事实假定"决定"个人案件的,因而没有为原告提供程序性正当法律过程保护,亦即没有机会说明他们案件的事实是不同的。最高法院同意了这种说法,命令给予原告听证。后来,在同一批案件中,最高法院阐明,除非"必然"且"普遍"正确,否则就不能用无法反驳的法律假定这一规则去判决具体案件。⑮

这一进路存在两个主要问题。首先,这些判例搞乱了先前的程序性正当过程法学。当无甚可谈的时候就没有必要举行听证,这种看法曾经(实际上现在仍然)被认为是显而易见的。⑯ 既然贝尔案的驾驶员与斯坦利案的父亲都承认他们完全属于法律上没有资格之列,"听证"的说法似乎是错位的,实体与程序被混为一体。但是,与其在福克斯案的态度不同的是,最高法院拒绝承认这种混为一体的存在。

当然,尽管分析的混乱可能不会产生灾难性后果,但在此情形下并非如此,无法反驳的假定这一学说对法律的胃口极大,长此以往,它会腐蚀掉50个州连同联邦法典的大部分内容。⑰ 我们最普

---

⑮ Vlandis v. Kline,412 U. S. 441,452(1973).

⑯ 基本的判例是联邦动力委员会诉德士古有限公司(FPC v. Texaco, Inc.), 377 U. S. 33,39 – 41;以及美国诉斯托尔广播有限公司(United States v. Storer Broadcasting Co.),351 U. S. 192,204 – 205(1956).

⑰ 参见诺特:《最高法院不可反驳的假定学说》(The Irrebuttable Presumption Doctrine in the Supreme Court),载《哈佛法律评论》(Harv. L. Rev.)第87卷,1974年,第1534、1548 – 1549页。

遍的一些法律规则,例如每小时55英里的速度限制、21岁成人年龄、法定时效、遗嘱处置的正式性,如果在每一次适用它们时,都要通过询问这些规则潜在的一般性原则或目的(安全、知情的同意等等)是否得到了促进以检验其有效性,那么规则就不复存在了。

由于这样一种事态无法得到支持,我们就需要用某种方式来避开这种特殊的程序主义视角。但是在涉及无法反驳的假定的判例中,最高法院并没有(实际上也不可能)告诉我们在什么时候对立法进行过于普遍的抨击应被视作其本来面目——根据现有学说,关于实体理性的主张必然会输——以及在什么时候它可以被转换成关于"听证权"/"无法反驳的假定"的主张,而这必然会赢。[18] 当面临极其重要的问题(什么时候允许通过规则的普遍适用而非通过援引原则或标准以具体适用)时,最高法院因为禁止自己考虑立法判断的实体理性,结果只能是无话可说。

最后一种导向实体性审查的技巧所提供的方法,与无法反驳的假定的判例恰好相反。在这种情形下,从规则向具有个别化决策的标准的转移,至少部分地激起了司法机关的兴趣。与此相关的判例是吉布森诉贝里希尔案,这也是长期且不断对州管制验光配镜工作提出挑战的案件中的一个,这批案件在威廉姆森诉李光学公司案中提出的反证,肯定了洛克纳式审查的完全覆灭。[19]

贝里希尔案涉及的是阿拉巴马州验光配镜委员会的行为,这

---

[18] 请比较 Bell v. Burson,402U. S. 535(1971) 与 Stanley v. Illinois,405U. S. 645(1972),以及 Mourning v. Family Publications Serv., Inc.,411U. S. 356(1973)。

[19] Gibson v. Berryhill,411U. S. 564(1973);Williamson v. Lee Optical Co.,348U. S. 483(1955)。

种行为意在取消公司或其他商业机构验光部门的验光师的许可。其所指控的是这种做法构成了非专业性行为——许可者有权就该指控要求委员会进行听证。有趣的是,直到1965年,阿拉巴马州的法律一直都明确允许以这种遭到质疑的方式执业。不过,立法机关在该年重写了"验光配镜守则",取消了在公司以及其他商业机构中执业的明确规定。阿拉巴马州委员会立即根据笼统的"非专业性行为"规定开始禁止在公司执业。

原告试图以程序性的理由阻止委员会的行为,原因是他们在该委员会不可能得到公平的听证。他们的论点是,该委员会完全是由自我执业的验光师构成的,取消"商业"验光师的许可会导致该州的验光师数量减少一半,因而该委员会与该程序显然存在经济上的利益。地区法院认定,该委员会事实上存在自身的利益,于是发布了禁止令。最高法院维持了这些事实,简单地指出其此前的判例裁定具有自身利益的人不具有裁决者的资格。[20]

贝里希尔案在几个方面很有趣。首先,我们应当注意最高法院的谨慎。最高法院肯定了自身利益这一事实认定,但没有同意从另外一个竞争者对一个竞争者进行管制这一事实得出自身利益这一简单的推论。职业许可的标准形式仍未被触及。第二,该案的程序性态度清楚地表明,如果验光配镜委员会说服立法机关通过法律取消"商业性的"执业,那么原告就没有置辩的余地了。因而在非实质性审查原则保护上的裂口仍然很小。立法机关必须以下述方式赋予私人集团压制竞争的权力方能使这种程序性进路获

---

[20] 411 U.S.,第579页。

得一线生机,即竞争是否真的遭到了压制这个问题是悬而未决的。

然而,如果我们将这种技巧与我们讨论过的其他技巧结合在一起,即把这种主张与获得承认的根本价值和无法反驳的理念结合起来,显然我们的老朋友福克斯案就具备成为一个判例的条件。下述观念确实有一定的道理,即福克斯公司的迁徙自由因为加利福尼亚州的方案遭到了损害,更不用提结社与言论自由了。其次,新机动车辆委员会没有就下述可能性行使裁量权,即这种抗议直接给了福克斯公司竞争对手进行骚扰的策略,方式就像贝里希尔案一样。最后,该法律包含一种"无法反驳的假定",任何引起抗议的布置或重新布置都值得通过听证这种手段以及与之相伴的拖延进行调查——这是加利福尼亚委员会的经历没有被揭示为是普遍正确的一个假定。

但是我并非想主张,最高法院应当更认真地聆听福克斯公司的主张,因为它本来能够根据在下述案件中有时被认为是有说服力的方式加以阐述的——亦即那些被认为是要求对州经济与社会立法的实体理性进行审查的案件。这些技巧毕竟都只是逃避的技巧。它们误导了分析,而且正因为如此,它们可能会导致司法机关不当介入州的决策。这些要求,即迂回地提出主张、悄悄地对实体非理性进行审查,附着于某种偶然的法律限制或稍稍涉及某种在其他情况下受保护的利益,使得法院难以适当地保持克制,就像难以适当地保持能动一样。在面对可能性主张遭到非理性侵害的情形时,那种正式无视实体理性的要求,可能会给司法机关评价立法机关的政策选择带来其自身特别的非理性形式。

公共选择能否带我们走出这种混乱？

倘若前文所述还是可以令人信服的，那么我们现在就会同意，法院试图从审查经济与社会立法那里全面撤退会制造出许多弊端。至少可以说服法律人的是，司法机关的谨慎与自我克制的努力已经导致法哲学的前后相对不一。从公共选择的视角来看，人们可能更愿意集中于拒绝认真监控一种集体行动的形式——也就是立法——造成的错误判断，可以预期的是这种集体行动容易得出奇怪的或被操纵的结果。高举"民主"的大旗从这一领域撤退，似乎特别短视。

另一方面，我们可能仍然会怀疑，作为比较的问题，与回归到洛克纳案实际支持的那种审查相比，我们从最高法院当前立场得出的不利结果会更少。或许是这样的，但我不能确信。

古老的经济性实体正当过程潜藏着双重困难。首先，这种手段/目的理性的进路带来了过于简化的问题。正如前面清楚表明的那样，在此类审查中存在着将复杂目的合并为单一目的的重要倾向，而且将仅仅体现混合目的的手段驳斥为非理性的。[21]

第二，至少如同最初实行的那样，实体性正当过程审查未能肯定（或否决）立法的分性目标。除非最高法院能够认识到某种特

---

[21] 诺特：《立法目的、理性与平等保护》(*Legislative Purpose, Rationally, and Equal Protection*)，载《耶鲁法律杂志》(*Yale L. J.*) 第82期，1972年，第123、135–137页。

殊的问题,需要证明偏离通常的契约规则是正当的,否则社会就不会认为面包工人或一般意义上的工人需要特别的契约保护。在家长制方式足以满足需要的地方,最高法院寻找的理由是市场失灵。

因而问题就在于,当承认立法机关的主要目的与次要目的、配置性目标与分配性目标完全发挥作用时,司法审查是否有发挥作用的空间?在我看来是存在的。不过,为了适当定位这种审查,我们必须将其置于有点不同的基础上:去承认适当的宪法需求的不是"理性"或"有效"的立法,而是公共导向的立法——它能够提出一种一致的而且可信的主张以服务于某种公众利益,而非纯粹的私人利益。

这种需求在联邦宪法本身中能够得到支持,这一点相对而言也是没有什么问题的。在整个宪法结构中,几乎没有一种理念比公共立法应当规定公共福利这种观念更重要了。实际上,就联邦政府而言,立法机关的行为应当是为了公共福利而非私人或党派目标这种理念是如此普遍,以至于很难将其置于任何具体的宪法文本中。当然,宪法"前言"就如何解释该文件的其余部分为我们提供了一些指导。现在已经成为常识的是,权力制平衡的总体结构就是意图避免居于支配地位的党派的罪恶,防止它们运用政府机构实现其自身的目标。立法者还被禁止同时兼任其他公职,或通过提高金钱报偿的方式来为自己找好下一个窝。当然,这些具体的结构特征,再加上"为了公众福利征税与支出"的条款,应当足以令那些认为该命题的最初说明问题多多的人信服。[22]

---

[22] 凯斯·桑斯坦(Cass Sunstein)是这种观点最响亮的鼓吹者,并在一系列略微

此外，值得指出的是，这些观念在我们18世纪的宪法文件中不是魔术般地出现的。它们是政治科学启蒙运动的组成部分，这种政治科学是现代公共选择理论的先驱。孟德斯鸠、麦迪逊与孔多塞都是同时代的人。当麦迪逊谈论宗派的危险或"以野心制约野心"时，他的措辞为现代公共选择进路提供了灵感，詹姆斯·布坎南已经明确承认了这一点。公共选择理念——特别是运用公共权力实现个人目的的这种经常存在的威胁——成为我们宪法方案的基础。

"但是各州又是如何呢？"你可能会问。严格地说，分权原则与公共福利条款并不适用于它们。这一陈述当然是正确的，尽管我得赶紧补充说明保障条款、特权与豁免条款、宪法第九条修正案的弱化与这种正确性具有一定的关系。不过，我们不必严厉批评陈年旧事。据我所知，没有人曾经主张过州政府的权力可以被合法地用于私人目的。考虑到驱动公共政策的效率与公平涉及范围之广，以及在不确定的社会和经济环境下，仅仅只是可能会促进那些政策实施的手段之多，困难就在于如何将公共的与私人的区分开来。毫无疑问，宪法方案中的确隐含着立法应当是公共导向的，但是它可以成为司法审查裁决的标准吗？

用通常的制度术语来阐述就是，如果我们要承认"公共导向"

有些不同的文章中对其进行了精心描述：《赤裸的偏好与宪法》（*Naked Preference and the Constitution*），载《哥伦比亚大学法律评论》（*Colum. L. Rev.*）第84卷，1984年，第1689－1732页；《新政之后的宪政》（*Constitutionalism After the New Deal*），载《哈佛法律评论》（*Harv. L. Rev.*）第101期，1987年，第421－520页；以及《美国公法中的利益集团》（*Interest Groups in American Public Law*），载《斯坦福大学法律评论》（*Stan. L. Rev.*）第38期，1985年，第29－87页。

是宪法规定的一条很重要的原则,且该原则部分地可以通过司法审查实施,那么我们就必须解释在现实的立法行为情形中如何调和多数决定规则与"公共导向"。因为立法行为是否具有公共目的这个问题,立法机关总是声称已经做出了肯定性回答,所以政府到法院应诉,不是要承认其没有合法目的。就此而言,批评者会建议,我们必须或者假定最高法院会试图发现"真正"公共的或私人导向的动机,或者假定最高法院会决定立法的公共收益是否超过了受到影响的私人利益的成本。前者会进入幻境,最高法院迄今为止一直聪明地(绝大部分如此)避免探寻立法机关的集体意识;[23]而后者则篡夺了立法机关的政策功能。

当然,我并不打算主张司法机关应当对立法动机进行全面审查。一方面,拒绝寻找动机应该不会包括这样一种意愿,即承认不真实的公共目的是真实的且确认其合法。最高法院怀疑冒名顶替应当不会起到保护失职或腐败的作用。最高法院没有必要采取"竭尽全力"的尴尬司法态度去避免其正在寻找动机的暗示。[24]另一方面,当根据其有害影响加以判断时,我明确支持对法律授益性目的进行充分的司法审查。任何公民都有权要求得到解释,为什么某种一致且可信的公共利益观念至少可以说比她私人遭受的损害重要呢?

---

[23] 参见约翰·哈特·伊利:《宪法中的立法与行政动机》(*Legislative and Administrative Motivation in Constitutional Law*),载《耶鲁法律杂志》(*Yale L. J.*)第 79 期,1970 年,第 1205 – 1341 页;保罗·布雷斯特:《帕默诉汤姆森:解决违宪立法动机的一种进路》(*Palmer v. Thompson: An Approach to the Problem of Unconstitutional Legislative Motive*),载《最高法院评论》(*Sup. Ct. Rev.*),1971 年,第 95 – 146 页。

[24] 这似乎是一如 United States v. O'Bren,391 U. S. ,367(1968)案中的态度。

多数派、少数派与"民主"压制

现代公共选择理论再一次可以起到辅助性作用。例如,利益集团理论认为,后洛克纳时代的"合法"司法审查是建立在一种错误的——至少是贫乏的——政治生活景象之上的。

法律人以外的其他人,当他们得知后洛克纳司法审查的大厦几乎完全建立在美国诉卡罗琳产品有限责任公司案㉕的一个脚注之上,可能会觉得很好玩。这个著名的第四脚注在没有获得支持性论证的情况下,阐明了法院应当对其抱怀疑态度的立法范畴,以及与之相关的针对专断性的审查应当对其保留一定的影响。* 在

㉕ United States v. Carolene Products, Inc., 304 U. S. 第 114 页,第 152 页注释 4 (1938)。

* 该案涉及一项限制混合奶跨州销售的联邦立法,卡罗琳公司认为这一法律违背了宪法第 14 条修正案中"正当法律程序"条款,剥夺了公司的商业自由权。在卡罗琳案判决书中,最高法院斯通大法官(Harlan Stone)在法院多数意见中指出,当判决与州际商业相关的案件时,最高法院应认可立法者在制定管制商业活动法律时所依赖的"知识和经验",如果不缺乏"理性基础",就不应当宣布这些立法违宪。这就意味着,在对经济或社会立法进行司法审查时,最高法院应当遵循司法克制原则,应当尊重立法部门的立法目的和基本判断。不过,这一判决之所以成为经典,主要在于斯通在这种陈述之后加了一个注释。这个注释旨在表明,司法克制的假定并非是一成不变的僵硬原则,它允许三种例外;而对这三种例外,司法非但不应克制,反而需要更积极和严格的司法审查。该注释认为:"There may be narrower scope for operation of the presumption of constitutionality when legislation appears on its face to be within a specific prohibition of the Constitution, such as those of the first ten Amendments, which are deemed equally specific when held to be embraced within the 14th. [...] It is unnecessary to consider now whether legislation which restricts those political processes which can ordinarily be expected to

这些范畴中,最重要的当数影响"离散与孤立少数派"的立法,受其影响的那些人在一般政治过程中可能没有什么影响,因而其利益也就没有什么机会得到保护。

但是,正如布鲁斯·阿克曼极为中肯地指出的那样,自从卡罗琳产品公司案的脚注之后,我们开始认识到离散性与孤立性既可能导致政治上的无能为力,亦可能授予政治权力。㉖这是因为离散性与孤立性可以降低集团形成与维系的组织成本,将政治行动集中于单一目标。在一个多元主义政体中,较之于未组织起来的多数公民的利益而言,非常强烈但非常狭隘的偏好更容易显得格外突出。

这显然并不是说,卡罗琳产品公司案警示的那种多数人对少数人的压制并非真正的忧虑,而只是表明,少数派攫取州的权力同样是一种关注立法行为的"民主"谱系的可信理由。如果司法审查部分地要确保立法的非专断性,那么仅把少数人遭到压制作为需要认真分析的立法合理性的信号,这种进路显然是不完整的。我们不必接受公共选择领域许多学者的偏见,这些人实际上把以

---

bring about repeal of undesirable legislation, is to be subjected to more exacting judicial scrutiny under the general prohibitions of the 14th Amendments than are most other types of legislation... Nor need we enquire whether similar considerations enter into the review of statutes directed at particular religious... or national... or racial minorities; [or] whether prejudice against discrete and insular minorities may be a special condition, which tends seriously to curtail the operation of those political processes ordinarily to be relied upon to protect minorities, and which may call for a correspondingly more searching judicial inquiry.... ——译者

㉖ 布鲁斯·A. 阿克曼(Bruce A. Ackerman):《超越卡罗琳产品公司案》(*Beyond Carolene Products*),载《哈佛法律评论》(*Harv. L. Rev.*) 第 98 期,1985 年,第 713 - 746 页。

公众为代价取得私人收益作为针对所有立法行为的解释。相反,我们可以只是得出一种更为普遍的教训:"立法失灵"的可能性是普遍存在的,法院应当准备据此采取行动。当然,问题在于:如何行动?这种行动的范围有多大?

公共选择的教训与法律限制

我的基本观点很难说是没有争议的,即理性审查既在所难免又是正当的。意识到下述问题让我有点困扰,关于增加理性审查的最热情的支持,似乎源于那些满足于19世纪的财产权观念而且或许是16世纪的社会关系观念的人。[27] 不过,同时考察理性审查支持者和批评者的观点是有裨益的,尤其是那些运用公共选择观念支撑其观点的人。在此过程中,我希望证明我对运用公共选择的方式的认识——不要屈从于那种极端的关于政治过程的私人利益观,或者是那些与经验调查或规范主张相分离的定理的仪式性魔符。

就此而言,我会把所要进行讨论的观点归为三个宽泛的范畴:"忠实的信徒"、"程序主义者"与"墨守成规者"。其中,忠实的信

---

[27] 例如,参见理查德·A. 爱泼斯坦(Richard A. Epstein):《1937年的错误》(*The Mistakes of 1937*),载《乔治·梅森大学法律评论》(*Geo. Mason Univ. L. Rev.*)第11期,1988年,第5−20页;《征收纲要》(*An Outline of Takings*),载《迈阿密大学法律评论》(*U. Miami L. Rev.*)第41期,1986年,第3−19页;《合同条款的复兴》(*Towards a Revitalization of the Contract Clause*),载《芝加哥大学法律评论》(*U. Chi. L. Rev.*)第51期,1984年,第703−751页。

徒透过阿罗式的或利益集团式的透镜来观察多数法律。这两种谱系所表现的立法，无论是投票程序偶然的产物还是私人利益交易的产物，都无法证明司法机关尊重其"民主"性质的正当性。在这些评论者看来，实际上无论基于任何理由，都可以通过保护个人自由来证明积极司法审查的正当性。

程序主义者同意许多立法在实现公共目标方面设计得很差。不过，他们选择的补救措施是通过程序性审查以确保得出更好的结果，而非通过实体性审查推翻专断的立法。墨守成规者或者认为立法功能紊乱障碍言过其实，或者对其范围不置可否。尽管如此，作为比较的问题，他们认为理性审查这种矫正方法要比疾病本身更糟糕。

在我看来，忠实信徒过分夸大了公共选择对我们特定宪法民主类型的"教训"。相形之下，程序主义者与墨守成规者当其在更加认真地对待公共选择观念时，应当反思他们的观点。

忠实信徒

针对投票过程多数决定规则的意义以及立法的多数派代表人民意志的主张，威廉·赖克提出的抨击或许最为直接。在他看来，投票过程的各种异常现象——它们趋于循环、随意或专政——这使得大部分立法高度可疑。因为真正的民主——用他的术语来说就是人民民主主义，是不可能实现的，保护自由应当居于最高的优先地位。故而在赖克看来，要求所有立法都必须经得起某种坚定的理性基础的检验,这将会促进公共福利。[28]

弗兰克·伊斯特布鲁克(Frank Easterbrook)法官提出了一种类似的灰暗立法观。[29] 在回应赖克基于阿罗式考量之上的观念时,伊斯特布鲁克同样将法律设想为主要是私人利益之间的"交易"。从第一个角度来看,他认为它们是不可解释的;从第二个视角来看,他认为它们是有害于社会的。在任何一种情况下,法院似乎都具有正当的理由限制法律的范围并且减轻其对公共福利造成的推定性危害。由于伊斯特布鲁克法官将其补救策略主要放在狭隘的相关法律解释而非撤销方面,因此我将在第四章对他的观念进行更全面的分析。现在,我们将注意力放在赖克的主张上。

第二章关于赖克观点的讨论已经预示了一项对其进路显而易见的批评。赖克设想的缺少制度的人民民主主义民主很可能是混乱的,但它并非我们所拥有的立法过程。正如前面指出的那样,制度结构的导入往往会消除投票循环的趋势。即使它们不存在,亦有可能获得相对稳定的结果,因为选择较多的结果比选择较少的

---

[28] 威廉·H.赖克(Frank H. Riker):《自由主义与人民民主主义:民主理论与社会选择理论的遭遇》(*Liberalism Against Populism*: *A Confrontation Between the Theory of Democracy and the Theory of Social Choice*),圣·弗朗西斯科:自由人,1982年;威廉·H.赖克、巴里·温格斯特(William H. Riker and Barry R. Weingast):《立法选择的宪法管制:司法尊重立法者的政治后果》(*Constitutional Regulation of Legislative Choice*: *The Political Consequences of Judicial Deference to Legislators*),载《弗吉尼亚法律评论》(*Va. L. Rev.*)第74卷,1988年,第373－401页。

[29] 弗兰克·H.伊斯特布鲁克(Frank H. Easterbrook):《自1983年开庭期以来的最高法院:法院与经济制度》(*The Supreme Court*, *1983 Term-Forward*: *The Court and the Economic System*),载《哈佛法律评论》(*Harv. L. Rev.*)第98卷,1984年,第4－60页;《法律的范围》(*Statutes' Domains*),载《芝加哥大学法律评论》(*U. Chi. L. Rev.*)第50卷,1983年,第533－552页。

结果更有可能出现。我们不能确定的只是集体决策不会出现某些相对异质的选择。简而言之,赖克正在通览投票理论的预言,既从抽象的角度考虑,又将其运用到既有的安排当中。

但是他的这一进路有一个更深的问题。赖克可以回应说,结果混乱或随意并非他对民主过程的唯一指责。显然,在大部分时间里是存在稳定的,但这是以专政为代价,至少是寡头制。如果限制选择的与指引投票机会的制度结构是实现稳定立法选择的机制,那么仅仅揭示真正的多数决定规则并不能描述立法过程的真实情况。尽管法律可能并非毫无意义,但也会缺乏真正的民主血统。因而,当法院没有发现法律是在追求公共福祉时,就应当坚决将其撤销。

我显然赞同赖克的这种观点,即法院因担心冒犯"民主"理念或"多数决定规则"而在避免理性审查方面走得太过,尽管如此,我还是认为他有些错误地描述了理性审查面临的宪法问题的性质。承认我们拥有一种高度妥协的民主形式,充满了制约、平衡以及否决点,根本就不能回答我们的法院在坚持立法的合理性这一问题上应该有多强,因为该问题并非简单只是我们的民主制度有多民主,而是宪法秩序假定属于立法机关的判断特权是什么。实际上,该制度的另一项防止立法功能紊乱的结构性保护,可以被看作包括一种仅仅在最清楚地侵犯宪法保护的个人权利情形时才能行使的司法撤销权。

一言以蔽之,尽管诸如赖克与伊斯特布鲁克等理论家指出了无论何时只要吟咏"反多数难题"就从理性审查退却这种做法存在着显而易见的问题,但他们的揭露在反方向上走得太远了。因为我们的宪法秩序并未假定立法的正当性源于简单地将多数人偏好转化为法律的要求,所以正如我们的宪法历史证明的那样,它并不会仅仅因为不存在(实际上也是不可能的)人民民主主义这种血统,就支持司法机关对立法决策进行相当程度的评审。

程序主义者

另一种类型的改革者认为,监控立法理性的适当方法实际上应是程序性的而非实体性的。这的确是一套重要的理念,而且与公共选择理论关注的内容有很多相似之处。他们谨慎的思考可能要再写一本书。就目前来说,我们要考虑的还只是这样的问题,即程序主义支配的理性审查是否可以成为确保非专断性立法的手段。

最彻底的宪法程序主义者是汉斯·林德。㉚ 林德认为,司法机关的真正工作应当是监控立法程序以保证其制定的方式可以得出合理的结果。林德想要的是他所谓的"法律制定的正当过程"这种东西,这种程序会把立法机关转化为某种类似最初进步主义视野下的行政机关,立法机关只有在举行听证与认定事实之后方才采取行动;给予对立的观点以充足的机会;并且通过文件采取行动——这些文件解释其认定的事实与其通过的政策二者之间的关系。

林德法官的著述,并未表明他的提议是因为受到任何公共选择学者的理念以及他们归于立法过程的缺陷的启迪。取而代之的

―――――――
㉚ 汉斯·A.林德(Hans A. Linde):《法律创制的正当过程》(*Due Process of Lawmaking*),载《内布拉斯加法律评论》(*Neb. L. Rev.*)第55卷,1976年,第197-225页。

是,他看到的不止是其分内的州立法行为的结果,他的提议是一位经验丰富的州法官实际见闻的观点。因此林德不可能认为州的立法机关完全不了解情况。他所主张的立法过程程序化,不仅是为了提供信息,还要使机会平等、促进协商与开放。

林德以及其他显然更具有"公民共和主义"色彩的人,他们持有的观念存在的问题是不切实际与不可预见。至于不切实际,我指的不是当按照准司法裁判机构那样行动时,立法机关就不可能完成其工作,而是说这种提议未能将政治学的利益集团理论考虑在内,未能考虑该程序化赋予特殊利益集团以额外权力。如果没有制衡制度,美国的立法过程就什么都不是。那些研究过利益集团力量的人根据经验发现,它们最有效的影响体现在阻止其不想要的东西方面,而非得到其想要的东西方面(其他人不希望给它们)。[31] 此外,事实上每一位法律人都深知,阻止所有行动的最好方法就是要求决策以司法或准司法的程序方式进行。要确信这一点,外行人只要花几个小时读一下查尔斯·狄更斯的《荒凉山庄》或 O.J.辛普森审判的录像即可(强烈推荐狄更斯的进路)。

现在可以肯定的是,林德所主张的并不是要求立法机关完全像法院那样行事,而只是要求立法机关达到做出合理决定所必需的程度。不过,在缺少衡量合理的决定应是什么样子的标准的情况下,尚不明确如何作出这种判断。而且,如果人们追求的是合理性,那么直接提出这个问题似乎更加明智。实际上,人们会认为让

---

[31] 凯·施洛茨曼、约翰·T.蒂尔尼(Kay Schlozman and John T. Tierney):《有组织的利益与美国民主》(*Organized Interests and American Democracy*),纽约:哈帕和罗(Harper & Row),1986年。

法院在个案中制约专断会比设计产出合理结果的立法过程要好（当然,也存在较小的文本托词,即联邦宪法规定了某些立法程序,并似乎授权众议院与参议院制定其余立法程序）。

无论如何,我还是认为,程序主义的进路在监督立法权力真正专断的运用方面还是有价值的。不过,程序主义的关键任务并非设计改革以使立法机关更加理性,而是应当试着理解现有的程序连同自利集团的动员它是如何使立法行为倒向了损害未获得充分代表的利益的？如同我后面即将指出的那样,这种公共选择导向的、以程序为基础的分析,会让人想到应当激活一种对立法的非专断性进行更加彻底的司法审查的"危险信号"。

墨守成规者

墨守成规者对复兴理性审查的提议的关注,基本上是对一种无法操作的司法标准的关注。在那些非常熟悉公共选择作品的人当中,存在着这样一种特别的关注,即司法机关会采取一种赖克/伊斯特布鲁克式的立法观,并在实际上宣布其所看到的每一部法律无效。[32] 或者更为谨慎地说,司法机关会宣布其不赞成的每一部法律无效,所持理由要么主张它是混乱立法过程的产物,与多数

---

[32] 例如,可参见丹尼尔·A. 法布尔、菲利浦·P. 弗赖克（Daniel A. Farber and Phillip P. Frickey）:《公共选择法学》(*The Jurisprudence of Public Choice*),载《德克萨斯法律评论》(*Tex. L. Rev.*) 第 65 卷,1987 年,第 873、908 – 911 页;以及埃勒·R. 埃尔豪杰（Einer R. Elhauge）:《利益集团理论证明了更具干涉性的司法审查的正当性？》(*Does Interest Group Theory Justify More Intrusive Judicial Review ?*),载《耶鲁法律杂志》(*Yale L. J.*) 第 101 卷,1991 年,第 31 – 110 页。

人的偏好无关；要么主张它是私人利益集团交易的产物。实际上，因为每一部法律都可以被认为给予某些集团的收益比其他集团的要多，所以随之而来的倾向就是因私人利益集团的收益占据主要地位而撤销相关立法。

此外，墨守成规者还主张，要是法官回避根据事后的收益就谁必然怂恿或"收买"某项特别的立法建立理论，并且回避寻找立法过程"真正的"的参与者，他们就很有可能无法对其进行识别。如果法院相信准阴谋的、利益集团交易的立法进路，那么他们就几乎不会认为在听证会、最终审定会的公开记录以及委员会报告中的评论，是利益集团门路及其影响的真正所在。否则，司法机关要么就根本没有充足的证据指责立法为特殊利益的交易；要么就会转向程序主义——要求除了根据公开记录之外，任何人都不得同他们的国会议员交谈——这是不可能的，也是无效的。

即使人们认为理性审查不会迅速转向刚刚提到的不相干问题或鲁莽这两个极端，但他们仍有可能会担心：司法机关不能令人信服地解释为什么它认为这一项或那一项法律是如此不合理以至于违宪，而同时另外一项几乎同样失常的法律却能通过宪法审查。结果导致司法机关被指责成简单的修正委员会，并且无法针对这一控告为自己提供令人信服的申辩。

简而言之，墨守成规者对再次试图为维护理性而监督的努力的批评，提出了一个传统的问题：如何做到在实现这一点的同时对立法机关的政策功能保持一种适度的尊重？如何做到既避免洛克纳式的过度，又不会化为当代的这种理性审查的软弱——偶尔会为折中与伪装的干涉主义所打断、没有牙齿？

公共选择的危险信号与司法克制

我的回答是:"在其他宪法裁判领域中,利益与主张也是以同样混乱的方式进行平衡的。"潜在的收益与损失获得了分析,除非立法机关的成本/收益计算显然不合理,否则立法选择就会被维持。[33] 尽管这种平衡从来就不是全部令人信服的,只是以假定有效的方式判决多数案件,但是,如果主张拒绝将类似分析适用于声称私人利益遭到了不合理侵犯的"经济"或"社会"领域,那就只能通过反对所有的"平衡"或者证明经济与社会政策领域的平衡具有特别无法操作的性质来证明其正当性。

就反对将所有平衡当作审判技巧的人而言,[34]我几乎没有什么可说。的确,他们指出的是在提出宪法主张与判决宪法案件之间的不连续性:宪法主张要求的是断定权利,而判决似乎只要求平

---

[33] 在程序性正当过程的判例中,最高法院或许非常清楚地阐明了采取这种形式的标准。例如,可参见杰里· L. 马肖(Jerry L. Mashaw):《在马修斯诉埃尔德里奇案中最高法院为了行政判决而进行的正当过程计算:寻找价值理论的三个因素》(*The Supreme Court's Due Process Calculus for Administrative Adjudication in Mathews v. Eldridge: Three Factors in Search of a Theory of Value*),载《芝加哥大学法律评论》(*U. Chi. L. Rev.*) 第44卷,1976年,第28-59页。

[34] 例如诺特:《详细说明正当过程要求的程序:运用利益平衡的限制》(*Specifying the Procedures Required by Due Process: Toward Limits on the Use of Interesting Balancing*),载《哈佛法律评论》(*Harv. L. Rev.*)第88卷,1975年,第1510-1543页;可参见罗纳德· M. 德沃金(Ronald M. Dworkin):《认真对待权利》(*Taking Rights Seriously*),麻省剑桥:哈佛大学出版社,1977年;查尔斯· 弗里德(Charles Fried):《对与错》(*Right and Wrong*),麻省剑桥:哈佛大学出版社,1978年。

衡利益。

但如果确实如此,那么这些"问题"的解决方案就不在于"权利分析"这一方向。下述世界观是完全不可能成立的,即宪法(或其他)权利显得真实而且明确,根本不受对其他人冲突性权利的相反考虑的妨碍。"利益平衡"承认与面对的正是社会生活根本的妥协性。试图只在权利层面运作而不进行平衡,只会导致实体问题的解决被湮没在形式的范畴以及我此前描述的那种形式化特征的错误指示与虚伪当中。

不过,关于利益平衡,还有一种更聪明的异议,它可以部分地复兴宪法裁判只应当根据权利主张进行这一观念。正是断定权利这种要求方有可能将司法机关的利益平衡与立法机关的利益平衡区分开来。断定权利为司法审查提供了合法的时机,而通过限定其范围就可以阻止最高法院成为简单的修正委员会。如果断定没有权利可以免于经济与社会管制,那么司法审查完全就是对州或联邦立法机关判断力(或缺乏判断力)的审查。难道任何提出这种主张的人只是未能表明一种法律上可以由法院审理的诉由就都得被赶出法院?或者换一种说法,难道将这种主张作为法律主张未必就会侵犯立法机关政策选择的适当领域吗?

我的答案是"不会",但这个问题是个好问题。这要求我采用一种更加精准的方式陈述我赞成的诉由,并讨论一下与其证据有关的"事实"。如果能够做到,那就似乎没有理由因为要求一种以公共为导向的立法提出的是一种根本无法操作的宪法主张形式而加以反对。

事实上,这种主张相对而言是比较简单的:它是通过主张一些可知的损害/事实上的伤害以运用典型判例的术语开始。这种主张的其他"因素"还包括：法律表面上或在实际运作中（以及在其他法律规范的情形下）缺少一致和可行的公共目的，缺少详细的、通常与立法行为相伴的立法"公共精神"保障措施。

为了以某种方式更加准确地弄清这些观念，让我们回到福克斯案。在该案中，你会记得汽车经销商投诉的是因为迟延、有时是拟设立的企业整个遭到挫败而遭受的损失，与之相伴的是现金支付损失。事实损害的存在似乎是足够明确的。

对公共目的的分析

令人满意的公共目的提出的要求应当是"一致与可行"。当然，某些目的会以直接禁止的方式被排除在外。人们有可能会把福克斯案的法律设想为意在确保汽车经销商准垄断租金的重新分配方案，但是该种意图被反托拉斯法排除在外。诸如福克斯案件的问题因此就成为，保护消费者与抑制经销商的目的是否具有一致性与可行性。

消费者保护这一观念确实近乎前后不一。很难看到消费者在边际成本递增的产业中如何通过降低竞争来获得改善。[35] 此外，

---

[35] 进入的管制性限制的基本原理是"破坏性竞争"，在这种情况下，所有的竞争者都会失败，因为持续不断降低的边际成本会将竞争价格无情地压到低于平均成本，因而排除了收益的可能。至于一般性的讨论，例如可参见詹姆斯·C. 布邦莱特：(James C. Bonbright)《公共设施与联邦权力政策》(Public Utilities and the National Power Policies)，纽约：哥伦比亚大学出版社，1972 年。这种状况影响的只是那些少数产业，与其运营成本的递增相比，这些产业需要非常大的固定投资方能开始运营。汽车经销商极不可能是"自然垄断者"。

通过预先许可制度来进行消费者保护,使得这种目的难以实现。另一方面,保护经销商免于厂商的手伸得过长之害,似乎是具有一致性的目的。在许多长期合同中可能会出现这样的阶段,期间发生的事件有可能使合同的一方将从延续相关安排中获益视作非常有利于己的事。㊱ 当历史、专业知识以及市场权力都表明一方在相互关系的最初建构中具有决定性优势时,那么对缔约权力加以立法限制就是明智的。

但是这种目的的可行性,在福克斯案的法律情形下的最大可能就是造成上当受骗。在破产倒闭成为可以预计的成本时,厂商怎样才能引诱新的经销商加入他们以压制先前的经销商呢?而且,在新的经销商不可能进入已经饱和的市场的情况下,伴随着新的竞争威胁,厂商怎么通过支持不合理的需求去压制经销商(其特许权不受其他立法专断地终止)呢?

福克斯案中的执行方案同样特别不适合前面设想的目的。尽管消费者与受压制的经销商是所谓的受益者,但在执行中前者并没起什么作用,而州也没有权力主动保护二者当中的任何一个。此外,申诉程序的设置方式会最大化骚扰机会,同时还会严格限制州对以有害方式运用这一制度的做法加以控制。这个问题不仅仅是人们能够设想更好的执行立法宣称的目的的方式,而是人们难以设计出比这更糟的方案。这种过程的历史性产出证实这是一种先验分析。无论立法机关希望做什么,它事实上做的都是提供了

㊱ 参见奥里乌·E. 威廉姆森(Oliver E. Williamson):《交易费用经济学:契约关系的治理》(*Transaction-Cost Economics*: *The Governance of Contractual Relations*),载《法律与经济学期刊》(*J. L. & Econ.*)第 22 卷,1979 年,第 233 – 261 页。

一种迟延或可能阻碍新的竞争的手段。

我不想过度强调这种分析。人们可以想象加利福尼亚市场（或许是许可制度）的某些特殊性给汽车经销商带来了自然垄断的地位。经销商在没有竞争的情况下提供更好的服务是有可能的。立法机关可能有理由怀疑行政机关的执行裁量权。或许厂商有能力通过破坏性的特许经营造成的威胁进行勒索。立法机关希望限制汽车特许经销商的数量，有可能仅仅是出于美学方面的理由；或者是制造这样一种等待期，在此期间内，有欠考虑的特许或再分配方案能够得到重新考虑。但是这些设想似乎都非常不真实。在缺少一些相反证明的情况下，为什么不按照其主导性的影响来描述立法：允许现有经销商迟延而且有时甚至是预先阻止潜在的进入者。不过，那不是一种可被允许的公共目的。

然而，即便有这种不平衡的"实体性"分析，但就主张其无效而言却仍然存在某些挫败。如果立法方案只是表现比较糟糕，那为什么不返回立法机关并进行辩论？通过立法性矫正解决相关的问题，那就既不会产生立法权与司法权令人不快的对抗，也没有抑制立法机关去试验新的经济管制或再分配形式的愿望的潜在可能性。实际上，因为我认为这些观念基本上是有道理的，所以只有当政治市场潜在的竞争结构表明无法实现自我纠错的情形下，我才去支持宣布立法无效。一言以蔽之，这里寻求的并不仅仅是立法错误，而是可能存在的立法失灵。

"特殊利益"问题

在某种意义上,所有的立法都是关于特殊利益的立法。因而,我们依靠的是特殊利益之间的竞争来限制在下述情形下从一般公众向特殊的人或集团的简单转移支付,即受赠者不可能成为一般社会关注的对象的情形。[37] 互投赞成票、伪装的转移支付、完全的腐败都使竞争性民主制约变成了一种不完善的保护措施。但是,政府机构的结构,即两院制、总统否决权、司法审查,添加了进一步的隔绝。因为司法审查这种最后的制约显然具有最终性,而且较其他制约措施而言与选举政治之间的联系更少,所以司法审查的适当作用就一直被当作是一个问题。大多数人或许都会赞成,当其他制约措施不足时,司法能动主义是非常适当的。但问题在于,启动严格司法审查所需要的这种不足性的证据是什么?

如同我们指出的那样,传统的回应方式是卡罗琳产品公司案的脚注。[38] 法院应当实行直接的禁止,应当注意保护"离散且孤立的少数派"不受与偏见结合在一起的民主效果的影响,(可能)还应在保持民主机构的开放性方面发挥特别的作用。关于适当司法角色这种描述,具有某种直觉上的,同时也被历史所证实的吸引力。实际上,就其以民主过程的缺陷为重点,并运用这些缺陷作为正当化司法干涉的理由而言,它的方向是对的。但是,在卡罗琳产

---

[37] 麦迪逊既敏感地注意到这个问题[《联邦党人文集》第10篇(J.麦迪逊)],又对在异质政治空间中党派的权力过于乐观。参见达尔:《前言》,第15–17页。

[38] 304 U.S. 144,第152页注释4(1938)。

品公司案的脚注中还存在着一个次要的主题。它似乎是要区分法院赞成的审查与该案其余部分基于司法权限的理由不赞成的经济性正当程序审查。然而根据非常肤浅的研究就可以发现,权利法案的明确禁止、少数人地位以及民主过程完整性的理念,它们就重要宪法价值的表述更加清晰。[39] 布朗诉教育委员会案必然会导出加州大学董事会诉贝克案。[40] 一人一票结果只是被操纵的快乐,而言论自由原则接近于《国内税收法则》[41]的原则性清晰。就司法审查的适当作用这个问题而言,并不存在绝对的价值或程序进路可以将法院从立法判断什么时候是合法的这个难题中解放出来。"立法失灵"这个问题还是需要去直接面对。

再一次以福克斯案的情形为例。该案所争论的法律可能会损

---

[39] 在30年前"挖掘"实体性正当过程时,罗伯特·麦克劳斯克(Robert McCloskey)令人信服地证明了那种审查与其他宪法裁判领域之间的相似性。《经济性正当过程与最高法院:挖掘与重埋》(*Economic Due Process and the Supreme Court: An Exhumation and Reburial*),载《最高法院评论》(*Sup. Ct. Rev.*)1962年,第34-62页。他"重埋"实体性正当过程审查的理由,完全是因为最高法院或许有太多的其他事情要做。然而,人们几乎会怀疑,在如此彻底地清除了该领域的审查与其他领域差之甚远的观念的情况下,这种论点能否说服麦克劳斯克本人向打开的坟墓添上一抔土。

[40] Brown v. Board of Education, 347 U. S. 483 (1954); Regents of the University of California v. Bakke, 438 U. S. 265 (1978).

[41] 参见 Gaffney v. Cummings, 412 U. S. 735 (1973) (讨论一人一票的结果)。请比较利莲·毕威尔(Lillian R. BeVier):《第一修正案与政治言论:原则的实体与限制研究》(*The First Amendment and Political Speech: An Inquiry into the Substance and Limits of Principle*),载《斯坦福法律评论》(*Stan. L. Rev.*)第20卷,1978年,第299-358页(言论自由的概念充斥着不确定性与混乱);罗伯特·H.博克(Robert H. Bork):《中立原则与第一修正案的某些问题》(*Neutral Principles and Some First Amendment Problems*),载《印第安纳法律杂志》(*Ind. L. J.*),1971年,第1-35页(言论自由的宪法保障范围缺乏一致性的理论)。

害三个集团:消费者、新的汽车经销商以及厂商。消费者当然是立法过程中"可怜的巨人"。他们虽然在数量上是多数,实际上几乎与"投票者"范围相当,但消费者通常被视作没有组织的,因此相对而言就没有什么政治力量。然而,这确实过度夸大了消费者利益的虚弱性。在选举政治中,政治企业家的身份至少部分是由寻求未得到代表的利益并去代表他们组成的。[42] 如果民主治理仍然要作为主导性政策选择形式,那么"奥尔森影响"的可能性就不足以单独成为宣称政治过程不起作用的根据。

但在福克斯案中,分散的消费者利益是与下述境况结合在一起的那些更集中的、反对单纯向既有汽车经销商转移的人也是没有力量的。潜在的经销商阶层有可能随着时间推移而变得非常重要,但在任何具体的时间里都不可能有许多既有的代表。而厂商则是外州公司。这些因素结合在一起,就使得法律的通过不可能存在有效的政治竞争,立法过程也不可能变成自我矫正式的。那些将其政治前途与尚不存在的与/或超越地域性利益拴在一起的州代表,是不会在选区代表大会待得久的。

应当赶紧补充说,基于我刚才表明的评价形式,我不认为唯有州立法无法通过严格的合理性审查。我的意思是,例如,只有政治上近视的人才会认为,根据 1937 年的《农业市场营销协议法》进

---

[42] 例如,可参见安德鲁·S. 麦克弗兰德(Adrew S. MacFarland):《公共利益游说集团:能源决策》(*Public Interest Lobbies:Decision - Making on Energy*),华盛顿:美国企业公共政策研究所(American Enterprise Institute for Public Policy Research),1976 年;加里·奥菲尔德(Gary Orfield):《国会的权力:国会与社会变革》(*Congressional Power: Congress and Social Change*),纽约:Harcour Brace Jovanovich,1975 年。

行的很多内容是"公共精神"立法的结果。牛奶营销令可以说明这一点。此类命令被认为是要维持全脂牛奶的价格,并建立有序的营销奶产品制度。然而,更一般的目的是要确保消费者可以获得充足的全脂牛奶以及其他奶产品供给。相关法律如果只是为了补贴牛奶行业,那么大概不会得到通过。

但是,这项制度就是这样运行的,而且意图显然如此。在布洛克诉社区营养学会一案中[43],消费者要求审查农业营销令,认为它使他们无法获得某种可以长期保存的复制乳,而这些产品形式在大多数其他国家已经上架几十年了。然而最高法院认为,消费者没有资格要求司法机关审查农业部长的营销令。通过仔细查阅相关法律,最高法院判定,国会不但已经明确排除了制定牛奶营销令过程中所有的消费者参与,而且排除了要求司法机关审查其有效性的行为。最高法院因此得出结论:"如果允许消费者指控部长,那就会严重破坏这种复杂而精巧的行政方案。"[44]

就其对《农业市场营销协议法》的解释而言,最高法院很可能是正确的。但是如果该方案的专断性或合理性被提出来作为问题,那么情形就会完全不同。如果消费者为法院提供两种选择:或者通过司法审查中的参与将他们塞入到相关方案当中,或者依照其总体目的宣布该方案不合理,那么该案的结果可能就会完全不同。但因为根据我们当前的法学,宣布无效这一选择似乎遭到了排除,所以甚至没有人请求最高法院评估排除所有消费者参与这

---

[43] Block v. Community Nutrition Institute, 467 U.S. 340(1984).
[44] 同上,第348页。

种消费者保护的合理性。

当然，有人可能会有异议，认为我误读了《农业市场营销协议法》的潜在目的。建立营销农产品的"有序制度"或许就是充分的公共目的了。不过，要是能够将这个问题提交法院就会带来需要认真讨论的问题：能否赋予"有序"足够的内容——也就是足够的可信性与一致性以作为一个公共目的，以便维持国会权力的这一次运作呢？当然，与该研究相关的是这样的问题，即为什么在没有考虑消费者利益的情形下会更好地实现有序的营销？这部法律或许会得到维持，但至少会提出一个中肯的问题，即该法律是否仅仅创立了一个私人运用公共权力的框架？

请再次注意这一主张是有限的。当立法满足了一致性与可行的公共目的时，我并不支持基于"过程"的理由推翻立法（因为相关的政治竞争者可以说被排除在外）。法院亦不应当忽视现实的政治竞争，而无论它的发生是先验的这是多么难以置信。意识形态可能代替利益集团，或者提供"代表"他们的代理人。"公共导向"因而转为实体性与程序性关注的结合。我希望法院寻找一种实体性与决策过程"危险信号"的结合，这种结合基本上会表明立法是私人导向的，也就是它给予某些集团好处的方式，是无法根据可能的、宽泛的公共目的或运作良好的民主过程加以令人信服的解释。在方法论上，这一论点支持将联邦宪法与宪法判例视作整体。用弗兰克福特（Frankfurter）大法官的话来说，就是对立法无法实现其追求公共福利这种基本职能的复杂的与简单的方式，都要加以认真对待。

当然，这一主张提出的问题与其回答的问题同样多。它使最高法院陷入了其试图避免的司法审查领域。确实,它虽然没有避免这些领域,但避免了许多直率的审查带来的难题——也就是无法根据中立原理的优势解决的问题,而不管司法技艺的水平有多么高超。许多问题,诸如什么可以被看作公共目的?举证责任如何分配?代议制民主的什么"缺点"与运作良好的立法制度不相吻合?法院合宪地发回立法机关重审应当多宽或多窄?散布于立法记录或体现在法律当中的公共目的,在面对据说与实现那些公共目的无关的影响时应当达到什么程度才能维持相关的立法?它们都有待解决。

在其他领域中,这些也都是司法审查的永恒主题。就像在其他地方一样,必须将这些问题放在具体的情境中加以讨论。我在这里虽然无法推测最高法院会如何解决提交其审查的无数法律的合宪性问题,但其基本要点却是需要重复一下的。联邦宪法假定,只有为了促进公共目的方能限制私人的行为。承认下述内容根本不会降低该基本原则的力量,首先,这种公共目的是广泛存在的;其次,民主、集体的选择可以在复杂与综合的法律中追求任何或所有这些目的。公民拥有要求公法具有公共导向性的宪法权利,否则其私人伤害在宪法上就是不可解释的。

通过无情聚焦制度失灵与自利的行为,现代公共选择分析家对立法行为敲响了警钟,正是这种立法行为强化了制宪者的宪法设想,但可能拓展了它的范围。现代宪法原理很不情愿回应公共选择的挑战,以免法院再次卷入政治大火当中。但结局未必就是如此。宪法能够听取公共选择的警告,但并不需要根据它的实践者的某些理论建构或生动想象去做出裁判。毕竟,法律仍然可以要求去提供事实以支持理论,它能够基于制度性的礼让解决不确定性。司法克制既不需要退让,也不需要欺骗。它亦不要求法院无视詹姆斯·麦迪逊与其同事们已经发现的那些适宜的理念。

第四章　立法机关、交易与法律解释

美国经常被称做"普通法"国家。尽管作为一种区分英国及其前殖民地的法律传统与欧洲其余部分的民法文化的方法,这显而易见是正确的,但是那种认为20世纪的美国法基本上仍然是普通法的观念却是荒谬的。虽然美国人依然钟情于判例艺术,但在近乎所有的法律决定的表面或表面之下都存在一项法律,或许是一系列的法律。

这在公法领域,也就是政府之间以及政府与私人主体之间关系的领域尤为如此。除却那些数量有限的可以由宪法直接规定的公务活动之外,其他所有的公务授权最终都源于法律。正如官员只能实施法律授权他们做的事情一样,公民(或其他私人主体)也只受制于法律规定的公共义务。讨论权力、豁免、义务或政府之于公民的特权,或者相反方面的内容,就是讨论建构这些关系的法律的含义。法律解释不仅仅是公法的重要组成部分,而且是公法决策的本质所在,同时也是很多私法决策的本质所在。

尽管持续不断的法律解释具有普遍性以及必要性,但法律应如何解释这个问题只具有短暂的争议。在19世纪末20世纪初,当法律实务者与法官认识到法律正在取代那些调整私人事务的普通法时,就爆发了尖锐的争议。保守的律师与法官试图通过运用限制立法的"解释方法"(canons of construction)*击退州与联邦立法者的力量,例如"抑制普通法的法律应加以严格解释"的古老格言。大约在新政时期,争议又以多少有些不同的形式再次出现:那时的问题是如何将联邦行政机关这种新的重要解释者整合到在行政国家兴起前就存在的解释权的等级结构中。在这两种情形下,围绕法律解释方法产生的争议标志着宪法秩序发生重大转变,而且带来了新的立法形式的权力与正当性的问题。

在1990年代,法律解释再次卷入了学术争论的中心,而且在较低的程度上卷入了司法与政治的对话。不过,为什么会如此却并不完全清楚。之所以会集中于解释方法可能部分地源于法律之外的智识潮流的溢出效果。在文学与社会理论当中,这种"解释性转向"的出现已经超过了三十年。那些领域传递的信息是解释就是一切——这是一种既陈腐又具有革命性的观念。之所以陈腐,是因为有谁曾怀疑过这一点?没有人类的中介,意义就几乎不可能呈现,亦即不可能不存在人类主体与文本的结合。之所以具有革命性,是因为该观念意味着一切都只不过是解释而已。所有的文本在根本上都是不完整的,对于不同的读者与不同的语境而言,它可能而且确实具有不同的意义。意义无处不在,它尽管可以被断定、辩论、批评和阐述,但却不可能被"发现"。

---

* 在奉行"议会主权"的英国,法院的司法权相对于议会的立法权处于绝对弱势地位,法院无权审查议会制定的任何法律,能够变更议会制定法效力的主要是议会自身,法院在这方面没有任何权力。虽然法院适用议会制定法的过程在实质上需要解释议会制定法并判断议会制定法的效力,但是法院必须遵照议会的立法原意进行解释,此即英国法院对议会制定法的一般解释方法(the ordinary canons of construction)。——译者

对于法律而言，后一种视角会引起深刻的不安。毕竟，法律的适用有赖于文本的权威。如果字面意义上的文本可以指代任何事情，那么解释者说法律是什么法律就是什么。法律适用的合法性因此就不得不依靠某种得到认可的、赋予法律文本意义的方法。否则，我们就完全受制于官方解释者的偏好或者政治意识形态。在这样的世界里，立法的民主控制与"依法行政"可能只是安慰人的神话，而非日常的现实。某些批评理论家大约亦是如此主张。

显而易见，这种对法律决策正当性的智识挑战本身就足以激活关于解释方法的争论。正当性观念完全成为合法解释的观念。我们虽然可以援引文本，但权威必须源于某些得到认可的阅读与适用的方法。

然而，就当代关于解释方法的旨趣来说，诠释学的溢出效果进入法律理论并不是一种完全令人满意的解释。解释理论是关于当意义出现疑问时做什么，即当术语模糊不清或模棱两可时，采取什么样的缺省规则或背景理解。当解释理论自身出现问题时，就似乎再次表明，公法秩序的性质本身具有争议性。当政治辩论超出政策斗争范围而触及国家的合法作用这种根本问题时，人们就会担忧应当如何处理解释性任务。

请回想一下第一章概述的公法观念的发展。20世纪前半期的进步主义和新政改革是以"公共利益"名义进行的。不仅如此，这种精英意识形态还得到了广泛的理解与认同。虽然工业化与城市化已经带了一种充满活力和多产的社会，但也暴露出新的危机，从而要求采取集体行动加以解决。无论问题是不公平的贸易实践、垄断、证券投机还是劳动关系，市场中私人缔约的方式都无法为公平交易与经济安全提供必要的保障措施。政府被要求管制和重构这些私人制度,以提升公共福利的方式将其"社会化"。

公法因此被视作实用主义与目的导向。虽然在实施进步主义与新政的大量法律时产生了许多解释性难题,但是政治的时代精神似乎在推动一种应如何进行解释的乐观主义情形。它的任务仅仅是理解驱动相关法律总体改革的目的,以及当其具体适用的情形出现时就实施该目的。这就往往意味着支持专业化机构的工作,这些机构的"专业知识"赋予其解释实践的权威。法律还可以延伸适用于一些其他情形,即属于该法总体目标但却"未规定的情形"。除此之外,法院还被要求发展程序性、证据性或救济性原则,以促进立法目的的实施。

在 1960 年代的某个时间,这种乐观的景象开始消散。新政机构开始被看作是为其"管制"对象的经济利益服务的保守官僚机构。在越战失败与尼克松总统任期的双重冲击下,对联邦政府行为具有公共精神的这种信任消失了。政府变得让人怀疑,政府在动机与能力这两个方面都遭到了质疑。

的确,对政府信心的削弱并非骤然降临的。1960 年代的激进分子曾乐观地认为,新政安排存在的困难能够通过制度变革的方式加以克服。但是,这种乐观主义未能持续下去。在 1990 年代,政府努力的缺陷倾向于被当作是不可避免的。公共政策改革几乎全部指向限制政府的直接支出,防止实施昂贵的管制政策。制度变革主要包括私有化、解散、小型化以及为提出管制方案设置障碍。

尽管关于国家行为可能带来的效果的公共理解发生的这种转

变，很可能言过其实，但关于政府限制的新设想推动着有关应如何解读公法的理解发生同样的转变。例如，可以比较一下新政的乐观主义与1990年代的悲观主义提出的解释模式。

新政的拥护者相信公共行动的目的导向和公共利益性质，被因哈特与萨克斯(Sachs)1958年的法律过程材料而闻名这种法律解释路径所吸引。解释者应当设想任何公法法律的设计者都是"理性地追求合理目的的理性人"。由这一基本姿态可以得出多种心理情形：其一，应当以法律似乎是可理解的、一致的方式对其进行解释。毕竟，它们体现的是有组织的智识对人类事务的适用。其二，法律服务的目的应当具有广泛的规范性吸引力。在民主体制下，政府行为应当对公众迫切需要解决的公共问题作出回应。其三，在存在疑问的情形下，或者当面临公认的没有规定的情形时，对法律的解释应当促进其潜在目标。

特别是当法院在法律的总体范围内处理程序性、证据性与救济性问题时，也应当考虑那些目的。尽管诸如此类的问题往往在立法中未能给予充分关注，但是解决它们可以极大地影响特定法律方案的效能和公法秩序的整个内在逻辑。因而，解释应当被当作在一种不断发展的政体中对追求公共利益的促进。

不过，由当代的关于政府干预的怀疑主义引致的基本解释模式则截然不同。法院或许应当怀疑法律是否具有公共目的，更不用说它们在源自立法过程的法律语言中是否得到了可以理解的、逻辑一致的表述。在我们极为失望的时刻，我们有可能将法律想象为仅仅是构成有组织的政治力量的合力，这些有组织的政治力量是由一种主要意图促进既有当权者重新当选的立法过程加以调节的。没有理由认为这些表述代表的或者是理性的工具性选择，或者是得到广泛接受的价值判断。面对这样一项法律，法院或任何解释者都必然会为如何解释所困扰。在最好的情况下，它所从事的只是将竞争性特殊利益之间的妥协付诸实施而已；而在最坏的情况下，其所实施的法律规则的唯一符合逻辑的解释就是对立法者有政治好处。

这种关于政治世界的褊狭观念，当然足以给"目的主义"法律解释带来危机。在这一描述中，法律并非潜在公共目的或得到广泛接受的社会规范的表达，而更多的是与利己主义的政治动员结合在一起的制度过程的产物。此即，法律乃意志，而非理性。因而，将解释想象为从潜在目的演绎解释性结论的过程似乎是荒谬绝伦的。实际上，当立法是政治妥协与/或复杂而神秘的制度化过程的结果时，就没有理由认为法律的各个组成部分会以合理或符合逻辑的方式结合在一起。

具有这种立法设想的解释者，我们根本就不能期望其通过填补空白的方式或在没有明确触及的情形下运用相关法律从而拓展法律的范围。程序性、证据性、救济性的发展同样应当受到限制，因为除非目的被认识到，否则这些通过执行进行扩展的传统路径就不可能是由法律的目的促成的。

简而言之，法律解释者因为不清楚立法表述的目的性或者一致性而陷于左右为难的境地。为了维护法律的权威，有可能促使这样的解释者越来越多地关注术语的字面或"一般含义"与立法声明的形式正当性。我们当代的解释者可能会敏感地将法律的范围限于那些恰好为其语言所覆盖的领域。在这种新的政治世界里,解释不可能以目的导向的方式可靠地拓展法律的范围。

在联邦公法学中,在某种程度上不难发现这些倾向。例如,许多评论者认为伯格和伦奎斯特时期的最高法院较其直接前任相比,更具有形式主义、字面主义与实证主义性。① 这里我们无须追究可以起到解释作用的判例的细节。其总体模式既源于诸如正当程序条款或分权的解释等宪法领域,②亦源于更具字面主义性质的法律解释进路。这种倾向在诸如"诉讼资格"学说(谁能够起诉以指控官方行为的合法性)或联邦法律是否为其受益者创造了"隐含的请求权"③等领域尤为明显。最高法院越来越不愿意解释法律以扩大受益者的权利。因为这样做终究扩大了相关法律的适用范围,而这种扩大的方式只有通过目的主义的进路方能得到支持——这种进路天真地接受立法的"公共精神"与"救济性"特征。

---

① 一般的讨论,可参见丹尼·A. 法布尔、菲利浦·P. 弗赖克(Daniel A. Farber and Philip P. Frickey):《立法动机与公共选择》(*Legislative Intent and Public Choice*),载《弗吉尼亚法律评论》(*Va. L. Rev.*)第 74 卷,1988 年,第 423—469 页。

② 例如,可参见杰里·L. 马肖(Jerry L. Mashaw):《行政国的正当过程》(*Due Process in the Administrative State*),纽黑文:耶鲁大学出版社,1985 年版,第 104—108 页;史蒂芬·L. 卡特(Stephen L. Cater):《从病鸡到西奈尔:权力分立的演进及其后的反演进》(*From Sick Chicken to Synar: The Evolution and Subsequent Deevolution of the Separation of Powers*),载《布法罗纽约大学法律评论》(*B. Y. U. L. Rev.*),1987 年,第 719—813 页;E. 唐纳·埃利奥特(E. Donald Elliott):《在布尔舍诉西奈尔案之后管制赤字》(*Regulating the Deficit After Bowsher v. Synar*),载《耶鲁管制杂志》(*Yale J. on Reg.*)第 4 卷,1987 年,第 317—362 页;杰弗里·P. 米勒(Geoffrey P. Miller):《独立机构》(*Independent Agencies*),载《最高法院评论》(*Sup. Ct. Rev.*),1986 年,第 41—97 页。

③ 例如,可参见 Allen v. Wright,468 U. S. 737(1984)(起诉资格);Block v. Community Nutrition Institute,467 U. S. 340(1984)(同上);Lujan v. Defenders of Wildlife,504 U. S. 555(1992)(同上);Touche Ross Co. v. Redington,442 U. S. 560(1979)(隐含的请求权);Thompson v. Thompson,484 U. S. 174(1988)(同上)。

实际上，在那些长期以来受制于联邦普通法发展的领域，诸如海事损害的取消与州际污染的控制等，最高法院现在认定综合性的法律方案不仅没有规定未得到清晰赋予的请求权，而且排除了联邦普通法的进一步发展。④ 如果法律是无原则的妥协，这可能就会特别有意义。普通法发展的潜在理论，如果按照原则性的方式进行阐述，就会与"民主意志"如何在法律中得到表达的新看法发生冲突。要彻底改变古老的原理，就要对普通法原则加以严格解释，因为原则性的阐述会有损实证法律的要求。

进入公共选择理论——入场

最高法院在解释方法上的明显转变顺应且与其他广泛的智识潮流结合在一起，这就引起重新辩论应当如何解读法律的问题。此外，公共选择观念似乎与潜在于当代方法论的不安情绪之下的政治思潮存在某种特殊关联。因为在理论层面上，公共选择就公共过程提出了同样的观念。公共选择的投票理论强化的似乎是这样一种观念，即集体行动或者是无法根据潜在的人类目的进行解释，或者是公共选择过程中议程操纵的人造物。而利益集团理论强化的则是立法就是私人利益"交易"这种观念——这种交易是

---

④ 例如，参见米德尔塞克斯郡排水设备当局诉国家海洋蚌蛤捕拾者联合会（Middlesex County Sewerage Authority v. National Sea Clammers Association），453 U. S. 1 (1981)；史密斯诉罗宾逊（Smith v. Roinson），468 U. S. 992 (1984)；吉特诉达拉斯独立学校管区（Jett v. Dallas Independent School District），491 U. S. 701 (1989)。

第四章 立法机关、交易与法律解释

一种狭隘的、量身定做的既不创造也不表达公共价值的妥协。

因而,并不让人意外的是,有些人试图根据公共选择的发现证明新的解释方法的正当性。实际上,公共选择观念不仅被用来证明解释方法的正当性,还被用来解释解释行为本身。这方面的许多努力之所以闻名,是因为它们的雄心而非取得的成就。但是,这无法将公共选择理论的努力与其他宏大解释理论区分开来。我的兴趣与其说是在称赞或谴责这些努力,不如说是在不断探讨可接受和可行的解释与适用法律语言的方法时,利用它们的有用的知识碎片。

随后的讨论将分成三大板块,分别对应于此前确认的公共选择理论的三大脉络:投票理论、博弈理论与利益集团理论。在所有这三个领域中,公共选择的实践者们都已经为我们的理解作出了贡献。特别是,公共选择的视角已经将注意力集中于法律文本的创制者。它提出了下述若干棘手问题,诸如在颁布法律时谁在发言、那种演说是如何实现的以及关注这些"谁"和"如何"的问题会如何影响解释的方法。此外,当考察解释者时,公共选择将其视作复合的而非单一的,认为他们具有混合动机。解释者们可能会以立法机关"忠实代理人"的身份行事,或者促进其自身的政策偏好。在这两种方式中,公共选择都给标准的法律分析增加了更复杂的视角——这种标准的法律分析往往集中于司法机关,是以"立法机关"似乎具有毋庸置疑的集体性表达单一意图的能力这种方式进行讨论的。

另一方面,作为一种解释方法的指引,公共选择理论存在一种独特的弱点:一种在法律本质上具有规范性的法律解释理论。因此，尽管公共选择理论可以帮助我们理解为什么公共机构会以那种方式行事，但作为一种实证理论，它无法为我们直接提供评价那些行为的适当性的规范基础。但是，正如我在第一章指出的那样，与我们其他人一样，公共选择的实践者们往往难以将其应然与实然区分开。有些人如此确信其描述的这个世界的必然性，以至于认为它具有经验性真实，它在规范方面也是适当的。而其他人则将这种必然性视作关于什么是可能、因而也就是实际上什么可以被认定是可取的约束条件。在此外的一些情形下，规范性的前提被引入到相关的讨论中，但并没有将这些前提建立在任何具有说服力的规范性设想中。在这里，如同其他情形一样，关注公共选择观念的运用必须同时关注描述的准确性与从描述性假定向规定性结论的过渡。

不过，这些思考有点超前于故事本身。让我们依次选取公共选择理论的各个领域来考察它在揭示法律解释方法方面的潜能。因为利益集团理论在这一方面得到最为经常的运用，所以我们就以此开始。

利益集团视角的种种运用

请回忆一下利益集团视角基本的动态性。集团而非个人是政治活动的基本单位。同时运用选票与金钱，利益集团试图取得无论如何总是希望重新当选的立法者的优待。但是因为公共物品的问题，并非所有的集团都会形成或具有参与立法讨价还价的同样能力。从这种视角来看,那种会很小地施惠于每个人(或大多数公民)的立法尤其不可能拥有集团作为代表。或者换种方式说,最有可能以强化普遍公共福利为目标的法律是最不可能由有组织的、积极的游说者推动采纳的。

正如我前面指出的那样,布鲁斯·阿克曼就以这种进路批评最高法院保护那些"离散与孤立少数派"的利益不受立法机关的虐待。因为从利益集团的视角来看,可能正是那些"分散、不集中的多数派"在立法过程中最可能受到不利对待。在法律解释的层面上,认为利益集团理论准确地描述了立法过程这一信念,导致数位作者实际上将所有立法产品都视作包含着有影响的主体之间狭隘的讨价还价,这些主体最终体现为立法"合同"达成的合意。我们称此为立法解释的"交易"进路。

弗兰克·伊斯特布鲁克法官或许是这种观点的主要支持者。⑤ 伊斯特布鲁克似乎认为,最为愤世嫉俗的利益集团理论对大多数公法的本质进行了很好的描述。此外,他还将那种描述作为公法的司法解释的本质。充分运用交易这一比喻,伊斯特布鲁克认为法律解释只不过是公平交易的实施。他因而得出结论,法律的解释只应涵盖那些为相关法律语言明确处理的人类行为的范围。在本地交易当中,法律应仅限于向利害当事人提供"其讨价

---

⑤ 参见弗兰克·H. 伊斯特布鲁克(Frank H. Easterbrook):《法律的范围》("*Statutes*' *Domains*"),载《芝加哥大学法律评论》(*U. Chi. L. Rev.*)第 50 卷,1983 年,第 533 - 552 页;《1983 年开庭期以来的最高法院:最高法院与经济制度》(*The Supreme Court*: *1983 Term - Forward: The Court and the Economic System*),载《哈佛法律评论》(*Harv. L. Rev.*)第 98 卷,1984 年,第 4 - 60 页。

还价的东西"。对于伊斯特布鲁克而言,"严格解释"是现代公法的适当方法。

尽管伊斯特布鲁克的交易框架在后来关于法律解释的讨论中很有影响,但那种影响却让人感到困惑。首先,伊斯特布鲁克似乎混淆其自身进路的含义。标准的利益集团理论假定讨价还价发生在利益集团与具有重新当选导向的立法者之间。正是这种以选票或金钱交换(体现为立法)的私人物品表明,这种法律有悖于公共福利。相形之下,伊斯特布鲁克似乎认为,立法交易是在两个或数个利益集团之间进行的,立法者只不过起到将交易正式化的调停者的作用。但是倘若如此,那么他运用的就是由加里·贝克以更严格方式提出的模型。[6] 但是,贝克的模型预示此种"交易"会促进公共福利。

贝克分析的潜在的基本直觉直接源于亚当·斯密。如果人们认为个人与公司之间的私人契约对社会有益(看不见的手),那么以立法而非契约的预言来表述那些合同就只是一种形式上的变化,并不会改变总体福利效果。设定已知他所运用的模型,那么伊斯特布鲁克就需要解释为什么他认为立法"交易"是有害的,并需要证明他的严格解释这些交易的期望是正当的。

或许伊斯特布鲁克只是被他的合同类推给迷住了。但是这里又出现了另一个难题:伊斯特布鲁克声称对法律应像对合同那样进行解释,然后他断定合同应当得到严格解释。但是这严重背离

---

[6] 加里 S. 贝克(Gary S. Becker):《关于压力集团为政治影响进行竞争的理论》(*A Theory of Competition Among Pressure Groups for Political Influence*),载《经济学季刊》(*Q. J. Econ.*)第 98 卷,1983 年,第 371–387 页。

了标准的合同原理,只有某些形式的合同是被严格解释的,而且是由于特殊的政策原因;而在其他情形中,法院关心的是充分实施当事人的意图:他们不断提供其认为总的来说有益的、"未规定的"条件与情形。实际上,将合同视作主要是"关系性的"或长期性的当代景象表明,司法解释的工作是一种处理正在发生的关系的行为。这种观念就是,合同的解释者应努力实现由合同带来的联系的潜在目的。因为正是这些共同方案的实现会促进公共福利。

简而言之,合同的比喻完全无法承受伊斯特布鲁克所赋予之重。称法律为"交易"很容易像把我们引向"严格解释"一样引导我们返回"目的主义"。因此,他必须具有一些其他规范性的设想,即为什么由利益集团产生的立法是坏的。但是,那种规范性的设想从来就未出现过。似乎可以明确的一件事情是,伊斯特布鲁克对公共利益目标是法律领域的显著特征这一点表示怀疑。在他看来,那些限制市场准入、为私人行动提供补助或者给私人缔约规定限制的法律,很可能也只是一系列特殊利益的立法。当然,根据这种标准判断,相当一部分公法似乎都是特殊利益的表现形式。

约翰·梅西揭示了一种与伊斯特布鲁克十分类似的实证视角。[7] 他认为多数法律都是特殊利益交易的产物。不过,他提出了一种非常不同的司法解释进路。尽管伊斯特布鲁克建议法官采取一种狭义的和字面的法律解释进路,但梅西却支持非常能动的

---

[7] 约翰·R. 梅西(Jonathan R. Macey):《通过法律解释提升公共导向的立法:利益集团模型》(*Promoting Public-Regarding Legislation through Statutory Interpretation: An Interest Group Model*),载《哥伦比亚法律评论》(*Colum. L. Rev.*)第 86 卷,1986 年,第 223 – 268 页。

司法干预形式。梅西发现在联邦宪法的结构以及具体规定中都存在一种推定性要求，即所有法律都应是"公共导向的"。将这一标准与大多数法律事实上都不是为了实现公共目的这一信条结合在一起，梅西主张，法院在宪法上的义务不是实施以公共支出为代价提供私人物品的立法目的，而是要实施一种假定的且为宪法所必要需的、追求公共利益的目的。就此而言，梅西的主张包含一种颇为虚夸的司法能动主义。

有趣的是，梅西的与伊斯特布鲁克的进路竟然殊途同归。例如，二者都讨论希克沃德诉科麦奇公司案[8]，只要考察他们关于该案的分析就能揭示出每种解释进路的局限性。该案的潜在事实——或其中的一个版本——因电影《希克沃德》而闻名。当希克沃德案有限的解释问题被提交给美国最高法院时只是：建立联邦管制辐射性材料的生产与使用的综合制度的1954年《原子能法》，是否禁止依据州法给予希克沃德的不动产以惩罚性的赔偿？在5比4的判决中，最高法院认定陪审团做出的一千万美元的惩罚性赔偿成立。

虽然伊斯特布鲁克与梅西二者都赞成多数大法官的意见，但却是通过迥然不同的路径得出的。在伊斯特布鲁克看来，作为一部许可法，《原子能法》几乎必然就是私人利益的立法。因此他注意了解原子能行业哪种形式的交易会产生州法对核事故的适用问题。他发现《原子能法》保留了州的救济，而《皮瑞斯—安德森法》(the Price-Anderson Act)将该行业对任何具体事件的全部辐射责

---

[8] Silkwood v. Kerr-McGee Corp., 464 U.S. 238 (1984).

任限于两千五百万美元。伊斯特布鲁克从这些法律规定中发现,这一行业或许希望完全免予侵权责任,但却无法实现。因此,最高法院不应当给予原子能厂商无法实现的交易的好处。

尽管梅西赞成《原子能法》和《皮瑞斯—安德森法》代表的都是私人利益的立法(掩盖在薄弱的公共保护表象之下),但他认为在希克沃德案中最高法院多数大法官的意见赋予相关法律以一种公共利益的解释。就其表面来看,《原子能法》既意图增进安全,又鼓励"广泛参与和平开发与利用原子能"。但在梅西看来,安全管制是不足的——他称该行业的集团完全期待这样一种结果,并假定这些集团曾经就该法进行过游说。因此,梅西认为,为了增进安全方面的公共利益,最高法院应当允许州的陪审团给予惩罚性赔偿,即便赔偿100倍于原子能管制委员会根据该法可以实施的罚款上限,也应如此。根据梅西的看法,尽管希克沃德案的惩罚性赔偿金是"与(该立法的)特殊利益目标存在直接的冲突",也就是限制那些提供核能者的侵权责任这一目标,但最高法院应忽视潜在的政治现实,以便按照该法序言的陈述促进期望的安全目标。⑨

我很难反对法院采取一种与立法的私人利益观相对的复杂的公共利益观。但是,伊斯特布鲁克与梅西似乎都受制于一种设想,这就使得他们十分容易接受一些未得到验证的假设。例如,这二位作者在写作时似乎都认为在公共政策、法律或政治学文献中存在某种明确的合意,即许可性法律的制定主要是为了被管制当事人的利益。但是这种观点,即便退一步说,也是很有争议的。他们

---

⑨ 梅西:《提升公共导向立法》,第252页。

对这种一般性的命题并没有引证支持材料,我也无法找到。此外,即便人们信奉法律通常就是旨在服务于私人利益目标的这个一般命题,两位作者也都忽视了确定其所分析的立法是如何服务于私人利益目标这个问题,存在着非常重大的现实困难。

或许,驱动伊斯特布鲁克与梅西得出许可是私人利益立法的代理这种结论的是这样一种观点:许可是为了保护既有的企业免于竞争。但倘若如此,请考虑一下希克沃德案件的情形。这里的相关"利益"应当是那些在《原子能法》与《皮瑞斯—安德森法》通过时建立的电力企业。但在此阶段,尚没有核能工厂。如此一来,规定许可性要求的重要潜在物质利益就是煤炭和石油制造者(以及运输者)的利益,这些利益希望限制以核能取代石化燃料。从这种观点来看,通过限制进入,许可方案将会特别有利于石化燃料产业的利益,而该产业大概会乐于看到对核能发电厂科以惩罚性赔偿。假定以这种方式解读这种法律的私人利益故事,梅西与伊斯特布鲁克就是使结果发生了倒退。

当然,我不能声称我对《原子能法》"真正"潜在的利益的分析是正确的,而梅西和伊斯特布鲁克的分析则是错误的。实际上,我可以构思一大批其他似乎可信的私人利益故事。例如,有可能真正发挥作用的利益是专业建造产业、铀生产者、长期铀合同的持有者或其他任何人。我要表达的观点仅是,这种一般层面上的"实证理论"无法与意识形态区分开。因为"事实"难以发现或不可能发现,假定就迅速变成了事实。

不过,梅西的进路似乎是可以得到辩解的,因为可以说公共选择理论在他的解释体制中并没有发挥什么作用。可以认为他只是

第四章 立法机关、交易与法律解释

告诉司法机关它有宪法上的职责通过解释促进公共利益,而不管颁布立法的政治活动。但是请注意这种态度存在的困难。首先,似乎清楚的是,梅西服务于公共利益的观点严重依赖于其对私人利益的反对,他认为这种私人利益对要解释的立法具有过分的影响。否则,就难以理解梅西如何得知《原子能法》未在适当的水平上追求安全。无论如何,那种认为管制制度已经导致美国在事实上放弃了核能产业的观念,都是极不严格的,这似乎没有必要作出什么解释。

第二,尽管人们很容易同意梅西解释性命题的某种弱化形式,即"当出现疑问时,轻轻将法律朝着某种公共利益目标的方向推动",但那并非这里提出的方法论。这里的观念是要像普通法那样对待制定法,立法机关创造的规定并没有特别的权重。

这是一种极端强大的、通过解释进行司法监督的形式。我所能想到的这种司法态度的正当性无不依赖于下述信念,即当颁布法律时,立法机关试图实行的通常并非是某种关于公共利益的设想。如果人们认为立法机关推行的是这种设想,而且存在必然导向符合公共利益之妥协的多重价值,那么像梅西提议的那样,将所有具体的条款解释成从属于任何泛泛阐述的目的,似乎就是司法机关修正的形式。这种"修正委员会"甚至亦不受下述"谨慎"所限,这种谨慎通常与把修正性的问题阐述为司法审查而非司法解释有关。

简而言之,伊斯特布鲁克与梅西运用公共选择认识法律解释的努力似乎是毫无助益的。伊斯特布鲁克的进路似乎既在概念性上混淆了利益集团讨价还价的模型,亦混淆了合同理论和实践的本质。他显然是在运用某种公共福利观念作为其推荐的司法态度的规范性支柱,但是从来没有提出或探讨过这些观念。梅西则对历史事实进行了宏大的设想,主张法院修正法律以促进公共福利,但他却置这种强大的信念于不顾——立法过程很少考虑公共利益,这即使存在也极其罕见。这种"解释即修正"理论的宪法正当性类似于我所支持的、复兴司法审查的基础。但是梅西将其运用到所有时间的所有法律。不仅这种路径不分青红皂白,而且正如我随后会指出的那样,与司法机关宣布同样的法律无效相比,这种解释性修正以更加激烈和更加不可挽回的方式侵犯了立法机关的特权。

并非所有试图将公共选择用于法律解释的法律文献都是如此粗暴。在承担立法解释的直接责任之后,理查德·波斯纳法官缓和了他的观点,提供了一种区分更加清晰的进路。[10] 在他看来,法律至少可以分成四种类型:追求以经济方式界定的公共利益的法律(对市场失灵的矫正);追求以其他方式界定的公共利益的法律(诸如财富的公平分配);表达不容易使用效率或分配性术语解释的公共情感的法律(诸如色情作品的管制);增进狭隘利益集团的利益的法律。

波斯纳建议我们首先将立法进行分类,然后再根据需要解释

---

[10] 请对以下两者进行比较:理查德·A. 波斯纳(Richard A. Posner):《经济学、政治学及对联邦宪法与法律的解读》(*Economics, Politics, and the Reading of Statutes and the Constitution*),载《芝加哥大学法律评论》(*U. Chi. L. Rev.*)第49卷,1982年,第263–291页;与理查德·A. 波斯纳:《联邦法院:危机与变革》(*The Federal Courts: Crisis and Reform*),麻省剑桥:哈佛大学出版社,1985年版,第265–293页。

的不同立法类型寻找不同的解释策略。公共利益立法应当进行宽泛的目的性解释,而狭隘的利益集团立法则应当按照伊斯特布鲁克主张的方式处理。波斯纳尤其反对以非此即彼的方式运用关于立法性质的假设。例如,他之所以批评盖多·卡拉布雷西(Guido Calabresi)的论述废弃法律的著作,[11]就是因为卡拉布雷西在没有任何明确正当理由的情形下,对立法统一采取了公共利益的视角。或许,波斯纳对伊斯特布鲁克与梅西关于公法通常都是"私人利益交易"的标准假定也会有同感。

尽管看起来"明智",但波斯纳法官的进路在绝大多数的情形中都是不起作用的。以希克沃德案争论的立法方案为例。难道我们应当因为它包括排他性的许可规定与责任的限制或者私人利益集团就其通行进行过游说,就赞同伊斯特布鲁克和梅西所主张的这是私人利益立法的观点吗?我对于得出这样的结论有些迟疑,除非我运用的是伊斯特布鲁克和梅西的假设,这是一种波斯纳规劝我们予以避免的方法论。许可一种有可能导致巨大且无法逆转的灾难的技术,这似乎很难成为私人利益观的决定性证据。除非可能获得重大的公共收益,否则在十分不确定的情形下,责任的限制亦不能成为决定性的证据。在立法过程中,毫无疑问会存在那些认为根据该立法公共收益范围的方向发生了扭曲的人,但这一点亦不能说服我。事实上在所有的立法中,我们都可以看到有这样的人存在。

---

[11] 盖多·卡拉布雷西(Guido Calabresi):《制定法时代的普通法》(*A Common Law for the Age of Statutes*),麻省剑桥:哈佛大学出版社,1980年版。

《原子能法》和《皮瑞斯—安德森法》的公共或私人特征似乎就是非常不确定的。此外,我怀疑大部分立法都是同样的情形。当要在公共利益与私人利益的视角之间做出选择时,我们几乎总会通过假定来决定,而非基于对相关证据的分析。公共选择的文献完全没有确立一种让我们相信这种或那种假设的基础,它也未以任何方式证实前述三位作者提出的解释路径。

威廉·埃斯克里奇在试图提供系统的立法分类以及与之相伴的解释方法时,也遭遇到与波斯纳类似的问题。埃斯克里奇使用的是迈克尔·海耶斯与詹姆斯·Q. 威尔逊关于立法收益与成本分配的立法分类方式。[12] 这种分类方案连同某些利益集团理论的基本观念,激发埃斯克里奇不仅提出了从立法机关那里会产生哪种形式的立法的预测,还提出了人们应在多大程度上关注具体立法是狭隘自利集团或组织竞争的结果的分析。由埃斯克里奇 2×2 矩阵产生的四种立法形式,每一种都有一种适当的解释形式与其对应。

与其前辈相比,埃斯克里奇将公共选择观念用于法律解释的进路是一个进步。他运用公共选择理论本身提出他的分类方案。

---

[12] 威廉·N. 埃斯克里奇(William N. Eskridge, Jr.):《没有浪漫的政治:公共选择理论对法律解释的含义》(*Politics Without Romance: Implications of Public Choice Theory for Statutory Interpretation*),载《弗吉尼亚法律评论》(*Va. L. Rev.*)第 74 卷,1988 年,第275 - 338 页;米切尔·T. 海耶斯(Michael T. Hayes):《说客与立法者:关于政治市场的理论》(*Lobbyists and Legislators: A Theory of Political Markets*),新泽西新不伦瑞克:拉特里奇大学出版社,1981 年版;詹姆斯·Q. 威尔逊(James Q. Wilson):《政治组织》(*Political Organizations*),纽约:基础读物,1973 年。

第四章 立法机关、交易与法律解释 149

他的进路是基于立法的供给与需求观念之上的,因而比波斯纳对立法领域的直觉分类具有更多的分析性要素。同伊斯特布鲁克或梅西在公共选择文献当中以及之外揭示的立法活动相比较而言,埃斯克里奇的结论更少一些拙劣的模仿。

尽管如此,采纳埃斯克里奇的进路作为解释规则仍然是极其危险的。我们不必非常详细地追问这种困难。如同波斯纳的分类体系那般,埃斯克里奇的类型化也并非自我界定或自我适用的。更重要的是,其核心部分模糊不清,因为立法具有多重的成本与收益分配。此外,那些分配可能会随着立法的历程而发生改变。我很难将那些甚至极其简单的案件,比如社会保障金或《联邦劳资关系法》归入埃斯克里奇矩阵的一个方格中,更不用说我们的老朋友《原子能法》和《皮瑞斯—安德森法》了。

这些分类方面的困难是与一个更根本的问题相关的。埃斯克里奇解释进路的分类,似乎是源于以某种神秘的方式对立法潜在构造的实证分析。其缘由的唯一线索就是,埃斯克里奇提议,法院在进行解释时从事的是矫正立法过程中的"功能紊乱"的工作。当然,在我们能够评判埃斯克里奇的经验规则的有用性之前,[13]我们需要一种得到更好阐述的、关于法院是在做些什么的规范观点,以及某种我们应从法院那里期待些什么的实证解释。

---

[13] 到目前为止,关于裁判的唯一实证理论虽然已经出现,但仍然不具有决定性。相关讨论,可参见罗伯特·C. 埃里克森(Robert C. Ellickson):《将文化与人类缺陷引入理性的行动者:关于经典法律经济学的批评》(*Bringing Culture and Human Frailty to Rational Actors: A Critique of Classical Law and Economics*),载《芝加哥肯特法律评论》(*Chi. Kent L. Rev.*)第65卷,1989年,第23-55页。

表 4-1 埃斯克里奇的立法类型

收益分担/成本分担	收益分担/成本集中
危险:立法机关无法随着社会与潜在问题的变化更新法律。 **回应**:法院可以通过将其扩展到新情境并运用普通法的方式发展法律来维持法律的有用性。 **说明**:法院应怠于为有组织的集团制造特别的例外。	**危险**:当管制机构被集团"俘虏"时,被管制集团规避责任。管制成为排除竞争的手段。 **回应**:法院可以监督管制机构的实施和私人的服从,可以开放程序允许被排除在外的集团获得听取意见的机会。法院应试图使原本的公共目标发挥作用。

收益集中/成本分担	收益集中/成本集中
危险:特殊利益集团以普通公众为代价进行寻租。 **回应**:法院可以狭义地解释法律以最小化这种收益。法院应苛严地对待慷公共之慨的法律。 **说明**:如果法律真的是服务于公共目的,那么就不适用苛严规则。	**危险**:随着时间的推移,法律"交易"经常出乎意料地不平衡。 **回应**:法院可以微调法律的安排以体现新的环境。 **说明**:除非受影响的集团在制度上不可能获得立法的关注,否则就应偏向于反对过多的司法性更新。

但是,埃斯克里奇更多地是以说明的方式提供其模型的,而非作为解释规则。如果我们不太喜欢采取以私人利益或公共利益作为主导性的立法解释这种泛泛的假定,那么埃斯克里奇的类型化就告诉我们,在哪些情况下我们可以期望以这种或那种视角来描述立法创制过程。它表明的是,在哪些情况下我们应或多或少地担心因为运用错误的假定而错误地判断立法的意图。它为局部性地领悟特定法律形式的动态性提供了机会;有助于引导思考立法

是什么等适当复杂的设想，而同时又不丧失不只是"垃圾桶"理论的各种借口。根据这种理解方式，埃斯克里奇的类型论胜过了当前其他所有可能的选择。尽管这种贡献并不是很大，但任何"可用的"观念恐怕都是如此。

"投票理论"视角下的法律解释

现在已是最高法院大法官的安东尼·斯卡里亚法官，曾通过抨击以立法历史作为法律解释的指导这种方式在相当程度上激发起当代对解释方法的兴趣。⑭ 斯卡里亚的基本立场明确且富有争议。在他看来，法律体现于制定法的文本当中。除此之外，议会没有颁布、总统也没有签署其他任何东西。因此，法院诉诸并未颁布的立法前的材料就是对立法功能的篡夺，或更准确地说，有可能将立法功能交给表明其观点的某些立法者，或者编写与议案一起递交审议的立法报告的职员。根据这种看法，运用立法历史（通常）是违宪的。

斯卡里亚的立场是坚定的，但并非不谙世故。尽管这种主张曾被讥讽为很久以来名声不佳的"字面含义"规则的变体，但事实

---

⑭ 斯卡里亚大法官最初对运用立法历史的公开攻击，似乎就是其他作为巡回法官在 Hirschey v. FERC[(777, F. 2d 1) D. C. Cir. 1985]案中的法律意见。关于斯卡里亚大法官观点的进一步援引，参见丹尼·A. 法布尔、菲利浦·P. 弗赖克(Daniel A. Farber and Philip P. Frickey)：《法律与公共选择：批判性介绍》(Law and Public Choice: A Critical Introduction)，芝加哥：芝加哥大学出版社，1991 年版，第 89 页注释③。

上它强调的是以法律语言作为相关法律解释的最佳证据。斯卡里亚非常精心地在整个法律语境、与同一事项有关的其他法律以及此前解释同一或相关文本的司法意见当中解读立法文本。斯卡里亚认为他的进路强化了联邦宪法设想的立法过程,从而促进了整体民主过程。⑮

公共选择学者已经注意到,从阿罗不可能定理得出的某些含义可以用来支持其"文本主义"的解释进路。斯卡里亚的基本观点归根结底就是:法官的职责就是解释法律语言,而非猜测立法机关的意图。投票理论很可能会认为这是一条明智的进路,因为不可能根据个体的偏好映射集体的选择。寻找立法机关的意图就是在寻找神兽。国会作为一个实体并没有意图可言。而投票支持某议案的立法者的个人目的或偏好与立法程序的结果二者之间的关系是不可能被发现的。如同肯尼思·谢普瑟(Kenneth Shepsle)以及之前其他人指出的那样:"议会是'他们',而非'它'。"⑯谢普瑟接着说,立法意图是一种矛盾的修辞。

如果谢普瑟是对的,那么斯卡里亚的进路就会获得实质性的支持。因为如果立法意图指的是立法机关成员目的的集合,而我们又没有什么理由认为任何一项具体的立法会准确地描述那些目

---

⑮ 至于更详细的讨论,参见威廉·N. 埃斯克里奇(Willem N. Eskridge, Jr.):《新文本主义》(The New Textualism),载《加州大学洛杉矶分校法律评论》(U. C. L. A. L. Rev.)第 37 卷,1990 年,第 621 – 691 页。

⑯ 肯尼思·A. 谢普瑟(Kenneth A. Shepsle):《议会是"他们",而非"它":作为矛盾修辞的立法动机》(Congress Is a "They", Not an "It": Legislative Intent as an Oxymoron),载《国际法律与经济评论》(Int'l. Rev. L. and Econ.)第 12 卷,1992 年,第 239 – 256 页。

的,那么我们就没有理由在立法历史中搜寻国会议员表达的意图。作为历史学家,我们可能会对他们个人的思考感兴趣,但这些思考与(虚构)的立法意图没有而且也不可能有关系。斯卡里亚不仅为其主张提供了宪法基础,而且还非常明智地避开寻找不可能发现的东西。

虽然斯卡里亚的分权主张很有说服力,但也很难说是无懈可击的。即使人们勉强承认,法院解释法律的适当进路是寻找"法律的含义"而非"立法机关的意图",但诉诸立法历史会以某种方式侵犯立法机关的适当权力这一点还是很明确。确实,斯卡里亚这样说是正确的,即法院应实施的仅是法律,而非单个立法者甚或立法委员会的某些讲话。但这并非考察立法历史材料的意思。考察历史材料的观念并不是要赋予其"法律的力量",而是要运用它们努力理解法律文本的含义。或许有理由认为赋予此类证据适当权重极其困难,但是那种谨慎的关注与斯卡里亚的宪法灌篮高手迥然有别。

同样地,并非所有公共选择理论家都认同谢普瑟所持的寻找立法意图在观念方面具有混淆性这种主张。McNollgast(马太·麦克卡宾斯、罗杰·诺尔、巴里·温格斯特的笔名)主张,在阿罗投票理论中,并不存在任何可以破坏立法意图的东西。[17]他们对国会采取一种制度主义的视角,其中很重要的就是要注意国会已经

---

[17] 马太·D.麦克卡宾斯、罗杰·G.诺尔、巴里·R.温格斯特(Matthew D. McCubbins, Roger G. Noll, and Barry R. Weingast):《立法目的:实证理论在法律解释中的运用》(*Legislative Intent: The Use of Positive Theory in Statutory Interpretation*),载《法律与当代问题》(*L. and Contemp. Probs.*)第57卷,1994年,第3—37页。

将特定的法律创制活动赋予其内部分支机构,各种委员会以及议院的领导人,他们控制着议程以及具体议案的进程。立法机关的决定并非如同标准的阿罗模型那样,多数投票者就多个议题进行投票会不断进行循环,除非被立法过程某些武断的特征所中断。相反,国会本身的组织将某些偏好排序排除在议程之外,赋予某些人对议案的进程做出否决的权力或专断的权力。这是一种有目的活动,往往会导向妥协,而非导向不确定的或随机的结果。立法过程有意识地违反了阿罗的"公平"投票程序标准,以便确立一种能够产生稳定结果与有意义产品的过程。

实际上,McNollgast 认为,通过强调那种所谓的公共选择分析的"机构"方面,他们能够寻找立法的目的并且帮助法官适当地解释法律术语。McNollgast 鼓励我们关注他们所谓的"立法同盟"(enacting coalition),意即实际上支持某项具体立法的立法者。(反对者的意图是不相干的——他们并不希望立法。他们可能仅是通过提出遭到拒绝的选择方案的方式来给多数派所希望的内容提供间接证据)。一旦我们缩小了寻找哪些人的意图发挥作用的范围,那就只剩下两个问题:哪一个声音在立法联盟中是最重要的,我们如何识别立法机关的陈述是真诚的而非策略性的?

在回答这些问题时,McNollgast 分析了国会的组织以及国会藉以安排其工作的、相对固定的程序与制度。这些过程显然授权某些议员处理其权限范围之内的事务。这些议员有责任做出倡议与否决,这就使他们所持的意图特别明显,这种意图关乎最终由立法联盟通过的妥协的含义。

但是,McNollgast 警告我们,我们甚至不应总是去倾听被授予特别立法权的立法议员。我们只应在歪曲其观点的代价可能非常惨重时才相信他们,而非当其从事 McNollgast 所谓的"空话"(cheap talk)时。因而,例如当总统提议立法时,他有很好的理由就其所希望的内容保持坦诚。如果他在这时所说的并不可靠,那么他就会迅速丧失对所有其他参与者的影响。另一方面,我们应当对总统签署时试图赋予所颁布的立法以一种总统式解释的说明打折扣,因为在此时博弈已经结束,所以那时对总统而言,提供关于该法律"真实含义"的看法就不会有什么代价。

从一种规范性的立场出发,McNollgast 认为法院和行政机关有义务(和理由)成为立法机关的忠实代理人。因此,这些代理人应当注意那些由在立法过程中被赋予正式权力的人做出的关于意图的声明,至少当相关主体有理由坦诚地表达其意图时,理应如此。

虽然 McNollgast 在复兴立法意图观念以及强化对立法历史的传统运用方式方面做了很扎实的工作,但他们未必提出了一种可行或可欲的法律解释进路。正如他们承认的那样,确定谁是重要的这个问题是会情境化的,会随着每一项立法发生改变。此外,区分"空话"与真诚的言论也不是一件容易的事情。无论众议院还是参议院的过程都是非常复杂的。事实上,所有的常规过程都允许有例外,机敏的国会议员会进行非常精妙的博弈。要了解立法者由于策略性言辞而丧失的内容,不只是要了解众议院和参议院的标准规则,还需要了解具体法案的动态以及在处理所讨论的立法时可供运用的选项。

实际上,我很不确定如何评价 McNollgast 提出的总统在立法过程前后言论的例证。当总统在提出议案时，难道我们应当认为总统从未阐述过高或过低表明其真实偏好的策略性立场吗？当签署法案时，为什么错误阐述政府与国会之间的"交易"就会是没有代价的？国会有可能在下次以同样的方式对待一个"不守诺言者"吗？简而言之，用波斯纳法官的短语来说就是，这种关于立法过程的"想象性重构"需要大量的信息。如果 McNollgast 意在主张，只有当立法历史能够以这种复杂的方式（在讨价还价中运用贝叶斯式的决定理论）展开才是可靠的，那么他们就是向法官和行政官员提供了一种无法使用的工具。

或许更重要的是，McNollgast 由授权得出的主张与斯卡里亚由文本主义得出的分权主张一样，存在逻辑上的转变。国会议员授权给委员会、小组委员会等等以完成立法工作，并不必然意味着他们授权给这些团体决定法律的含义是什么。例如，我们为什么不去推测投票支持法案的议员，他们依赖法院或行政机构会以强化立法同盟普遍情感的方式去解释和适用法律？实际上，为什么不可以说这种假设是针对那些被策略性安置的博弈者所可能造成的信息垄断的必要防范措施，而 McNollgast 敦促解释者要留意那些人的意见？

当然，如果我们知道法院和行政官员运用的解释方法就是 McNollgast 敦促我们采取的方法，我们就可以假定这种解释权的授予是有目的的。但果真如此，那就构成了循环论证：特定立法者做出的这些特定陈述的权威性源于解释性的方法，而解释的方法之所以具有正当性是因为特定立法者的观点在法律上具有权威性。

要弄明白为什么会如此,可以设想一种相反情形,即我们知道所有解释者运用的解释方法都是斯卡里亚的文本主义。根据这种假定,立法机关的成员知道立法的目的必须在立法本身的语言中得到体现以便获得效力。虽然每一个基线都允许有目的的立法行动,但在第二个场景中就没有理由假定,授权促进立法活动必然伴有决定立法意图的授权。只有当我们能够提供其他某些规范性或常识性的理由时,McNollgast"倾听交易者"的建议方能比斯卡里亚的文本主义更可取。这并非没有可能,但由于该问题的加入,公共选择关于立法组织的设想似乎就会导向两个截然不同的方向。

暂且假定,我们赞成就规范方面而言,法律解释者寻找"立法意图"、至少是立法的"真正目的"是一种适当行为。如此一来,就那些对法案具有特殊责任的人的言论应具有什么的意义而言,公共选择关于立法组织的分析能告诉我们些什么呢?我认为它告诉了我们两种迥然不同的故事。二者都是可信的,而且经验性的"验证"无法决定哪一种观念更好。

第一个故事强调的是,那些任职或执掌各种国会委员会的人在多大程度上可能无法代表两院或国会全部议员。这应当是真实的,因为立法者会希望在那些对其选民具有最大利益的委员会中任职。毕竟,如果立法者通过完成这种任务能再次当选,那么他们就会这样做。而且因为立法者能够在某些约束条件下选择其委员会的委任,委员会或小组委员会就应主要是由这些人组成的,他们对其管辖范围内的事项具有最强烈的利益偏好。

根据这种"产业组织的国会观"[18],那些对 X 法案拥有最大控制的人的观点有可能根本无法代表该法案的中立支持者。在了解这一点的情况下,立法者不会希望解释者把委员会、委员会主席或法案管理人的陈述当作立法联盟共同意志的代表。作为立法机关的忠实代理人,解释者因此应警惕这些"就某些事项走极端的人"的声明。

第二个故事强调的是,选民有可能在多大程度上使国会整体对其行为负责。[19] 从这点来看,多数派和少数派的领导层都会允许议员对其委员会的委任作出一些选择。但是,领导层会小心翼翼地对委员会加以平衡,以便其充分代表立法机构整体。因为如果要整体对必须赋予某个部分的行为负责,那么整体就需要确保该部分的产出既能反映整体的观点,又能对其作出坦诚的解释。根据对立法组织的这种描述,当颁布法案时,政党领袖、委员会主席以及委员会报告表达的观点都很能证明"立法机关意图的是什么"。因为立法机关自身的组织确保它的委员会真实地揭示立法的意图与可能的影响。当多数派投票支持一项法案时,也就认可了其代理人提供的信息,包括那些代理人所说的法案应当如何理解的信息。

这后一个故事为 McNollgast 的进路提供了实质性的支持,至

---

[18] 巴里·R. 温格斯特、威廉·J. 马肖(Barry R. Weingast and William J. Marshall):《议会的产业组织:或为什么立法机关不是像公司那样按照市场进行组织》(*The Industrial Organization of the Congress; or Why Legislatures, Like Firms, Are Not Organized as Markets*),载《政治经济学杂志》(*J. of Pol. Econ.*)第 96 卷,1988 年,第 132–161 页。

[19] 例如,可参见凯思·科瑞比尔(Keith Krehbiel):《信息与立法组织》(*Information and Legislative Organization*),安阿伯:密歇根大学出版社,1991 年版。

少当我们如果能够辨别立法者容许其同事所做的是真诚的表述还是"空话"、但要知道对他们本身打折扣时,理应如此。如果其他经验研究支持这种立法组织设想,它同样也会支持美国法院的传统观点,即批判性主体提供的立法历史在某种程度上代表着立法机关自身意志。因此,这样一种愤世嫉俗的观点就会遭到驳斥,即立法历史总是为了游说集团、新闻媒体或"家乡父老"而编造成的某种东西而已。

博弈论的影响

McNollgast 的分析事实上是在博弈论的模型下展开的。他们试图运用立法过程这种特定的博弈结构以及特定行为对该博弈内特定当事人的成本与收益,以提供关于适当运用立法历史方面的见识。正如我们已经看到的那样,尽管他们不能主张就支持与反对运用立法历史的人之间的辩论提供令人信服的解决方案,但其分析有助于避免将阿罗式的结论肤浅地用于由不同规则构建的立法过程。他们提醒我们,如果我们要以创制法律文本的立法机关作为重点,那么我们就必须准备运用非常详尽的经验性方式考察复杂的制度决定过程。就立法者是否希望以及有可能希望解释者采用什么形式的立法历史而言,他们与其同事提出了可以验证的假定。

博弈论的进路还具有其他一些用途。它可以帮助我们理解解释活动的某些效果以及其中可能包括的策略性考虑。特别是,一个简单的博弈论三维模型就有助于强化大多数法律人在直觉层面已经具有但却容易忘记的观念,同时还提出制度设计者很好记住的非直觉性观念。

法律人一句古老的妙语抓住了先前存在的直觉:"只要我开始解释法律,我就不关心是谁制定的法律。"很少有人在讲这句逗人的俗语时,会意识到解释在我们的特定制度中会变得多么强大。因为不单单是法律的制定者可能没有足够的时间或兴趣去矫正解释的错误,在许多情形下,立法过程的结构也会导致其不可能这样做。此外,在出现反直觉观念的情形下,即便立法机关采取行动"矫正"它不赞成的解释,即便在没有任何一个议员改变其观点的情况下,立法机关也几乎从来不会以恢复其最初的政策而告终。

为了详细阐述这些观念,我们将运用一个简单的线性模型,威廉·埃斯克里奇与约翰·费内中曾使用该模型说明他们所谓的"第1条第七款博弈"[20]。故事概要大致如此:众议院(H)、参议院

---

[20] 威廉·N.埃斯克里奇、约翰·费内中(William N. Eskridge, Jr. and John Ferejohn):《第一条第七款的博弈》(*The Article 1, Section 7 Game*),载《乔治亚法律杂志》(*Geo. L. J.*)第80卷,1992年,第523－564页。在阅读后文之前,有必要重温一下美国宪法"第1条第七款"的规定:"有关征税的所有法案应在众议院中提出;但参议院得以处理其他法案的方式,通过修正案提出建议或表示同意。经众议院和参议院通过的法案,在正式成为法律之前,需呈送合众国总统;总统如批准,便需签署,如不批准,即应连同他的异议将其退还给原来提出该案的议院,该议院应将异议详细记入议事记录,然后进行复议。倘若在复议之后,该议院议员的三分之二仍然同意通过该法案,该院即应将该法案连同异议书送交另一院,由其同样予以复议,如果此时另一院亦以三分之二多数通过,该法案即成为法律。但遇有此种情形时,两院的表决均应以赞同或反对来决定,而赞同和反对该法案的议员的姓名均应由两院分别记载于各该院的议事记录当中。如总统接到法案后10日之内(星期日除外)不将其退还,该法案即视同总统签署,成为法律,除非因国会休会从而无法将该法案退还时,该法案才不得成为法律。任何命令、决议或表决(有关休会问题者除外),凡需由参议院及众议院予以同意者,均应呈送合众国总统;经其此准之后,方始生效,如总统不予批准,则参众两院可依照对于通过法案所规定的各种规则和限制,各以三分之二的多数,再行通过。"——译者

(S)与总统(P)各方都介入新立法的批准活动。尽管每一个机构的偏好会存在略微的差异,但却经常能够达成妥协并通过某项政策。

表4-2　第1条第七款博弈

左　　　Q　I_2　P　C_1　C　S　I_1　H　　　右

在表4-2描述的这个简单的一维模型中,众议院、参议院与总统的偏好以一条假想的线条从左向右排列,该线条代表着可能的政策选择的连续体。主体的位置代表着其偏好的政策选择。Q代表着立法之前的现状,C代表着新立法体现的妥协。然后法律由行政机构或法院解释与适用。尽管每一种执行组织都会试图发掘真实的立法意图,但它有可能会失败。假定解释处于I_1或I_2的位置。立法过程能够推翻这两种错误的解释吗?

答案完全取决于行政机构或法院的解释处于这条由一维模型所界定的、由左至右的政治谱系的什么位置。如果相关解释处于由立法博弈者偏好所确定的外部边界之内,即I_1的位置,那就什么也不会发生。因为至少有一个、也有可能是两个博弈者会因相关解释而改善其处境。那就是,较其通过的妥协性政策而言,该解释更接近于其真实偏好(在表4-2中,S和H都会因I_1获利)。因此,他们将运用其权力以拒绝通过或否决的方式阻止该立法(在技术上总统的否决是可以被推翻的,但实践中几乎是不可能的)。简而言之,这种法律解释会坚持下去,直到立法过程至少有一方博弈者改变了想法(埃斯克里奇和费内中还证明,该博弈会随着时间的流逝而变得具有动态性。如果这些制度的原始偏好发生了改变,只要处于博弈者偏好的外部界线之内,那么行政机关或法院就可以随之改变而无须担心被新的立法推翻)。

如果相关解释处于由公共机构的观点所确定的界限之外,即I_2的位置,那情形就不同了。倘若我们假定每一个博弈者都对其左右的政策保持中立,只要与其最偏好的位置等距,那么超出左边或右边太远的解释就会被拉回由这些机构偏好所界定的范围之内。如果该解释处于极右博弈者的右边,那么处于中间与极左的博弈者就能够提出一部新的法律,他们采取的政策就会位于极右博弈者的左边,而与被推翻的解释相比,它与极右博弈者偏好的位置等距或更接近。如果解释距左边太远,那也可以得出类似的动态分析,正如表4-2那样,新通过的政策会介于P与C_1之间的某处。

不过,请注意这种"矫正"错误解释的一个有趣的方面。这种矫正不会将政策放回立法机关最初确定的位置(C)。相关解释改变了现状的位置,因而改变了众议院、参议院与总统之间讨价还价的条件。在我们的例子中,总统会否决任何处于C_1右边的法案。因此,尽管立法过程有时会推翻错误的解释,但最不可能发生的就是推翻一项解释以便恢复最初通过的那种政策。

在某种意义上,我们所有人总是认为立法权一分为三有利于现状。无论如何,这个简单的博弈模型不仅有力地强化了那种直觉,而且还给了我们其他一些洞识。首先就是法律解释确立了一种现状,该现状具有的稳定性一如我们的政府形式赋予任何既有事务状态的稳定性。在重视解释权力时不太明显但却同等重要的是,即使当立法程序能够推翻一种解释时,它也几乎无法摆脱解释者的力量。解释已经重新安排了现状,因此重新配置了随后立法交易的结构。

公共选择的视角并没有为我们提供解释法律的决定性方法。这种结果很难说是意料之外的。在既没有提供完整的背景宪法假定来指引解释,又没有提供可用的方法以便将这些指导性假定适用于特定案件的情况下,没有什么理论能够胜任这种任务。因为这一任务的规范性与实证性维度包括:(1)当前围绕美国立宪主义的含义进行的政治斗争;(2)围绕有意义的沟通的可能性与动态性展开的无穷无尽的诠释学争议,所以任何特定分析学派的理论视角都不可能使"解释"变得毫无争议。

实际上,某些公共选择观念已被证明确实没有什么帮助。立法是私人利益之间的"交易"的观念,在设法贬损公共行动的同时,实际上并未彰显法律创制的现实或适当的解释进路。投票理论对集体决策过程可能存在的混沌的关注,在产生立法没有意义的忧虑的同时,却并未认真对待立法组织的现实情况,或使立法活动成为具有目的性从而也是可解释的方法。如果我们指的是就如何解释和适用具体的法律术语提供可靠的指导,那么锤炼前述观念的公共选择学术告诉我们的,往往是我们距离确实可用的知识还很遥远。

然而,这里也不应当忽略它的贡献。公共选择导向关注的是演说者——立法者,并试图揭示这些人是谁这一秘密。这样做的结果尽管会使立法演讲的观念更成问题,但这是一种收获而非损失。除却某些最终无法成立的怀旧性、拟人性视角之外,当我们提出"立法意图"等词语时,我们知道对自己真正所谈论的东西保持怀疑，就这一点而言，还是有好处的。公共选择理论家虽然算不上是最早指出这一点的，但他们对发言人的无情分析，使得这种解释方面的天真变得越来越不可能。

甚至更有可能的是，那些共同受到关于权威讲话的特定制度性规则限制的多重发言者的观念，开启了研究策略性活动与动态演进的观念的解释。它使我们关注在我们特定的法律创制博弈中什么是正当的与可能的，它将解释性真实这个问题重构为权威性或适当性的问题。

就法律或法律解释而言，这些也很难说是新观念。实际上，这些是法律人的传统退路，在那里，意义具有无法再简化的争议。但是，公共选择试图用更严密的方式塑造立法创制博弈，这有助于赋予"制度角色"这一软弱的法律观念以某些结构，"制度角色"这个观念往往被用来阻止思考并证明武断解释的正当性。博弈论的视角表明，正是在这里有可能进行卓有成效的分析。

为使这一点更为明确，让我们简要回顾第三章的主题，也就是理性审查，并比较法律人在法律的司法审查与法律的司法解释这两种语境下对于制度角色的通常看法。通常的观点如下：因为理性审查强烈反对多数决定原则，妨碍着多数派意志的实施，所以构成了对民主的威胁，这就要求得到极为有力的正当性解释，但这些解释却没有一个是完全成功的。与之形成对照的是，法律的司法解释不仅是不可避免的，而且能够被解释为以支持民主的方式进行，亦即强化多数派的真实意志。此外，如果出现司法错误，那么它对多数治理的损害还可以通过立法机关自身得到救济。

当然，这些立场都是夸张的模仿。法律学者与普通的法律人都知道,美国的立宪主义创造了一种有限的多数决定形式,既强调民主又强调自由。宪法学者已经详细阐述了最高法院关于具体宪法文本的设想与多数主义情感需求之间的微妙互动。没有法律人会真的认为,执行多数派的判断就穷尽了法律解释的功能,或者推翻司法机关对法律的解释是件很容易的事。

不过,这些夸张的描述仍然以有力的方式影响着法律思想。例如,与矫正对法律的错误解释相比,立法机关推翻司法机关做出的认为法律缺乏理性基础的判决会更加容易,这种断言会让法律人的头脑认为是奇谈怪论。然而,这确实就是表4.2描述的第1条第七款博弈的意思。要是C因为非理性而被推翻,那么立法机关正好退回到Q。现在就其行为的合理性提供了更具说服力的基础之后,立法机关就可以从那里返回或非常接近于C。实际上,当行政机构的政策因为"专断"而被推翻时,它们就会反复这样做。

简而言之,以非理性为由推翻法律的法院,可能根本不会侵犯立法机关做出公共选择的特权。相形之下,错误地解释立法机关法律的法院,往往会令其丧失实施非常接近立法者最偏好的政策的权力。

这种思想脉络是具有实际后果的。例如,法院经常会援引他们应解释法律以避免发生严重的宪法性问题这一格言。这一偏好的基本原理就是,它使司法机关保持在尽最大可能实施立法意志这种适当的宪法角色之内。然而,我们前面的分析表明,这种进路可能是倒退的。如果这些"避免做出无效宣告"的解释同样有可能有别于法院认为立法机关所意图的内容——因为他们经常如此,否则为什么引用前述格言呢——那么法院就有可能既错误地解释法律，又使其解释变得不可修正。真正克制的法院，也就是旨在增进实施立法机关意志的机会的法院，将会在处理迎面遇到的宪法问题时做得更好。法院不仅有可能发现一些方式以便在任何情况下维持相关法律，而且即使它宣布该法律无效，至少也会让立法机关重返原状，为其提供更加现实的机会，以便其编制接近其最偏好立场的合宪政策。

第五章　解释行政过程

大多数公法在源头上都是立法性的,但在内容上却是行政性的。尽管法律授权并给行政官员提供指示,但只是在相对笼统的层面上,这在许多法律制度中都是显而易见的。当国会指示州际贸易委员会否决"不合理或歧视性"的铁路价格时,指示联邦通讯委员会因"公共利益"而许可广播公司时,或指示食品与药品管理局为了"安全"而对食品和药品实行管制时,它并未多做说明。那些实际的法律将源于实施这些法律的行政官员采用的规则与公布的决定。

在过去的数十年里,国会一直倾向于更加具体一些,在此过程中创制出许多更加冗长、更为细致的法律。然而,这些"宏大的法律"却只是从必须实施这些法律的行政官员那里引发了越来越详尽的规则和决定。无论在数量还是在实际影响方面,行政管制与行政裁决都使国会的立法产出与法院的裁决相形见绌。尽管从对我们十八世纪的联邦宪法或当代流行的报道的解读中很难辨识,但我们确实生活在一个行政国家当中。而且我给出的例子虽然主要是描述联邦官员的,但在州的层次上,情形也没有什么两样。

因而,当新闻界没完没了地报道联邦和州的政客的阴谋诡计时,公民在大多数情况下遭遇的却是行政官员。我们投票支持的是我们的国会议员、州立法议员或市长,但与我们打交道的却主要是国税局、社会安全管理局、机动车辆管理局以及地方建筑检查官和税收评估官员。这些人或者是带领我们穿越现代法律错综复杂要求的"忠实公仆",或者是让我们的生活变得悲惨的"油滑官僚"。

行政机关相对于立法机关与司法机关的法律创制活动而言,在日常性、数量以及经验方面的优势似乎在所难免,但又令人不安。之所以在所难免,是因为随着我们要求从政府那里获得更多的东西,我们就必须要求更多的行政官员实施通过的方案与政策;而之所以令人不安,则是因为行政治理公然有违我们认为美国民主应如何运作的一般理解。除授权国会建立"政府部门"并规定任命"合众国的政府官员"之外,联邦宪法实际上并没有提到别的关于行政的内容。尽管总统被要求"监督法律得到忠实的执行",自联邦政府首次介入国内管制活动以来,一想到行政官员造法、决定法律请求或在行政部门之外活动,法律理论家就感到不安。与此同时,公民还会想,把"民主"交由那些不具名、"不露面"的官僚运作或者"法律权利"仅可由行政裁判所实施,究竟意味着什么?

在不断壮大的行政国家中,行政法的历史角色一直就是处理这些与法律和政治责任性有关的忧虑。由于那些忧虑既非常重要又是持久存在的,这就使得针对宪法的这个分支部分一直存在激烈的交锋。主要的学术观点仍然是从一种信念到另一种信念,即从行政国家的大多数设置都是违宪的,到行政法持续不断地确保法律与政治责任性的努力不仅在宪法上没有必要,而且还会导致政府功能紊乱。

在本章以及随后的三章中,我将论述三个问题:第一,为什么行政法会成为如今这种样子?其真正的内容是什么?在这里,我们会将法律文化的标准故事与由公共选择文献得出的修正主义解释进行对比。问题很简单:谁的主张最有说服力?答案是非常复杂的,它最终取决于谁承担证明责任。

第二,我会评估一些公共选择学者的主张,即将宽泛的法律创制权授予行政官员是不可取的,而且应该也是违宪的。相反,我认为,严格来说,公共选择的观念表明,赋予被委任官员以法律创制的权力不仅在宪法上是适当的,而且在民主方面也是可取的。第七、第八章将运用公共选择理论博弈论的某些思路探讨当代管制僵局的原因以及总统、国会和法院对行政决策可能产生的影响。

本章主要解决的是更加笼统层面的一系列问题:什么可以解释我们看到的行政决定过程的样子?为什么行政功能会通过特定方式由特别法、一般法、行政规章、行政裁决所建构?在现代行政国家中,行政法的真正作用是什么?它通常指的是"行政程序"吗?

理想主义、现实主义及比较性检验[*]

法律理想主义者的世界

在法律文献中,这些问题的答案很多。例如,在一篇很有影响的论文中,理查德·斯图尔特认为,在美国现代行政法中,许多东西都是被用来促进行政决策过程中的多元主义参与的。更近的时候,凯斯·桑斯坦主张,行政法的目的在于促进协商理性的共和主义价值,限制特殊利益诉求的影响。实际上,法律文献充满了与行政过程的规范性目的相关的各种主张,范围从"公平"到"效率",而且同时还采用大量的其他观念,"开放"、"责任性"、"正当性"、"理性"等只是其中的少数几个。[①]

就这些主张的结构而言,几乎没有给予什么关注。这种漠然或许可以被解释为,无论其规范性视角多么特别,法律人关于行政

---

[*] 此标题为译者所加。我之所以不揣冒昧地添加这个标题,主要基于两点考虑:一是保证全书的体例统一,其他章节的三级标题都有一个二级标题来统领,与之形成对照的是,本节的三个三级标题显然缺少一个用以统领的二级标题;二是通过添加一个二级标题,有可能在减少后两节标题的突兀的同时,为读者从整体上把握本章内容提供便利。——译者

[①] 理查德·B.斯图尔特(Richard B. Stewart):《美国行政法的重构》(*The Reformation of American Administrative*),载《哈佛法律评论》第88卷,1975年,第1667–1813页;凯斯·R.桑斯坦(Cass R. Sunstein):《派系、自利与联邦行政程序法:自1946年以来的四个教训》(*Factions, Self-Interest, and the APA: Four Lessons since 1946*),载《弗吉尼亚法律评论》第72卷,1986年,第271–296页。

过程应如何建构或理解的主张,都源自基本的方法论方面的合意。从这一点来看,称其为"理想主义的设想",行政过程是整个美国公共与宪法构造的组成部分。行政程序法以及诸如此类的所有法律,都有助于构建一个运转有效以及在象征方面具有适当性的规范制度。稍稍有些不同地说,体现在法律中的行政程序要求,是按照我们关于政府行为正当性的基本(但具有适应性的)设想塑造行政决策的。此即行政程序的目的及其解释。

现实主义者的批评

人们用不着在观念上转向怀疑态度就能发现,法律人对行政过程的传统讨论并没有什么启迪作用。例如,由普通法律论述唤起的对规范内容的关注就很容易让人怀疑,这种怀疑要比相关辞令所揭示的内容更加丰富。诸如,具有"开放结构"的理性或公平等术语怎么能够建构或约束行政行为?在策略性包装的情况下,尤其是当运用这些观念必须彼此"平衡"时,难道还有什么过程不能被说成是促进了行政法规范领域中某个或全部的观念吗?当然,这只是被作为安慰性意识形态的法律,而非作为能够得出控制行政行为的决定性过程的一套概念性工具的法律。人们用不着详细考察制度行为就可以怀疑,关于行政过程的规范性论述就实现其推定的政治或法律控制任务而言是不充分的。[②]

[②] 默里·艾得尔曼(Murray Edelman):《政治学的象征性运用》(*The Symbolic Uses of Politics*),厄巴纳(Urbana):伊利诺伊州大学出版社,1964年。

因而，无论其规范性假设有多复杂，行政法学术似乎都表现出某种天真性。在推进其解释性工作时，行政法学术往往会忽略它的概念是如何产生、建构与维持的这些行为问题。它未能提出这样的棘手问题，即它在意识形态方面的主张是否以某种方式与官僚治理的现实相关。与大多数法律领域一样，行政法也已到了进行持续的"现实主义"革命的时候了，应将注意力放在作为政治斗争的产物而非规范性、理想主义阐释的产物的行政过程。在当下的智识氛围中，批判法学研究与公共选择理论是现实主义宝座的主要竞争者。因此，在一篇一流的批判法学研究式的批评中，杰拉尔德·弗鲁克解释了行政（以及社团）法的规范结构是如何维持官僚机构的意识形态的，这种意识形态既能够正当化又能够粉饰强制。[3] 即使当我们面临行政官员支配其裁量权时，行政程序也可以确保行政的客观性。如此一来，官僚机构正当性的法律叙事显然就成为"欺骗的机制"。[4]

公共选择理论家，特别是 McNollgast 小组，也持一种类似的黯淡看法。[5] 他们主张，行政过程可以被理解为政治胜利者维持其

---

[3] 杰拉尔德·E. 弗鲁克（Gerald E. Frug）：《美国法中官僚机构的意识形态》（The Ideology of Bureaucracy in American Law），载《哈佛法律评论》第 97 卷，1984 年，第 1276－1388 页。

[4] 同上，第 1278 页。

[5] 马太·D. 麦克卡宾斯、罗杰·G. 诺尔、巴里·R. 温格斯特：《作为政治控制工具的行政程序》（Administrative Procedures as Instruments of Political Control），载《法律经济学与组织杂志》（J. of L. Econ. & Org.）第 3 卷，1987 年，第 243 页；《结构与过程、政治与政策：行政管理与行政机关的政治控制》（Structure and Process, Politics and Policy: Administrative Arrangements and the Political Control of Agencies），载《弗吉尼亚法律评论》第 75 卷，1989 年，第 431－482 页。

从立法层面的利益集团斗争成功中所获之收益的手段。行政决策的结构就是这样一些设置，即立法原则藉此来控制可能越轨的行政代理人的行为，因此立法机关据此就能够兑现那些让他们当政的选举交易。无论在批判法学研究还是在公共选择的描述中，法律的规范性辞令，也就是在法律文献与司法意见中分析的那些关键性数据，在很大程度上都只是附带现象，它是一种被法律人的谈论所模糊了的（如果不是歪曲的话）、更为根本的潜在实质过程的产物或组成部分。

进行比较性检验

在某种程度上，理想主义与现实主义对行政程序的解释是针对相同现象的两种不具有可比性的视角。法律人与法律学者运用美国政治与宪法意识形态的规范术语进行阐述，提供了一种关于过程目标的内在解释。现实主义者是"外在的"或"批判性的"观察者，以物质利益与政治权力的方式，透过法律内在规定的修辞来解释过程现象。而理想主义者则忽略行为动机的问题，似乎将表述出来的意图当作与正在从事的内容及其原因相关的、没有疑问的指引。现实主义者往往会把修辞、客观利益与具体的行为结合起来解释其内容与原因，或者是通过提出与检验行为假定（公共选择），或者是通过对修辞与实践的反思或辩证性考察（批判法学研究）。这两种视角不仅观察不同的数据——理想主义者观察的是表达出来的意图，而现实主义者观察的则是隐含的（有时是隐藏的）利益或意识形态；他们在行为的解释以及可以作为行为理由的冲突性观念方面,也拥有极为不同的方法。

在已知这两种进路之间存在着根本分歧(更不要说导致批判法学研究与公共选择现实主义者分裂的智识鸿沟)的情形下,调和他们的对抗性主张是不可能的。如果方法论既决定证据又决定其解释,那么问谁对美国行政过程的解释最好就只是提出了一个口味的问题。每一种解释在其自身的方法论条件内可能都是充分的,但从其他设想的视角来看都是极度不充分或显然是错误的。"最好"的选择因而变成了一种最适合于分析者自身关于解释性叙事方式的偏好的东西。

但是,方法论方面的偏见或许同样有可能提供一条绕开方法论相对主义的道路。如果我们看到的东西取决于我们寻找的东西以及如何寻找,那么关于证据性根据与解释性立场的选择就会特许那种它的方法论获得选择的理论。恰是因为这种特许,才可能对行政(以及其他种类的法律)叙事的力量进行检验。因为,如果我们通过采用它的方法而特许一种理论,但它仍然无法战胜它的竞争者,那么我们就至少会怀疑:是否应当将其当作待解释现象的基本描述?我们能建立这种比较性检验吗?

要通过方法论进行比较性检验,就需要某种冒险的转换行为。出自不同的智识努力的叙事,不仅必须就其自身而言是一致的,而且要能够为特许的方法论所容纳。此外,一旦完成这一点,就必须确定一些因每一种叙事方式的不同而不同的含义,否则我们就没有任何检验可言。因此,本章第二部分的任务就是试图提供这种必要的转换,并且根据转换描述每一种理论的程序含义。第三部分则试图汇集一些与程序含义得到最好证实相关的证据。

正如前面段落中提及的"检验"、"证实"可能已经表明的那样，这里要获得特许的方法论就是公共选择理论。试图先详细指出程序安排的目的的内在一致模式，然后描述有可能贯彻执行那些目的的程序。每一种模型都将表明这样一种标准的行为假定："如果要实现的是这些目的，那么我们就应期待我们所观察到的程序应当是这样的。"

行政程序的模式

理想主义的立法、行政与行政法设想

让我们回到我前面运用过的有关法律与治理不断变化的设想那里，不过要更加强调行政机构的作用。在本世纪至关重要的中间几十年里，亦即从1930年代到1970年代早期，支配着法律意识的立法与行政设想似乎是：政府是一架有序运转的输入/输出机器。输入该机器的是社会问题与政治价值；机器输出的则是使社会现实符合社会理想的立法方案。新能动主义的国家是有目的的和富有实效的。集体目的，也就是关于公共利益的设想，是通过选举与立法辩论这样的宏观政治过程塑造的；而那些目的的具体实现，则是通过具有专业知识的行政官员的具体适用实现的，这些行政官员获得了在各种政策领域方面的授权。

在此期间内，社会对哪一种公共问题最为急迫以及哪一种制

度设置在解决这些问题时最有效的设想发生了急剧的变化。新政时期基础设施紊乱、经济扭曲、工人缺乏安全感等问题,让位于大社会(Great Society)所关注的因过剩造成的负外部性与福利国家的不完善。专家行政的意象,也就是由独立的委员会发挥专业化裁判机构作用,被专家治国式的专家司局的意象所取代,后者通过基本具有准立法性的技术采取行动。但是纵贯这四五十年,尽管存在持相反态度的怀疑者,但我们政治与法律修辞中的主导意象还是逐渐将获得广泛接受的公共观念转化为具体有计划的收益。未能实现公共目的被认为是设想的失败——是针对问题的概念化太差劲,或者是社会问题与制度技术二者之间的不匹配。⑥

这种理想主义的设想同样包含着一种理想主义的行政法。从这一视角来看,行政的法律控制推行的是基本自由或多元主义民主价值。当然,行政法是一种灵活的制度,在制度设计与行政权分配方面能够容纳很大的多样性。在实际问题的解决中,这种灵活性对政治方案的整个图景乃是至关重要的。实际上,向"实用主义"的转变就是新政行政法律人的重大胜利。在遭到保守法律人甚至主要理论家猛烈的、有时甚至是恶毒的攻击时,他们的回应方式是以事实埋葬批评。⑦ 例如,立法与行政功能的严格界分遭到

---

⑥ 史蒂芬·G. 布雷耶(Stephen G. Breyer):《管则及其改革》(Regulation and Its Reform),麻省剑桥:哈佛大学出版社,1982年。

⑦ 参见《专门委员会就最高法院提案的报告》(Report of the Special Committee on Supreme Court Proposal),载《美国律师协会期刊》(ABA J.)第23卷,1937年,第882–885页;罗斯科·庞德(Roscoe Pound):《法律的未来》(The Future of Law),载《耶鲁法律杂志》第47卷,1937年,第1–13页。作为回应,参见詹姆斯·M. 兰迪斯(James M. Landis):《行政法中的关键问题》(Crucial Issues in Administrative Law),载《哈佛法律评

了拒绝。实际上,为了规划的功效,立法机关即便将政策选择整个委任给行政官员也都是允许的。[8]权力分立亦不要求行政机关对官员进行控制,否则其独立性与专业判断就会因政治介入而遭到破坏。[9]

然而,行政法并非灵活得可以容纳当时的行政热情。司法审查被用于让行政官员遵守其权限,并且受制于立法的宏观政治过程与选举责任中体现出来的价值与目标。此外,得到司法机关支持的对个人与集团的程序性保护,强化了公民是新行政国家中权利所有者这种设想,并为参与微观行政过程提供了支持。

政府绩效与自我或参与式治理理念之间的调和,界定着行政法与行政法律人关注的核心问题。在这种新能动主义的行政国家中,得出民主是如何得以建构与维持的结论并不容易。但似乎没有什么疑问的是,通过建构有效的公法来实现公共目的,这一直激励和指引着这一事业。在这一时期出现的能动主义行政法,以及那依旧提供了行政法是什么的支配性设想,都只不过是自由主义

论》第53卷,1940年,第1077–1102页;路易斯·L.杰夫(Louis L. Jaffe):《对行政法的非难与调查》(*Invective and Investigation in Administrative Law*),载《哈佛法律评论》第52卷,1939年,第1201–1245页;特别是查尔斯·伍尔兹(Charles Woltz)编:《政府机构的行政程序》(*Administrative Procedure in Government Agencies*),夏洛特维尔:弗吉尼亚大学出版社,1967年。

[8] 众所周知,最高法院在历史上只在两个案件中以权力委任过于宽泛而宣布其无效。参见 Panama Refining Co. v. Ryan, 293 U. S. 388(1953); A. L. A. Schechter Poultry Corp. v. United States, 295 U. S. 495(1935)。尽管最高法院在1935年之前以及其后关于禁止授权学说力量的陈述提出了严格的宪法限制(参见,例如 Field v. Clark, 143 U. S. 649[1892]),但事实上,该学说非常接近于空洞的形式主义。例如可参见 Yakus v. United States, 321, U. S. 414(1944); Arizona v. California, 377 U. S. 546(1963)。

[9] 参见 Humphrey's Executor v. United States, 295 U. S. 602(1935)。

与多元主义政治方案的大杂烩。去更严密地考察这两种规范观念是如何不同但仍能联结在一起,将会提供一幅关于当代理想主义法律意识及其对行政过程的含义的更清晰的图像。

自由主义民主关于有限政府与公民权利的观念,也就是它的支撑性意识形态与行政国家的兴起相悖的观念,在20世纪中叶几十年间虽然并未被完全取代,但是遭到了侵蚀。实际上,这种对立观念兴起于进步主义时期,而且曾被律师业的领袖表述过。[10] 这种对立并非仅仅是基于对能动主义社会议程的憎恶,它还包括一种自由主义的法律意识形态——不仅重视方案的实体内容,同样也重视其程序与救济。[11] 行政决策中的自由民主合法性,可以被设想为需要以通过维护"法治"来保护个人权利为目标的各种相关制度安排。就这种基本属于麦迪逊式的方案而言,最为根本的

---

[10] 詹姆斯·T. 帕特森(James T. Patterson):《国会保守主义与新政:国会保守主义联盟的成长(1933 – 1939)》(*Congressional Conservatism and the New Deal: The Growth of the Conservative Coalition in Congress*, 1933 – 1939),列克星敦:肯塔基大学出版社,1967年;伊莱休·鲁特(Elihu Root):《总统演讲》(*Address of the President*),载《美国律师协会期刊》第2卷,1916年,第736 – 755页;弗兰克·J. 古德诺(Frank J. Goodnow):《私人权利与行政裁量》(*Private Rights and Administrative Discretion*),载《美国律师协会期刊》第2卷,1916年,第789 – 804页。

[11] 阿诺德·M. 保罗(Arnold M. Paul):《保守主义危机与法治:律师与法院的目标(1887 – 1895)》(*Conservative Crisis and the Rule of Law: Attitude of Bar and Bench*, 1887 – 1895),麻省格洛斯特:彼得·史密斯,1976年;威廉·C. 切斯(William C. Chase):《美国法学院与美国行政管理的兴起》(*The American Law School and the Rise of Administrative Government*),麦迪逊:威斯康星出版社,1982年;戈登·霍沃特(Baron Gordon Hewart):《新专制主义》(*The New Despotism*),伦敦:E. 本恩(E. Benn),1929年;以及詹姆斯·M. 贝克(James M. Beck):《我们官僚体制的奇境:联邦政府官僚体制的成长及其对宪法的破坏性影响研究》(*Our Wonderland of Bureaucracy: A Study of the Growth of Bureaucracy in the Federal Government, and Its Destructive Effect Upon the Constitution*),纽约:麦克米兰,1932年。

就是将政策选择坚定地交给受约束的立法过程——也就是对选民负责的立法过程,受两院制约与总统否决的立法过程,以及由联邦分权安排规定的实体性界限所限制的立法过程。

但是,有限的、负责任的以及"受制约的"决策,并不能清除国家权力与个人权利之间的全部冲突,这些结构性的宪法特征也不是自我执行的。自由民主的立宪主义还要求影响个人权利的决定应当符合正当法律程序,而且就改变这些权利的权力而言,应当有机会由司法机关对其合法性进行检验。[12] 在行政领域实行这些程序正规性与实体合法性的观念,支配着行政过程的许多辅助性特征,至少包括(1)过程透明(公布标准、开放程序与说明理由)与(2)决定的理性(充分的事实认定、根据相关法律规范与证据记录做出客观理性化的决定)。这一事业的关键是司法审查以确保实体与程序权利得到保护。[13]

根据现在的标准说明,随着新政国家能动主义在战后年代战胜自由放任宪政主义,自由主义在行政法中的合法性就被迫匆忙撤退。在立法行选择与体现为法律标准的行政行为之间确立紧密联系的要求也因此崩溃。"正当过程"需要司法性的或至少正式的裁判过程这种观念,也遭遇了同样的命运。在进步主义法官的手中,个人权利的观念既是对私人利益的保护,也是对行政裁量权

---

[12] Joint Anti-fascist Refuge Committee v. McGrath,341 U. S. 1951 年(裁决影响着与正当过程有关的权利);American School of Magnetic Healing v. Mcannulty,187,U. S. 94,1902 年(司法检测改变权利的合法性)。

[13] 路易斯·L. 杰夫:《对行政法的非难与调查》,载《哈佛法律评论》第 52 卷,1939 年,第 1201-1245 页。

的庇护。⑭ 那种要求可靠的笔录证据与决策具有令人信服的工具合理性的司法审查,让位于对专家知识的恭顺援引以及将(法院的)法律问题转变为(行政官员的)事实问题。⑮

然而,这种法律对行政决定程序控制的明显放松,既没有完全抛弃自由主义的民主理念,也没有放弃以主导性的宪法假设防卫行政裁量的腐蚀性繁殖。不过,这种防卫却要根据一种新的规范多元主义模式进行认识。⑯ 在那种模式中,旧的观念被赋予了一种新的形态与新的执行方式。

根据"禁止授权"学说,虽然法定标准提出的要求可能更多是形式而非实际上的,但行政合法性仍然要求禁止恣意——需要说明理由以便将个别决定与一般规范或政策联系起来。如果不是在法律中,那么又在哪里寻找那些政策呢?答案是在行政规章与此前的行政裁决中。⑰ 实际上的要求是,行政官员制定自身的法律,

---

⑭ 桑福德·H. 卡迪士(Sanford H. Kadish):《正当过程判决的方法论与标准——概述与批评》(*Methodology and Criteria in Due Process—A Survey and Criticism*),载《耶鲁法律杂志》第66卷,1957年,第319-363页;杰里·L. 马肖《行政国家的正当过程》,纽黑文:耶鲁大学出版社,1985年;以及 G. 爱德华·怀特(G. Edward White):《行政机关与法院之间的权力分配:布兰迪斯大法官的遗产》(*Allocating Power Between Agencies and Courts: The Legacy of Justice Brandeis*),载《杜克法律杂志》,1974年,第195-244页。

⑮ NLRB v. Hearst publications, 322 U. S. 111 (1944).

⑯ 西奥多·J. 洛伊(Theodore J. Lowi):《自由主义的终结:意识形态、政策与公共权威的危机》(*The End of Liberalism: Ideology, Policy, and the Crisis of Public Authority*),纽约:诺顿(Notton),1969年。

⑰ 肯尼思·卡普·戴维斯(Kenneth Culp Davis):《行政法文从》(*Administrative Law Treatise*),第二版,圣地亚哥:K. C. 戴维斯,1978年,§3:15;亨利·J. 弗兰得利(Henry J. Friendly):《联邦行政机构:改善标准界定的必要性》(*The Federal Administrative Agencies: The Need for Better Definition of Standards*),麻省剑桥:哈佛大学出版社,1962年(探讨此前的行政裁决标准)。

然后让他们对其负责。此外,这种行政性的法律创制过程未必完全是自我参考性的。实际上,如果"行政责任"起作用的话,那也就不可能是自我参考性的。

如此一来,就出现了一种由多个因素组成的程序合法性或过程理性的复杂观念。这一观念的主线之一再次把焦点放在实体权利方面,这种权利并非要阻碍实体政策的形成,而是针对该政策的适用错误请求程序性保护的权利。此外,这些现在得到司法机关构建的程序性保障的支持的实体权利,本身就是国家行为的产物,是特定管制与社会福利制度的创造。行政因此开始要求当事人和行政国家所创造的法律利益的权利请求者在程序上的介入。[18]虽然过程的权利请求者可能只拥有国家赋予的实体"权利",但监督行政合法性的法院却能够确保这种法律权利的规定伴有相应的实现途径,这就是要使得那些权利有意义所必需的程序性杠杆。[19]

尽管那些保护措施可能非常明显,但与个别判决联系在一起的正式程序权利,有可能导致通过一般的规章创制发展行政政策这种东西在纯粹行政裁量的法律空间中漂泊不定。《行政程序

---

[18] 查尔斯·A. 赖克(Charles A. Reich):《个人权利与社会福利:正在涌现的法律问题》(*Individual Rights and Social Welfare: The Emerging Legal Issues*),载《耶鲁法律杂志》第 74 卷,1965 年,第 1245-1257 页;以及《新财产权》(*The New Property*),载《耶鲁法律杂志》第 73 卷,1964 年,第 733-787 页。

[19] 亨利·J. 弗兰得利:《某种听证》(*Some Kind of Hearing*),载《宾夕法尼亚大学法律评论》第 123 卷,1975 年,第 1267-1317 页;以及董·任德曼(Doug Rendelman):《新正当过程:权利与救济》(*The New Due Process: Rights and Remedies*),载《肯塔基法律杂志》第 63 卷,1975 年,第 531-674 页。

法》被重新解释以确定新的司法审查"权利",这种审查避开了旧的、以权利本位基础对起诉资格、成熟性与可审查性等规定的限制。[20] 司法层面的程序革新试图将行政决策过程的事实收集和说明理由更多地与行政裁决的司法化技巧联系在一起。[21] 法官们格外严格地要求就拟做出的行政行为发布通告,以及当面临来自行政机关反对者的强烈抗议时要求其就政策选择做出理性的解释,通过这种方式,维护了广泛介入规章制定政策过程的途径。[22] 行政机关保护或赏赐的假定受益者被赋予越来越多的权力,去迫使无精打采或顽固的行政官员推进政策。[23] 尽管这些发展可以借用自由主义合法性的术语提供的线索加以描述——将其描述为试图通过使行政官员对法律制度的实体要求以及宪法与行政程序法的程序要求负责的方式来限制行政裁量权,但其运用的被称为"程序主义"的具体控制形式,则具有其他的规范基础。

行政法中的程序主义方案,乃是约翰·哈特·伊利关于宪法

---

[20] Association of Data Processing Service Organizations, Inc. v. Camp, 397 U. S. 150 (1970)(起诉资格);Abbott Laboratories v. Gardner, 387 U. S. 136(1967)(成熟性);Citizens to Preserve Overton Park, Inc. v. Volpe, 401(1971)(可审查性)。

[21] 史蒂芬·F. 威廉姆斯(Stephen F. Williams):《行政程序法下的"混合性规章创制":法律与经验的分析》("Hybrid Rulemaking" Under the Administrative Procedure Act: A Legal and Empirical Analysis),载《芝加哥大学法律评论》第42卷,1975年,第401－456页。

[22] 杰里·L. 马肖、大卫·L. 哈夫斯特(Jerry L. Mashaw and David L. Harfst):《管制与法律文化》(Regulation and Legal Culture),载《耶鲁管制杂志》第4卷,1987年,第257－316页。

[23] 杰里·L. 马肖、理查德·A. 迈瑞利:(Jerry L. Mashaw and Richard A. Merrill)《行政法:美国公法制度》(Administrative Law: The American Public Law System),第二版,圣保罗:西方出版公司(West),1985年。

裁决功能的有影响设想的微观政治类比。[24] 根据这种观点,司法审查的正当性在于维持所有集团具有合理介入政治过程的途径的必要性,这种政治过程的民主特征,正是在于它对那些集团的愿望的回应性或潜在回应性。同样地,行政过程的规范性、多元主义的设想也把过程设计以及司法机关监督这些设计的实施,主要都当作为相关政治力量或利益提供政策途径的机制。在形成实体规范时对它们认真考量,据此,行政合法性使得决策可以在程序上容纳这些利益。

在法律发展这种传统的"旧瓶装新酒"技术情形下,或许不让人意外的是,多元主义与自由主义的方案能够通过运用基本相同的法律概念来实现。有关过程透明与决定理性的要求,既可以被用来保护权利与限制政府(自由主义),又能够被用来确保介入途径并且对利益集团进行适当的调和(多元主义)。这可能是行政法的一种理想特征:在无须提出新的政治/法律词汇的情况下就能够适应新的安排。但从有利于我们当下方案的角度而言,也就是对行政法规范性描述的程序含义而言,法律范畴的宽泛性会是个问题。它表明了法律结构与过程可以被赋予多重规范性解释。因此,这些结构与过程的目的仍是模糊不清的。

例如,考虑一下属于自由主义合法性与规范多元主义的基本贡献的行政过程的含义。一方面,自由主义的合法性模式,正如我已经说过的那样,是以保护个人权利为特征的;而另一方面,规范

---

[24] 约翰·哈特·伊利(John Hart Ely):《民主与不信任:一种司法审查理论》(Democracy and Distrust: A Theory of Judicial Review),麻省剑桥:哈佛大学出版社,1980年。

116　多元主义关注的主要是调和竞争性的利益。因此可以想象的是，制度设计者在寻求落实这两种不同的规范方案时，会得出非常不同的过程或决策结构。譬如，保护权利的行政过程可能会要求常见的正式程序形式：明确公告与既有私人权利相左的主张；当国家提议削减或取消权利时，应由国家承担举证责任；充分披露所有支持国家的主张的事实与理由；权利持有者（而非其他人）拥有充分的机会通过质证和交互讯问辩驳前述主张与理由；由中立的裁判者作出决定；决策完全以行为过程笔录中的事实与主张为根据；等等。

相形之下，利益调和模式设想的似乎是非正式的过程。例如，在参与者与"决定者"之间不必存在清晰的分类或划分；严格界定的举证责任、质证权利或对笔录证据的限制将会有碍于考虑所有当事人利益的协商解决。实际上，利益调和模式似乎需要一种高度灵活的政治交易过程，其中事实与价值并非截然两分，而且随着主题的改变或重新界定，可以对"当事人"进行自由的增减。尽管正式裁决过程被限于那些严格说来对明确的救济享有请求权的人，但在非正式过程中，"利益相关者"可以针对提议的结果进行协商或者重新协商——这种提议结果本身还要承受辩论、谈判甚至有可能被从根本上加以修正。

以这种方式来看，自由主义合法性与规范多元主义上的行政过程的含义显然是不同的。通过浏览美国的行政程序，我们应当能够发现它是建立在这种还是那种模式之上的。但是，唉！事实却很难发现。

一方面，我们确实发现在美国行政法中存在大量的正式裁决情形。这往往既是制定法体制的特征，又是宪法上的要求。美国行政法的结构因此彰显出一种对自由主义合法性的权利保护的奉献。另一方面，大多数行政决策过程却又具有格外灵活的特征。例如，非正式的规章制定程序通常会发生在很长的时期内，具有多个当事人、议程不断变化而且最终达成妥协。没有人对任何特定结果具有相应的权利，也没有"权利"受到威胁。

此外，在美国行政法中，要求正式程序的权利很难说是没有问题的。在宪法层面上，这些权利需要进行成本/收益分析，用以权衡在行政方案的实施过程中，一些利益集团针对其他社会利益集团主张具体程序权利的总体利益。㉕ 此外，以笼统而非具体的方式重新界定问题以及据此决定单个事实与情形之于行政决策的实体相关性这种行政能力，也使得正式听证权几乎完全取决于行政在特定方案中的必要性。㉖ 因此，美国行政法中个人的程序性权利具有一种社会基础，它与在实体公共目的的实施过程中进行的总体利益调和是分不开的。

这些解释方面的不确定性表明，就实施法律理想主义者通常赞成的立宪主义与行政合法性的主要设想而言，提出一套明确而具体的程序特征存在着十分严重的困难。有可能的是，每一行政

㉕ 杰里·L. 马肖：《作为社会成本核算的行政正当过程》(*Administrative Due Process as Social Accounting*)，载《哈夫斯特拉法律评论》(*Hofstra L. Rev.*) 第 9 卷，1981 年，第 1423 – 1452 页；以及《最高法院在 Matthews v. Eldridge 中关于行政裁决的正当过程计算：寻找价值理论的三个要素》(*The Supreme Court's Due Process Calculus for Administrative Adjudication in Mathews v. Eldridge: Three Factors in Search of Theory of Value*)，载《芝加哥大学法律评论》第 44 卷，1976 年，第 28 – 59 页。

㉖ 例如，可参见 Heckler v. Campbell, 461 U. S. 458, 1983。

结构或程序都可以被解释为促进的是自由主义合法性或规范性多元主义的目标，或同时促进二者。如果我们容许程序也是这两种往往同时并存的设想之间的妥协或综合的话，这一点就尤其如此。

当然，法律理想主义的解释空间，并未消除区分自由主义或多元主义的规范性努力及其程序方面的对应与迥然不同的设想之间的可能性。没有最低限度的公告、参与机会、说明理由等等的秘密和强制的国家过程，就不可能是自由主义或多元主义规范性行政方案的组成部分。因而，就某些更粗略的过程解释维度而言，诸如谁控制着决定过程的结构，自由主义合法性与规范多元主义具有的含义，可能与其现实主义竞争对手迥然不同。

例如，自由主义合法性当然会高度怀疑行政程序性裁量。保护包括程序权利在内的权利，要求其他公共机构，特别是法院有效控制可以做出决定的过程。正如我在第三章中指出的那样，至少在美国的语境下，正是这种自由立宪主义的特征使得司法审查实际上成为宪法理论排他性的主题。法律理想主义的规范多元主义脉络是否也赋予法院控制行政过程以同样的重要性呢？

相反，多元主义过程的一个特征就是有可能被认为给予行政决策者一方宽泛的裁量权，用来修正与调整过程以容纳相关的利益。然而，在美国后新政行政法的多元主义设想中，并没有忽视法院作为过程规范的源泉。随着从控制行政官员的实体裁量向控制其程序裁量的转变，法院的作用并没有显著地削弱。因此，在法律文献中，诸如行政裁决的"正当过程革命"以及为行政规章的创制建构一种新的"理性过程"范式,都被描述为以法院为中心的活动。[27] 此外,参与行政机构决策正式与非正式程序的"权利",是通过显著拓展获得法院救济途径的方式得到拓展与实施的,法院于是就可以建构与维护行政的过程理性。[28]

因而,尽管规范多元主义的视角会设想行政官员致力于进行宽泛的利益调和,但该调和必须通过一种决策过程获得正当性,这种过程会赋予受影响的利益以由司法机关强制实施的参与权利。建构与保护那些权利显然属于司法机关的功能,这种功能是通过解释立法、宪法以及行政程序的"普通法"实现的。

因而,塑造着美国行政程序法律理想主义设想的自由主义/多元主义妥协,似乎要求法院能够建构与控制以利益调和为目标,但要受到广泛的程序性权利限制的立法以及行政机关程序性革新过程。行政法的理想主义观念假定,对行政程序控制的实际特征,是通过法院而非行政机关或立法机关实现的。如果没有其他维度的话,就此而言,它有别于我们现在就要讨论的公共选择模式。

---

[27] 关于"正当过程革命"的探讨,参见杰里·L. 马肖:《行政国的正当过程》,纽黑文:耶鲁大学出版社,1985 年。关于行政规章制定的"理性程序"范式的讨论,参见鄱林·S. 迪雾尔(Colin S. Diver):《行政法的决策范式》(Policymaking Paradigms in Administrative Law),载《哈佛法律评论》第 95 卷,1981 年,第 393–434 页;以及詹姆斯·V. 狄龙(James V. DeLong):《非正式规章制定及法律与政策的融合》(Informal Rulemaking and the Integration of Law and Policy),载《弗吉尼亚法律评论》第 65 卷,1979 年,第 257–356 页。

[28] 约瑟夫·维林(Joseph Vining):《法律身份:公法时代的来临》(Legal Identity: The Coming of Age of Public Law),纽黑文:耶鲁大学出版社,1978 年。

公共选择理论的行政过程

公共选择理论家通常坚持认为,我们应当抛弃将治理当作界定与实现公共利益的良好输入/输出机器的设想,取而代之的是,政府行为是根据为了追求个人或集团物质利益进行的自利性政治交易进行解释的。宏观政治与官僚决策的黑箱子被撬开,暴露了人民代表和掌控公共项目的"专家""寻租"的大量机会。此外,如果普遍存在的搭便车难题导致投票者保持理性无知并在根本上歪曲多元利益集团的行动,那么对立法与行政过程自私的操纵就可以在很大程度上以不受选民约束的方式进行。

这种修正的委托/代理人视角激发了对制度设计的重新关注,并产生了一种能动主义的行政国家的解释,它完全有别于体现在法律理想主义中的那些解释。在维持自由与民主控制时并非为了实现公共福祉,实际上,公共制度的安排都被解释为以公共开支实现私人收益。根据这种观点,宽泛的授权以及对行政控制的限制,都是出于由自我扩张的代表、官僚与利益集团构成的"铁三角"的利益建构的政治活动。司法审查巩固了利用公共权力进行私人交易的收益,而行政过程的设计主要是为了给既得利益的"俘房"提供机会。因而以追求私人物质收益为特征的假设彻头彻尾地取代了对"公共利益"的追求,后者曾被当作认识公共组织的结构与行为的指针。

诚然,公共选择理论这一脉络的经验性记录在其实践者当中,应当引起最大的谨慎。[29] 但是，公共选择实践者并非都是与利益集团的解释联系在一起。正如我们已经看到的那样，他们提出了一系列的模式，这些模式具有十分不同的假定，出自不同的"公共选择"传统。除了一种核心的普遍假定，即政治行为被解释为相对比较固定的个体在某些确定的制度范围内理性（而且往往是策略性）行为的结果，他们的家族性联系很难被捕获。尽管如此，这种多样性并不会使得公共选择没有机会成为一种建构关于行政过程的良好解释的基本原理。所需要的只是一种更详细的、具有可供检验的、确定的程序性含义的理论。在行政过程领域中，到目前为止最有雄心的努力就是我所谓的"McNollgast 假定"[30]。

McNollgast 的假定比较简明，而且抽象来说也是可行的。选举产生的官员，即总统与国会存在一个难题：他们往往必须将公共政策的执行交给行政官员，而后者对行政方案可以有自己的设计。

---

[29] 丹尼尔·A. 法伯、菲利浦·P. 弗赖克（Daniel A. Farber and Phillip P. Frickey）：《公共选择法学》（The Jurisprudence of Public Choice），载《得克萨斯法律评论》（Tex. L. Rev.）第 65 卷，1987 年，第 873－927 页；威廉·H. 庞林（William H. Panning）：《立法过程的正式模式》（Formal Models of Legislative Processes），载吉哈德·挪威伯特、萨密尔·C. 帕特森、马克龙·E. 杰维尔（Gerhard Loewenbert, Samuel C. Patterson, and Malcolm E. Jewell）编：《立法研究手册》（Handbook of Legislative Research），麻省剑桥：哈佛大学出版社，1985 年，第 669－697 页；马克·凯尔曼（Mark Kelman）：《批判法学研究指南》（A Guide to Critical Legal Studies），麻省剑桥：哈佛大学出版社，1989 年；以及赫伯特·霍温坎普（Herbert Hovenkamp）：《立法、福利与公共选择》（Legislation, Well-Being, and Public Choice），载《芝加哥大学法律评论》第 57 卷，1990 年，第 63－116 页。

[30] 马太·D. 麦克卡宾斯、罗杰·G. 诺尔、巴里·R. 温格斯特：《作为政治控制工具的行政程序》，载《法律经济学与组织杂志》（J. of L. Econ. & Org.）第 3 卷，1987 年，第 243－277 页；以及《结构与过程、政治与政策：行政管理与行政机关的政治控制》，载《弗吉尼亚法律评论》第 75 卷，1989 年，第 431－482 页。

监督通常是昂贵的,运用有些棘手的惩罚也是如此。此外,只要官僚的行为不超出某个获胜同盟事先可能认可的一系列选择,那么官僚对政治家期望的背离根本就是无法矫正的。政治家如何控制官僚呢? McNollgast 的答案就是:"通过行政过程。"

McNollgast 假定,国会面临两个主要的控制问题:一是信息不对称,二是最初立法的同盟会随着时间的流逝而削弱。我们首先讨论后一个问题,因为它说明了其所提供的模型中存在着严重的模糊性问题。McNollgast 假定存在的一个问题就是,它需要修正以得出"可检验的预期"。

要解决立法同盟遭到削弱的问题,行政程序就有必要提供一种机会,使得激发最初立法同盟的选民本身藉此能够对执行的行政机关发挥作用,以维持在立法机关层面达成的交易。为此,McNollgast 假定立法者"事先对行政程序的安排"有利于获胜的同盟。

到此为止情况尚可,但是在这一场景中还存在一些让人烦恼的零散情形。例如,政治控制者在面临最初的立法同盟削弱时为什么会要维持最初的政策立场?如果立法同盟是源于选民的需要,那么立法同盟偏好的改变就应当标明了选民偏好的改变。如果这种模式中政治控制的需求是(似乎就是如此)迎合选民以求重新当选(而非以其他的理由维持某种偏好的政策),那么这就难以理解为什么政治委托人,也就是立法者,希望在行政层面维持旧的同盟。投票者或者利益集团新的获胜同盟需要的是不同的政策。维持旧交易不会给予其支持者想要的东西,倒是一种失去再一次当选的好办法。

McNollgast 在其后的作品中改进了"削弱"的观念,但是并未解决这个问题。[31] 即使立法机关没有能力矫正行政的背离,这完全是立法机关交易开始的现状点发生一种改变的函数,但是选民利益的现状点也已经发生了改变。因此对于选民而言,政治上有效的获胜同盟也会发生改变。为何阻挠这种同盟在政治上是有利的则还需要解释。立法者希望事先阻止背离以便增加最初交易的价值,但这种答案只会引起进一步的问题,其中最重要的就是:倘若如此,为什么要赋予行政官员背离事先已知立场的裁量权?

在其他方面的讨论中,McNollgast 似乎通过主张政治控制者希望将行政程序用作"自动操作装置"来论及这个问题:为什么行政官员被给予充分的裁量权从而背离立法者的原初目标?藉此他们指的是:无须立法机关或总统那批政治家采取进一步行动,随着其偏好的改变,行政过程就应允许主导的选民同盟在行政层面实现其意志。人们当然可以设想这是政治委托人的希望。但与"事先准备"方式相比,这大概会以非常不同的过程来实现。因而,无论我们发现的是哪种程序,或者是赋予最初同盟抵制改变立法政策的权利的程序,或者是允许根据同盟新的需要对政策进行灵活调整的程序,我们大概都会发现这一理论"得到了证实"。根据这种理解,正如社会学家所述,那就不存在无效的假定。

当然,McNollgast 主张的可能是,同样的过程既可以被用于事

---

[31] 马太·D.麦克卡宾斯、罗杰·G.诺尔、巴里·R.温格斯特:《作为政治控制工具的行政程序》,载《法律经济学与组织杂志》(J. of L. Econ. & Org.)第3卷,1987年,第243-277页;以及《结构与过程、政治与政策:行政管理与行政机关的政治控制》,载《弗吉尼亚法律评论》第75卷,1989年,第431-482页,马太·D.麦克卡宾斯、罗杰·G.诺尔、巴里·R.温格斯特文,载《弗吉尼亚法律评论》第75卷,1989年,第431,第435-440页。

先准备根据具体选民的要求通过的政策,同时又能够给同样的那些选民提供随着其偏好的变化而迫使政策转变的机会。倘若如此,那么这种理论就表明我们应寻找的是这样一种过程,它以某种独立于程序性要求与可能的实体结果的关系的方式,授权给特定的选民或利益。例如,这一点可以通过为可确认的选民创造个人途径或决定方面的控制这样的法律规定所证明。但这种法律在联邦层面是相当罕见的。某些管制农业交易的安排可能符合这一点。㉜但是我们不应忘记,正是选民/生产者对经济政策巴尔干化的控制的这种担忧,激起了1930年代的禁止授权学说。自那以后,法律在提供介入行政程序以及获得司法机关审查行政机关行为的机会方面,就变得非常普遍了。

如果法律不能清晰确定获得授权的选民,那么确定程序是否符合 McNollgast 的假定,实际上确实就会变得非常困难。某些利益主体在运用特定程序方面具有优势地位,这并非是他们就是立法要服务的那些选民的好证据。随着时间的流逝,人们可以预期某些诸如此类的集团会随着任何法律方案而出现。对那些受益者是否确实是通过某项具体法律的主导同盟的成员进行历史性考察,如果不是因为前述如何实施"同盟"的观念或什么应被当作"成员身份"的问题,那么就必定是因为书面记录不充分而几乎必然会失败。在进行广泛妥协,将迥然有别的观点包罗在"获胜联盟"当中后,诸多现代立法的通过都是忽视了一面倒的多数派的存在。

㉜ 参见布洛克诉社区营养协会(Block v. Community Nutrition Institute),467U. S. 340(1984)。

但是,就这里而言,没有必要解决这些问题。如果以立法者的偏好是选民或利益集团偏好的函数这一观念取消 McNollgast 的假定,那么我们就可以简单地假定立法者确实具有偏好。尽管这种假定给作为整体的公共选择理论带来了某些损害——因为立法理论同选举理论分开了,但代理理论却能因此获救。为方案投票的立法者(委托人)仍然能够被假定为更愿意行政官员(代理人)实施他们在法律中规定的指示。此外,因为监督与控制都是昂贵的,立法者会希望通过授权其他人代他们监督行政官员的方式降低自身的监督成本,而无论这些"其他人"是否属于推动相关立法的政治同盟的组成部分。这可以通过标准的行政程序形式来实现:规定具体受益者的权利或法定利益;界定当行政机关试图偏离时可以维护这些权利的程序;在行政层面上,只要程序不充分时就由司法审查提供保护。

就我们的"比较性检验"而言,我们需要做的仅仅是去确定:与理想主义设想相比,公共选择视角下的程序针对的是不同的程序性含义。这里会再次明显提出程序性控制的位置问题。尽管理想主义合法性假定的似乎是司法机关对程序的控制,但无论是最初的还是这里修正的 McNollgast 的假定,提出的都是立法控制。归根结底,促使做出这种行为假定的正是通过控制程序或结构设计来实现低成本立法控制的需要。

就 McNollgast 假定在国会/官僚机构的委托人/代理人博弈中普遍存在的第一个(尚未讨论的)控制性难题而言*,也就是官僚

---

* 原文为"第二个",但根据前文内容(参见原书 119 页),应当是"第一个",即信息不对称问题。——译者

机构控制着信息,立法机关保留或对程序进行有效控制的要求就特别尖锐。例如,如果我们发现国会建构行政过程的方式是要求行政机关向国会监督者或其代理人披露与政治相关的信息,那么我们就能在某种程度上证实 McNollgast 的假定。当然,在信息披露观念与行政法理想主义的公开和透明观念二者之间会存在一些重叠。不过,从委托/代理的角度来看,重要的因素应不仅是可以获得信息,而且是什么样的信息、谁可以获得以及谁可以提出要求。例如,如果行政法使得大多数信息对其他人而言都是可以获得的,但它的形式对国会或立法监督而言并不是特别有用,而且还是通过立法控制之外的过程来实现的,那么 McNollgast 关于信息的假定就不会被证实。

有人可能质疑这种描述过于简化了公共选择的设想。立法者可以以法院与选民作为持续存在的监督者。因此,规定司法审查或通过《情报自由法》要求向公民披露信息就会满足立法监督的要求,而无须立法机关自身采取积极的监督行为。这实际上是可能的。但是,如果只要其是通过立法方式推动的,任何人的监督或介入途径都要被视作立法控制,那么我们就又返回到了不能证伪性这一问题。由于任何事情都可以被作为立法控制,因此,能否提出更具识别性的标准来鉴别控制过程是立法控制还是其他控制,这仍有待观察。

由此可见,我们通过对法律理想主义与公共选择理论的考察,从中发现行政决策结构具有不同的含义。法律理想主义理论似乎将控制行政过程主要当作一项司法任务,而实证政治理论支持的行政过程则是由立法机关建构的,是解决与官僚有关的委托/代理问题的方法。如果大多数行政法都是由法院决定的，或由行政官员本身（如批判法学研究理论家所主张的那样）决定的，那么公共选择假定至多只有有限的解释力量。尽管公共选择理论可以解释为什么某些程序会出现，或者当其他事情会保持固定，为什么立法者会试图运用法律规定的程序作为控制方式，不过就我们观察的复杂、多样化的行政过程而言，它无法给我们一种统一的设想或解释。

评估相关的证据

正如前一段表明的那样，在"检验"竞争性假定力量的层面上，一些更进一步的方法论问题变得尖锐起来。因为尚不完全清楚的是，即便在其转换了的、"似乎是那样"的形式中，理想主义者与公共选择理论家试图解释的是否是相同的事情。规范理想主义的叙事假定的可能仅仅是"通过法院进行最终的控制"，而非司法机关时刻都在塑造着行政程序。相形之下，实证政治理论进路主张的别无其他，只是在有限的情形下，国会会试图通过程序设计控制行政机关的行为。

因为我认为，无论规范理想主义的解释还是公共选择的分析，都不会通过主张它只是偶然才发挥作用的方式来否定自身的重要性，所以，我将其解释为在同一领域进行竞争，也就是竞争提供我们据以认识美国行政法结构的支配性直观推断。

那么，什么可以被作为这种或那种观点的可行性或具有说服力的证据呢？就其中一个层面而言，该问题的答案是显而易见的。我们在这里寻找的是关于谁支配着行政程序的证据。然后我们需要的是对程序与控制的界定。所谓"程序"，我指的是任何会影响行政决策的结构或过程性特征。这包括一大批可能非常重要的结构性或程序性问题：诸如行政机关的组织，它的部门性定位，它拥有的法律权力类型，行使那些权力的内部程序，行政机关决定过程与其他机构（国会、总统与司法机关）行为之间的关系，外部人员介入行政机关的条件与形式，具体决定形式可以适用的证据性与决定过程规则，决定的形式，内部机构审查与监督机制的结构，等等。我们这里使用的行政过程，既是在行政法律人理解的广义上使用的，又与"决策结构"同义。

所谓"控制"，既指影响行政机关决定过程的正式权力，又指运用该种权力排除由其他人实施的程序性控制。此外，我们还应当寻找的是正式权威在过程上发挥的作用，根据实际运用的决定过程，这种作用似乎具有一定的重要性。这里要寻找的是控制或塑造行为的权力。

要去评估我们认识行政过程领域中大量的程序性问题的竞争性进路的描述或预测力量，以及它与同一领域中各种各样行政机关的关系，这是一项需要终生进行的工作，而非一个章节所能完成的。我在这里提出的，只是一种关于法律理想主义与公共选择理论家的假定的力量与弱点的印象性分析。为了进一步简化相关问题，我们将仅考虑公共选择，而且主要关注收集用于支持 McNoll-gast 假定的那些类型的证据。

公共选择描述的世界

在这个世界中,人们会发现国会致力于运用行政过程确保行政机关忠于国会的意志。国会会持续不断地卷入我前面提及的各种层面的程序设计当中。另外,可以预期,立法机关会非常详细地设计法律的程序性因素,以控制总统(或总统的执行官员)、法院与行政机关本身的程序性介入。程序应当是具体的与量身定做的,而非笼统的与现成的。

的确,对立法程序设计的这种看法是有一定证据的。建立联邦行政机构的基本意图、它们的在行政部门之内或作为独立机构的结构、其法定权力经常属于由法律加以确定的问题。这些阐述行政机关过程的基本方面,从来就不是由行政机关自身控制的。而且,尽管既要受制于司法审查,又要受制于经由解释进行的司法修正,但是关于行政机关的目的、结构与权力的法律规定是建立新行政机构时国会辩论的主要问题。随着经验的积累,这些主题往往会被重新考虑,并要接受立法机关的修正。很难发现哪个行政机关章程的这些方面没有被立法机关修正过,有时候修正还很频繁。此外,除了在极端的情形下,法院会允许国会在不受司法控制的情形下自由做出这些安排。[33]

同样地,国会的立法就下述内容规定一二亦并不罕见:即行政

---

[33] 布尔舍诉西奈尔(Bowsher v. Synar),478U. S. 714(1986);北方管线建筑公司诉马拉松管线公司(Northern Pipeline Construction Co. v. Marathon Pipe Line Co.),458U. S. 50(1982)。

机关的内部结构、受影响的外在利益的参与、决策要求的证据、决策分析的技巧、外部审查程序。不过,当我们进入行政机关过程的这些较为具体的方面时,量身定做的立法控制似乎就会减少,而会出现较多的一般性规定,从而给行政机关裁量或司法机关与总统加以细化留下巨大空间。

我认为,人们会发现国会有些时候试图控制某些行政机关过程几乎所有的方面。国会在《塔夫脱—哈特莱法》(the Taft-Hartly Act)中对国家劳资关系委员会的重建就是一个声名不佳的例子。[34] 此外,这一具体的重建在程序方面达到了相当精细的程度,诸如谁为行政法官或劳动部撰写意见初稿。实际上,由于政治方面的显著地位,任何机关的程序都可能会引起国会采取具体的行动。例如,国会已经用法律详细规定了诸如社会保障管理局复查残疾人的频率等细目。国会在品尝了其努力的政治苦果之后,迅速恢复《社会保障法》规定的另外一套决定过程的细节,以便挽救关于残疾的决定结构于实际的崩溃。[35] 人们怀疑对任何行政机关历史的认真考察都会揭示出诸如此类的一些情节。如果没有,那么该机关的政治生活就是不同寻常地平静。

---

[34] 詹姆斯·A. 戈罗斯(James A. Gross):《国家劳资关系委员会的构造:经济学、政治学和法律方面的研究》(*The Making of the National Labor Relations Board: A Study in Economics, Politics and the Law*),奥尔巴尼:纽约州立大学出版社,1974 年。

[35] 杰里·L. 马肖:《节俭时代的残疾人保险:执行权利的政治学》(*Disability Insurance in an Age of Retrenchment: The Politics of Implementing Rights*),载西奥多·R. 马默、杰里·L. 马肖(Theodore R. Marmor and Jerry L. Mashaw)编:《社会保障:超越危机的修辞》(*Social Security: Beyond the Rhetoric of Crisis*),新泽西普林斯顿:普林斯顿大学出版社,1988 年,第 151–175 页。

然而与国会以一般方式行为的程度以及将实施程序的关键性细节交给行政机关、法院或总统的程度相比,这种对行政过程详细且明确的过程性介入似乎相形见绌。实际上,从推动行政机关过程变革并且对其加以审视的行政法律人的视角来看,常见的情况似乎是行政机构对过程具有策略性的控制。所有的行政机构都有权(有时是明确的但一直是固有的)通过程序性与证据性的规则。这些规则会经常显著地改变人们期望从立法规定中可能得出的程序性或证据性情形。例如,根据1962年的《新药修正案》,食品与药品管理局在将无效药品清除出市场时似乎承担着一项无法实现的听证程序。然而,通过巧妙地阐述证据性的要求,该局依据1962年的修正案设法取消了数千种药品,但在30多年的运作中,只是给少数制造商提供了法律"要求的"听证。㊱

就选民利益最希望有机会获得详细的程序性保护的事实问题而言,行政机关的实体决策同样会使其变得毫不相关。这种机制的例证不胜枚举。联邦通信委员会(FCC)对广播公司就这样做过;联邦动力委员会(FPC)对天然气生产者这样做过;社会保障管理局甚至对残疾人也这样做过。㊲ 立法层面的程序性控制是极其不确定的。

㊱ 查尔斯·C.安默斯、史蒂文·C.迈克科肯(Charles C. Ames and Steven C. McCracken):《建构管制标准以规避正式裁决:以食品与药品管理局为个案》(*Framing Regulatory Standards to Avoid Formal Adjudication: The FDA as a Case Study*),载《加利福尼亚法律评论》第64卷,1976年,第14-73页。

㊲ 美国诉广播仓储有限公司(United States v. Storer Broadcasting Co.),351 U. S. 192(1956);联邦动力委员会诉德士古(Federal Power Commission v. Texaco),377 U. S. 33 (1964); Heckler v. Campbell, 461 U. S. 458 (1983)。

当人们认识到下述问题时这一点就是加倍或多倍地正确,即司法审查与中央执行机关的控制程序化的方式,往往是立法者在创制法律时没有预料到的,而且对大量的政策领域具有普遍的影响。实际上似乎不可否认的是,在美国行政法中,从《联邦行政程序法》到目前主要的程序性发展主要都是法院或总统的成果。听证权利向新的利益主体扩张、规章制定程序化诉权的放宽、行政不作为接受类似行政行为审查那样的司法审查、成本/收益分析的常规化以及议程安排的集中协调[38]等等,所有这些都对参与行政过程的各种集团的策略性工具产生了深刻影响。但是,这些发展中却没有一样包含重要的立法因素,同样没有多少证据证明国会采取过有效的行动限制行政机关、总统或司法机关的程序性创造活动。

实际上,美国行政过程显著的事情之一就是,国会在很大程度上是通过总体性而非具体性甚或行政机关确定的规定实现了程序化。除了《联邦行政程序法》与《情报自由法》之外,国会在过去二十年里,已经通过以下这些法律对行政机关的过程提出了要求,简单列举几项"框架性的法律",即《隐私权法》、《阳光下的政府法》、《联邦咨询委员会法》、《管制灵活性法》、《政府间合作法》、《国家环境政策法》。但是,这些一般性法律的关键性执行细节仍然几乎全部交给了法院、行政机关自身或诸如行政管理和预算局等中央执行机关。例如,需要提交环境影响说明的情形及其内容

---

[38] 行政命令第12,498号,50Fed. Reg. 1036(1985)。

就主要是通过司法解释塑造的。㊴至于环境影响说明在具体机关过程中的显著地位则主要由机关自身结构性或程序性选择决定。同样地,《情报自由法》的要求似乎也是一种联合产品:司法解释,在司法部内确立的、就《情报自由法》有关主张辩护的诉讼方针,以及行政机关关于信息披露的内部过程。㊵

就 McNollgast 运用行政过程解决行政机关与立法机关之间的信息不对称问题而言,后面这些要点非常重要。根据公共选择的看法,《联邦行政程序法》规定的规章制定程序以及《情报自由法》与《阳光下的政府法》提出的行政公开要求,都是为了保护政治监督者免受因官僚机构在信息方面可能的垄断而造成的信息不对称。但是,要为这一说明编造一个可行的情形却是非常困难。

首先,《联邦行政程序法》有关规章制定方面的要求是十分有限的。它仅要求行政机关在《联邦登记》上刊登关于提议的公告,在其通过之前有 30 日的评论期间。由于没有要求行政机关在其审议早期公告规章制定进程,《联邦行政程序法》本身就使行政机关有可能规避国会的控制,直到行政机关充分准备好采取行动,然后在最初公告 30 日之后就通过最终的条例。在国会"地质学般

㊴ 弗雷德里克·R.安德森(Frederick R. Anderson):《法院中的国家环境政策法:国家环境政策法的法律分析》(*NEPA in the Courts: A Legal Analysis of the National Environmental Policy Act*),巴尔的摩:约翰斯·霍普金斯大学出版社,1973 年。

㊵ 尤金·巴达克、卢西恩·帕葛利瑞斯(Eugene Bardach and Lucian Pugliaresi):《环境影响说明与真实的世界》(*The Environmental Impact Statement vs. the Real World*),载《公共利益》(*Pub. Int.*)第 49 卷,1977 年,第 22 - 38 页;Glen O. 罗宾逊(Glen O. Robinson):《获取政府信息的机会:美国的经验》(*Access to Government Information: The American Experience*),载《联邦法律评论》(*Fed. L. Rev.*)第 14 卷,1983 年,第 35 - 66 页。

的"的日历上,30天只是十亿分之一秒而已(当然,国会可以在事后通过法律修正案或其他方式采取行动,但倘若如此,它从《联邦行政程序法》的关于规章制定的规定中就无法获得任何好处)。

此外,就评论阶段应提供了解具体提案的政治性质的方式而言,《联邦行政程序法》在告知国会方面的设计也相当差劲。评论都交给了行政机关,而且是以不付诸实质性努力就无法取得的方式摘录的。没有规定说这些评论应同时呈交国会,或者做出索引、摘要,或者在行政机关采取行动之前对外界保持透明。就1946年以来《联邦行政程序法》这些简单的要求已经变得更加繁杂而言,这主要是由司法解释而非国会采取什么措施造成的。[41]

但即使按照法院的解释,认为《联邦行政程序法》为国会提供了一种克服制约政治控制的信息不对称的机会,这也存在更根本的困难。同样的程序,在某种程度上促进信息披露的同时会导致政治干预的不可能。区别于其他的修正性立法,国会的干预必须在行政记录的层面进行。[42] 此外,根据相关行政记录作理性化决定这种要求,意味着不能赋予"政治性"关注相应的权重,除非事实记录与法律意图能够证明其正当性。[43]

---

[41] 确实,直到大约1970年在 Automotive Part & Accessories Association v. Boyd,407 F. 2d 330(D. C. Cir. 1968),这种过程并未真正地开始。与之相关的进一步发展,参见詹姆斯·V. 狄龙(James V. DeLong):《非正式规章制定及法律与政策的结合》(*Informal Rulemaking and the Integration of Law and Policy*),载《弗吉尼亚法律评论》第65卷,1979年,第257-356页。

[42] Sierra Club v. Costle,657 F. 2d 298(D. C. Cir. 1981)。

[43] 机动车辆制造联合会 v. 州互助保险公司(Motor Vehicle Manufacturers Association v. State Farm Mutual Insurance Co.),463 U. S. 29(1983)。

关于《情报自由法》也可以得出同样的观点。《情报自由法》没有赋予什么国会获得行政机关信息的优先途径。该法律也没有要求，一经委员会或小组委员会要求，作为实际政治问题，相关行政机关就要向国会披露任何信息。从行政部门到国会的信息渠道无须通过《情报自由法》加以润滑。如果需要什么"润滑剂"的话，实际上是由大多数机关自身内部派系的不同意见所提供的。正如食品与药品管理局的总法律顾问在一次立法听证时跟我说的那样："我希望我能有机会看到肯尼迪参议员所拥有的食品与药品管理局的全部内部备忘录。"

当然，司法机关通过在程序或实体方面宣布监督政治压力无效并非是完美无缺的。根据《情报自由法》的要求而知情的勤勉私人利益，可以向国会报告它不会询问的信息。我的看法实际是，如果这些一般性的行政程序意在解决国会与行政部门之间的信息不对称问题，那么它们的设计是相当糟糕的。要是国会要求所有的条例在通过之前都要搁置 90 天、6 个月或更长时间，那会好多少呢？要是国会像总统对执行机关的要求那样，要求行政机关在规章制定之前与过程当中将议程与大量的信息与分析直接呈交国会，那又会好多少呢？

由于这个原因，委托/代理的立法控制模式看起来起码是非常不完整的。此外，官僚机构必须至少考虑两个政治委托人这一事实遭到了掩盖，虽然这仿佛是无足轻重的，然而，在行政机关的经历与行政结构的设计中，国会与总统却似乎认为该问题具有根本的重要性。总统在立法同盟中并非只是一个参与者。或即使如此，他/她也是一个众所周知会背叛立法谅解协议的参与者，经常早在其签署相关法案之前就是如此。此外,他/她还是一个拥有塑造行政机关过程与结构的独立权力的背叛者。在过程与结构的发展中涉及多个委托人的情况下,政治控制者的指示很可能具有自我抵消的性质。两个或多个委托人之间的竞争,有可能消除或至少是削弱所有政治委托人的权力。㊹ 采取委托/代理范式的模式就必须认真对待这些问题。

最后,不仅法院、总统与联邦行政机关本身会作为行政机关程序的独立形成者(同国会相比较而言,许多观察者可能认为这些形成者对多数机关更为重要,至少就程序问题而言是如此),而且国会也具有将大量提出行政过程的责任授予州和地方这种特别的习惯做法。尽管自从艾森豪威尔政府以来,联邦支出占国家总产值的比例几乎翻了三番,但联邦文职雇员的数量占总人口的百分比却在明显减少。这部分是正确的,因为在那些年中,联邦政府建立了数百个项目,都是由州与地方政府根据州的授权法管理的,而且要服从于州行政程序法与州普通法中存在的各种对州行政的要求。那么就其结构属于州政府而且州行政法的要求几乎完全处于国会控制之外的那些行政机关而言,为什么会希望通过行政过程控制联邦项目(或联邦支出)实施的国会还会给其大量的授权呢?

如果根据主导立法同盟的具体偏好进行监督是行政机构与过程具体要求的主要甚或重要的解释,那么这确实会让人极为困惑。当然,人们可以假定,所有这些项目中的主导同盟都是由负责执行

㊹ 詹姆斯·Q. 威尔逊(James Q. Wilson):《管制政治学》(*The Politics of Regulation*),纽约:基础读物,1980年。

的州与地方政府组成的,或者是由其他那些希望在州或地方层面发动行政战争的人组成的。这些假定可能(有时)也是成立的。但是,在每一情形下都必须对这一描述进行考察以便反驳下述似乎可信的假设,即意在运用程序作为监督措施的国会,是不会赋予五十个独立的法律与政治体系以大量的程序性裁量权的。

我只能总结说,主要根据立法控制者对联邦官僚机构的监督与控制问题来认识行政机关的结构与过程,是不可能得出有关联邦行政机关的结构及其过程实际上是如何运作的主要见识的。我虽然并不怀疑公共选择的说明给我们带来了一些东西,但是,这种说明令人信服的那些部分,尚不足以说服理想主义解释的狂热爱好者去抛弃他们的分析模式。

若干反例并不能证明理性主体的委托/代理模式无法在发展与设计行政过程方面给我们启示。实际上,一个国会不努力控制官僚机构就会遭遇可以预见的失败,这种国会既是不负责任的,同时也是愚蠢的。但这只是说,公共选择观念强化了法律起草者无论如何总会具有的一种意识。行政机关的过程与结构事关"执行",而执行则可以决定立法的成败。这一点还有待证明。

那么这会使我们处于什么状况呢?

当我情绪好时,有关行政过程的起源与演进的所有简单说明的不完整性都会使我想起,现代行政国家可能是麦迪逊、汉密尔顿、杰斐逊引以为豪的设计。它被以如此复杂且持续不断的方式所制衡、激励与约束,以至于在控制行政权行使的政治竞争中不会有最终的胜利。但是,在更忧郁的时候,我却被下述可能所困扰,即我们的理论视角的不完整性可能只是意味着,我们无法认识到现代官僚行政的成长在多大程度上挫败了国父们的希望,即把个人自由与有效的治理结合起来。公共选择的同仁们过的似乎更多的是忧郁时光。当法律理想主义者赞美正当过程的价值与法治时,只要我们对他们观念的普遍性保持怀疑,那么他们就可以帮助我们去运用适当的折扣因素。

第六章　行政官员应当作出政治决定吗？

实际上，所有的行政行为都是从法律开始的。就行政法的目的而言更重要的是，法律为大量的行政决策提供了合法性的标准。除了少数由联邦宪法明确规定代理人（也就是行政官员或行政机关）的行政职能如赦免和缔约的权力之外拥有的仅仅是其委托人（也就是立法机关）赋予的权力。立法明确了行政机关的管辖、目标与权力，因而为行政当局提供了规范正当性，并寓含着一种工具性的行政观念：行政机关是被创造出来而且被授权执行立法过程做出的政策选择的。

因而，不让人意外的是，美国行政法关注的内容之一就应该是调整立法与行政行为之间的关联。但是，法律学说面临的世界比简单的委托/代理类比表明的世界要复杂得多。法律做出授权，给予指示并且施加限制，但是往往不能决定公共政策的关键性问题。实际上，在政治活动的真实世界中，行政官员经常会要求并且帮助为自己设计新的法律权力，行政机关的行为似乎更像是从国会那里为自己的方案争取资金的独立企业家，而不像是执行委托人命令的、获得明确指示的代理人。

委托/代理范式的这种描述性缺陷因而似乎给行政的合法性

造成了规范性的危机。因为如果行政机关是根据模糊法律授权的重要或主要决策者,那么对行政机关的政治或法律控制该如何运作?某些法律人与公共选择同仁们认为这一危机是严重的。不过,我认为二者都是错误的,部分因为法律方面的原因,部分因为公共选择方面的原因。

授权与宪法学说

美国宪法第1条第一款规定:"宪法的所有立法权都应赋予由参议院与众议院组成的美国国会。"类似的规定实际上在每个州的宪法中都存在。至少有150年,最高法院的判决都充斥着这样绝对的陈述,即国会不能通过赋予行政官员决策权的方式放弃其任何制定法律的权力。老哈兰大法官在菲尔德诉克拉克案中所做的以下陈述很有代表性:"国会不能将其立法权授予总统是一项得到普遍认可的原则,它对美国宪法规定的政府体系的完整性及其维持至关重要。"[①]

然而在该案中,最高法院维持了1890年《关税法》的一项规定,该规定授权总统暂停给予下述国家优惠的关税待遇,它们是那些对美国的产品征收"其……认为,也就是他发现征收苛捐杂税"的国家。最高法院确立了这样一种理论,即该法只是授予总统就执行国会规定的政策做出必要的事实性决定。"他只是法律创制

---

① Field v. Clark,143U. S. 649,692(1982).

部门的代理人,确定并宣布(立法机关)的意志所要付诸实施的事件……"②这种主张在逻辑上当然是不可否认的。所有你能做的就是相信(这一点是反事实的)关税是否"不合理"是一个事实问题而非政治判断。

在菲尔德诉克拉克案之前与之后,最高法院都维持过授予总统或偶尔也会赋予其他行政官员在阐述与执行国家政策方面扮演重大角色的法律。这些法律中的许多都涉及外交事务,国会可能认为,在该领域中宪法授予总统相当大的裁量权以执行立法机关的判断。最高法院提出了一系列的基本原理以维持这种宽松的法律授权。某些法律被认为仅仅赋予总统决定执行国会政策的"紧急情况"的权力,也就是外国势力侵犯美国中立性权利的情形。③而在其他法律中,最高法院则表明国会已经牢固地树立了公共政策的一般框架,而把"填补管制细节"的内容完全交给了总统,即便这种"填充"涉及调查罪犯的权力。④

或许引用最广泛的关于"旧"禁止授权学说的表述是在小 J. W. 汉普顿及其公司诉美国一案中出现的。⑤ 最高法院承认,国会不可能就调整联邦管制行为每一个方面的规则都做出详细规定。首席大法官塔夫特从其关于菲尔德诉克拉克案以及美国诉格里姆德的解读中总结说:"如果国会通过立法规定要求确定费用的个人或机构应遵守的清晰原则,那么这种立法活动就不属于被禁止

---

② Field v. Clark,143U. S. 649,692(1982),第 693 页。
③ 例如,The Brig Aurora,11U. S. (7Cranch)382(1813)。
④ 例如,United States v. Grimaud,220U. S. 506(1911)。
⑤ J. W. Hampton,Jr. & Co. v. United States,276U. S. 394(1928)。

的立法授权。"⑥

虽然在所有这些早期的判决中,最高法院一直坚持认为宪法禁止国会放弃对立法权的垄断,但最高法院一次都没有宣布国会认为合适的授权无效,而却维持了诸如铁路管制方面"公正与合理的费用"以及颁布广播许可方面的"公共利益、便利与需要"等语句,认为它确立了供行政机关适用的"有意义的标准"。因而不足为奇的是,到 1930 年代早期,"禁止授权学说"被认为已变成了空洞的形式主义。⑦

不过,在 1935 年,最高法院方才首次而且也是最后一次以立法授权非法为由推翻了国会的立法。最高法院是在两个与《国家工业复兴法》不同条款有关的案件中做出前述判决的。该法是早期的新政立法之一,不久就遭到了多数罗斯福支持者的冷遇。

在巴拿马炼油公司诉瑞恩一案中,⑧争论的规定是《国家工业复兴法》第 9 条(c)。该条只是授权但并未要求总统去拒绝让下述石油产品进入州际贸易,即"从超过州法或有效管制允许数量的油田生产或提炼的"石油产品。违反这种排除性命令的行为被规定为犯罪,会遭受罚金与监禁。第 9 条(c)并没有规定总统的行为所依据的标准,而最高法院拒绝在该法的政策声明中寻找必要的指导原则,该声明中罗列了许多互相排斥的目标,显然没有优先顺序可言。该法亦没有要求总统"确定并宣布在该产业中普遍

---

⑥ J. W. Hampton, Jr. & Co. v. United States, 276 U. S. 394(1928),第 409 页(强调部分是本书作者添加的)。

⑦ 路易斯·L. 杰夫(Louis L. Jaffee):《行政行为的司法控制》(*Judicial Control of Administrative Action*),波士顿:小布朗,1965 年,第 51 - 62 页。

⑧ Panama Refining Co. v. Ryan, 293 U. S. 388(1935)。

存在的、使禁令成为必需的条件"。在详细研究了此前的先例的情况下,最高法院宣称:"据此,在任何出现这种问题的情形下,最高法院都承认授权是存在界限的,没有什么合宪的权力可以超越这些界限。我们认为第9条(c)超越了这些界限。关于超过州允许数额的石油产品的运输,国会没有宣布相关的政策,没有建立相应的标准,没有规定相关的规则。就允许或禁止运输的情形与条件,既没有相关的要求,也没有相应的界定。"⑨因而在仅有一人表示异议的情况下,最高法院推翻了《国家工业复兴法》关于"热油"的规定。

在巴拿马炼油公司案判决四个月之后,在谢各特家禽公司诉美国一案中,⑩最高法院又宣布该法的第3条无效,该条授权总统批准由贸易协会或商业团体所提交的"公平竞争"行业准则。限制总统权力的唯一条件就是,提交准则请求批准的团体应当在该产业中具有"真正的代表性",不能"对成员资格的准入规定不公平的限制",不能"意图促进垄断,取消抑或压制小企业……(或者)起到歧视的作用"。一旦通过,准则就会成为该产业的公平竞争标准,而违反准则的行为就会构成刑事上的轻罪,罚金上限为500美元。曾经是巴拿马炼油公司案中唯一持不同意见的卡多佐大法官也赞成谢各特案的多数意见。他称:"该准则中体现的立法授权并没有在防止其泛滥的堤岸中加以引导。这种授权是没有约束的、不固定的。"⑪

---

⑨ Panama Refining Co. v. Ryan, 293 U. S. 388(1935),第430页。
⑩ A. L. A. Schechter Poultry Corp. v. United States, 295 U. S. 495(1935)。
⑪ 同上,第550页(卡多佐大法官,赞同意见)。

自谢各特案以来，最高法院再也没有以过度授权为由宣布法律无效。诚然，考虑到相关学说的历史，这种结果并不让人意外，但却无法通过自1935年以来在法律设计方面的进步加以解释。

最高法院在后新政时期审理的第一个关于禁止授权方面的案件标明了最高法院正在形成的转向。在亚库斯诉美国一案中，最高法院维持了国会在二战期间对控制物价的授权，这种授权是由物价局来执行的。最高法院说：

> 国会颁布《紧急价格控制法》是为了推行一项明确的政策，而且要求物价局局长确定的价格应当促进该政策，并符合该法确定的标准。该法确定了局长可允许的行为的范围。它规定固定的价格应当实现该法宣布的政策以稳定日用品的价格，从而防止战时的通货膨胀以及其列举的破坏性因果因素。另外，确定的价格必须是公开与公正的，而且只要可行，局长在固定价格时就要对指定基本周期内的一般价格给予适当考虑，同时规定行政调节以补偿所罗列的那些影响价格的干扰因素造成的价差。简而言之，该法第1条规定的意图表明了局长在固定价格时应追求的目标，也就是防止通货膨胀及其列举的后果。在第2条中列举的标准则确定了固定具有该目的的价格时的界限。局长认为固定的价格会实现前述目标，而且会遵从那些标准，而法院在适当的诉讼过程中发现前述认定的实质理由是存在的，这就足以满足法律的要求。⑫

---

⑫ Yakus v. United States, 321 U. S. 414,423(1944).

第六章 行政官员应当作出政治决定吗？

尽管最高法院竭力区分巴拿马炼油公司案与谢各特案，但这一努力很难说是令人信服的。亚库斯案认为让行政当局运作各种可能不一致的指令的大杂烩是可以接受的，而这正是此前的案件认为不足的东西。最高法院随后在面对那些似乎可信的指控时，尽管遭指控的相关授权并不比1935年所认为不足的那些授权更加具体，但它还是维持了其他许多此类对行政的授权。[13] 尽管当代大多数重要的政治与经济方面的法律都包含着非常详细与复杂的规定，但在关键的政策选择方面，它们仍然表现出令人惊讶的模糊。即便在可以通过其他方式对行为的要求提供明确的指导时，却仍然不断通过模糊的形容词使其成为裁量性的。国会最爱的就是"可行的"、"实用的"与"合理的"。例如，联邦公路交通安全管理局被鼓励通过能够"满足车辆安全需要"的管制，只要是"实用的"、"合理的"与"适当的"。

评论者对最高法院宽大地允许赋予行政官员权力并非没有提出质疑。针对这种没有牙齿的禁止授权学说的批评，既有来自公共选择同仁们当中的，又有来自于其外的。比较传统的批评形式，往往是强调对行政官员的宽泛授权对民主责任制与法治造成的影响。公共选择评论者们虽然同样也强调把宽泛的政策选择权赋予行政官员所导致的政治责任制难题，不过他们更执著于挑战宽泛授权的理由是它削弱了公共福利。

我们既会分开也会合起来考察这些对当前宪法学说的不同批评。在这一过程中，我们会看到公共选择的分析起到了几种不同

---

[13] 例如，参见 Arizona v. California, 373 U. S. 546 (1963)。

的作用。一方面,公共选择的进路能够回答会让其他批评形式陷入困窘的问题,或至少主张它能够回答。另一方面,将公共选择分析转换成关于公共福利的主张,其结果也会使公共选择同仁自身陷入窘况。实际上我认为,通过认真思考利益集团多元主义建构不同形式的政治竞争、选举、责任制的方式,人们能够建立一种支持对行政官员进行宽泛授权的公共选择论点,这种论点并不逊色于批评者们基于福利与责任制的理由要求法律起草应当具有明确性的要求。

授权、责任制与法治

在《自由主义的终结:意识形态、政策与公共权威的危机》中,西奥多·洛伊认为,现代对赋予行政官员广泛的决策权的宽容,是与法律相对的政治传统的组成部分(也就是说与有别于程序的规则和标准相对)。[14] 根据洛伊的看法,立法机关未能规定政策必然会导致政府无法提出一致的政策,而且最终会由具体的交易取代法律。洛伊特别指出,宽泛的授权通常不会造成以行政规章制定的活动决定政策,而会造成政策永远的不确定性。他认为之所以如此,是因为在个案当中,受影响的当事人坚持明确的政策太划不来了:

---

[14] 西奥多·J. 洛伊:《自由主义的终结:意识形态、政策与公共权威的危机》,纽约:诺顿,1969年。

第六章　行政官员应当作出政治决定吗？　215

利益集团自由主义几乎未给法律留下什么空间，因为法律会干扰政治过程。

……简而言之，法律在自由主义的观念中，是对权力过于权威性的运用。要成为可以接受的，权力就必须是试验性的而且是易于理解的。如果权力要适应自由主义的神话，即"权力根本就不是权力"，那么权力就必须源自于个人的交易。

……授权为使某项法律具有足够大的试验性提供了法律基础，从而使整个政治过程，从国会到听证主持人、肉检员、集体行动督导员以及与之打交道的个体当事人，保持完好的工作状态。每一个人都会感觉自己是一个庞大决策家族的一员。[15]

洛伊以下述想象的对话说明其观点：

工资与工时地区办公室：老板先生，因为你让员工在店内吃午饭时接受电话信息，我们认定你欠下10个员工外加罚款总共10000美元。

雇主：我有异议。你在我不知情的情形下询问我的雇员，而根本未对我进行询问。此外，你凭什么说那些伙计因为他们听到电话响就是"随时待命"？跟我的律师去说吧。

---

[15] 西奥多·J.洛伊：《自由主义的终结：意识形态、政策与公共权威的危机》，纽约：诺顿，1969年，第125–126页。

官员:没有罚款,只是5000美元的拖欠工资如何?

雇主:我的上帝,现在真是让我厌烦。我希望你就此类情形给出书面的官方解释,难道没有关于公告与听证的规则吗?

官员:归还2500美元的拖欠工资如何?

雇主:唉,见鬼,我……

官员:换一个表明将来会遵守的备忘录如何?

雇主:嗨……(旁:律师费……进行检验的差旅……欠我们那该死国会议员的人情……)

数周之后,来自地区办公室的官方备忘录:特此责令你停止。

张贴在员工的卫生间的:特此责令你们在店外吃午饭。

这幕戏可以发生在长途电话中,或延续数周的半打通信中。但是,人们并不希望出现这种让人士气消沉的部分。这并非"官僚作风"……因为行政机关显示出的懦弱、憎恶、失望、不信任在这种情形下都会产生。它避免阐明相关规则的做法虽然可以被合理化为灵活性,但是就大多数直接卷入此问题的聪明人而言,他可能会以削弱尊重而告终,削弱对行政机关和政府的尊重。而同时,规则是不存在的。

……诚然,现代生活的复杂性迫使国会在起草法律时采取模糊性与笼统性的做法。诚然,社会不安带来的政治压力迫使国会和总统采取不成熟的阐述从而使得授权变得不可避免。但如果把这些因果当作自然的而且是良好的,然后围绕它们建构相应的制度,那就注定会使整个制度陷入最初的那些因果当中。⑯

就认为宽泛的授权这种做法是判断坏政府的准则这一点而言,洛伊一点都不孤单。在《民主与不信任:一种司法审查理论》中,约翰·哈特·伊利将"立法机关"(国会)"立法"(决定政策问题)的失败视作实现真正代议制民主的主要障碍。⑰"除非重要的政策由选举产生的官员做出,否则担忧选举权以及其他个人政治权利的分配是没有意义的。"在伊利看来,限制立法授权不会产生最好的政府,只能产生民主政府。"我并不是说我们最终不会得到相当数量的小丑来担任代表,但至少这是因为我们只配得到小丑。"⑱

在美国劳工及产业工会联合会产业工会部诉美国石油协会案与美国纺织品制造者协会诉多诺万案⑲中,伦奎斯特和伯格的法律意见似乎也隐含有同样的观感。两案都将《职业安全与卫生法》第6条(b)(5)发回国会,要求细化职业安全与卫生署据以平衡保护工人健康与维持健康经济两个目标的标准。第6条(b)(5)的相关规定指示职业安全与卫生署在管制工人暴露在有害化学物质中时,规定"在可行的范围内,最能充分确保……任何员工

---

⑯ 西奥多·J.洛伊:《自由主义的终结:意识形态、政策与公共权威的危机》,纽约:诺顿,1969年,第148—155页。

⑰ 约翰·哈特·伊利:《民主与不信任:一种司法审查理论》,麻省剑桥:哈佛大学出版社,1980年。

⑱ 同上,第133—134页。

⑲ Industrial Union Department, 448 U. S. 607, 671 (1980); Donovan, 452 U. S. 490, 543 (1981)。

在整个工作期间都健康,都不会遭到实质性的损害,或即便经常暴露在危险中,亦不会遭到功能方面的损害"。工会代表声称,该指示要求职业安全与卫生署规定企业只要在自身不破产的情况下,就应该采用其能够负担得起的、任何可用的技术,而雇主集团则坚持该署在决定什么标准"可行"时,应当权衡控制的成本与给健康带来的收益。如果采纳前一种解释,在某些情形下就会迫使雇主耗费数百万美元;而接受后一种立场,就会显著削弱在控制技术昂贵的产业中对工人的保护。

根据伦奎斯特大法官在产业工会部案赞同多数裁决的法律意见:"在起草第 6 条(b)(5)时,国会面临着一种明确而且棘手的选择:平衡统计方面的生命与企业资源,或者授权署长将人的生命提升到除了巨大混乱以外的所有关注之上……从选择的标准的谱系性质来看……显然可以看到国会决定将这一棘手的选择交给署长。"[20]在多诺万案中,首席大法官伯格加入了伦奎斯特的异议意见,他的意见认为第 6 条(b)(5)的措辞所掩盖的政策分歧是如此巨大,结果导致如果要求国会解决该问题,"那就不会有要求总统签署的法案存在。"[21]

洛伊/伊利/伦奎斯特的批评,戏剧性地体现了美国政府显而易见的严重缺陷,也就是立法机关逃避就关键性的问题做出选择,不是表现为推迟行动,而是通过模糊法律将决策权赋予行政官员,这些官员本身会因为缺乏明确的法律职权而遭到连累。由此可

---

[20] 448 U.S.,第 685 页(伦奎斯特大法官,赞同意见)。

[21] 452 U.S.,第 546 页(伦奎斯特大法官,异议意见)。

第六章　行政官员应当作出政治决定吗？

见，我们盲目地进入了行政国家当中，用民主价值交换来的只是微不足道地增加了治理的有效性，或者压根儿就没有增加。

这种关于合法性丧失的批评可以进一步分为两个阵营。洛伊的论点似乎是从权威性出发的，而伊利与伦奎斯特大法官似乎是从责任制的必要性提出其主张的。下面依次加以考察。

洛伊的立场当然是常见的。我们宪法政治学的一贯思路就是强调正当性源于"法治"。据此意味着这一整套的目标和易于理解的命令，法律可以被认为源于集体的合意而非源于那些恰好担任公职的人们的裁量或偏好。通过减少裁量、因此减少官员个人偏好发挥作用的可能性，具体的规则就能强化法治。

然而，当我们集中关注法治及其在维护自由方面不可否认的重要性时，我们不应忘记一种显然同样重要的相反需要：个案的正义。此外，这种对正义的需要似乎与法律规范的灵活性和一般性密切相关，亦即与模糊性原则（合理、公平、过错等等）而非明确的规则密切相关。要是人们怀疑人类普遍存在的对正义的渴望或者其与一般规范的关联，蒂布（Thibout）和沃克（Walker）在一系列令人印象深刻的跨国临床试验中证明，就洛伊使用的法律（法律规则）一词的意义而言，就会产生关于法律缺席的需求。实际上，这些发现促使蒂布和沃克认为，法律必须完全由这些宽泛的一般原则构成，从而使任何裁判制度显得都是公平的。当然，任何允许在做出权威判决之前详细阐明相关事情的来龙去脉的一般原则，同样也必然会允许那些负责提出中观层次的政策并且具体办案的人行使广泛的裁量权。

这并不是说洛伊提醒我们关于权威性的需求就是错误的。但这里的情形当然不是说正当性包含于权威性当中,即使我们赞成后者毫无疑问地通过法律的精确性得以实现亦是如此。

伊利/伦奎斯特关于以立法决策作为责任制先决条件的要求同样也是不完整的,而且更令人困惑。用伊利的术语来说,我发现很难理解为什么我们目前还没有得到"我们应得的……的小丑"。责任制的动态性显然包括投票者愿意根据他们的代表在立法机关的记录进行投票。假定我们目前的代表在立法中投票支持包含模糊授权的法律,我们就可能在选民投票时让其对之负责。如果我们没有得到代表那又该如何?

此外,伊利称赞(实际上是支持)的那种具体的责任制问题很难说显然就是可取的。我们真的希望根据就具体立法的具体投票(除非基于宪法上的必要,也就是与禁止授权学说有关,否则他们就应当以更笼统的方式来设计这些立法)选择我们的代表(或者让他们负责任)吗?根据其偏好表达(要不是宪法上的明确性的必要,他们是不会给出这样的表示的)来评判立法者,究竟对我们选择立法者有什么帮助呢?

即便我们认为法律的精确性是有益的,但这也难以设想理性投票者的计算如何获得显著的改进。当一个人投票支持议员 X 时,很可能是基于 X 下一段时期在立法机关中将会如何作为的预期进行投票的。通过了解 X 在此前的立法机关中就某个具体法案的具体规定投赞成票还是反对票,投票者做出前述预期时可能会有多大的改善?也就是说,在决定议员 X 在目前尚未明确的一系列问题上是否有可能很好地代表他们方面,会有多大的改善呢?

毕竟,投票者也知道 X 不可能控制那些法案的规定的全部甚或其中某些重要的部分。投票必须是在"考虑全部事情"的情况下做出的。因而,当就 X 在未来的可能行为作出笼统的评价时,投票者了解投票潜在的那些一般性意识形态倾向(支持劳工、支持商业、支持裁军、支持国防)比 X 就具体法案的具体规定投赞成或反对票更为重要。我还不知道谁认为法律的模糊性会妨碍选民了解其代表的总体倾向。在没有进一步阐述的情况下,伊利的观念,即模糊的法律规定会以某种方式割裂选举方面的关联性,就只能被看作是非常让人困惑的。实际上,下面我将指出,伊利确实存在简直就是倒退的情形。

公共选择对禁止授权争论的贡献

如果我们赞成前一章讨论的 McNollgast 的关于行政程序的设想,那就为洛伊提供了反击源于管制合理性的论点的机会。人们可能会听到洛伊回答说:"但是,难道你没有看见,所提供的并非合理性的机会。相反,行政程序提供的是由利益集团不断监督行政官员的方式,这些利益集团通过立法机关的宽泛授权与允许其给行政机关施加程序方面的限制而获得了赋权。"如果让我们认定 McNollgast 关于行政程序的说明确实有些道理,那么洛伊就言之有理。就直觉而言,与作为利益集团政治自由游戏的行政相比,洛伊提供的关于个人让行政官员服从法治需求的能力的设想更有吸引力。

但是,公共选择的设想并不能真正使洛伊免于批评。因为,洛伊事实上似乎陷入了某种概念性的混乱当中。他隐含地将法律等同于制定法。但他却从没有给出做出下述结论的理由，即由行政官员制定的法律，包括含有行政安排的行政实践，在权威性方面不如由立法机关制定的法律。我们之所以经常埋怨"官僚机构"恰恰就是因为它是"规章化的"，而法院显然准备让行政机关既服从其自身的规章，又服从其习惯性的规范。以此观之，洛伊抱怨的是否真的是规章缺席这一点就是不明确的。相反，洛伊似乎偷偷引入了一种未加阐述的前提，即法律比行政政策具有更高的民主性权威。但是，如果这就是他关于政治权威的主张，那么就蜕变为伊利与伦奎斯特首席大法官所回应的那种关于责任制的抱怨。

公共选择理论家在这一点上还可以进行部分地解救。有些学者主张，模糊的授权恰恰是在面临艰难的政治决定与可能棘手的利益集团冲突时避免责任的一种方式。简而言之，公共选择的文献表明伊利是对的。模糊的授权是一种削弱责任制的方式。但是他们同时走得更远。从公共选择的视角来看，模糊的授权不仅削弱了美国治理中的责任制，它们还在系统地削弱交易中的公共福利。

彼特·阿里森、欧内斯特·盖尔霍恩和格伦·罗宾逊合作的《立法授权理论》以莫里斯·菲奥里纳等人的工作为基础，对这种观念进行了最详尽的阐述。[22] 这三位的主题是相当简明的。作者

---

[22] 莫里斯·P. 菲奥里纳（Morris P. Fiorina）：《管制形式的立法选择：法律过程抑或行政过程？》，载《公共选择》第 39 卷，1982 年，第 33 – 50 页；以及《议会：华盛顿体制的基石》（Congress: Keystone of the Washington Establishment），第二版，纽黑文：耶鲁大学出版社，1989 年；彼特·H. 阿伦逊、厄里斯特·盖尔霍恩、格伦·O. 罗宾逊（Peter H. Aranson, Ernest Gellhorn, and Glen O. Robinson）：《立法授权理论》（A Theory of Legislative Delegation），载《康奈尔法律评论》第 67 卷，1973 年，第 1235 – 1247 页。

们首先提出,在什么时候人们会希望立法者愿意授予行政官员宽泛的决策权。他们得出了两种情形。首先,当立法者认识到立法可能在给选民中的某个集团带来收益的同时给另一个集团强加昂贵的成本。为了取得前面的选民的信任,同时又避免第二个集团在下一次选举中可能产生的激烈反对,立法者就会通过模糊的法律。如此一来,他们就可以因有利于前面一批选民的一般行动而获得称赞,同时又把焦点性损害的责任转移给行政官员的执行决定。

在第二种产生模糊法律的情形中,立法者仍然面临选民中对立性的集团。尽管所有的集团都支持对现状采取一些措施,但是他们完全无法就任何单一的行动进程达成一致。通过一部模糊的法律,实际上就是确立了一种公共政策偶然性决定的方法,相对于不采取任何措施而言,这是所有对立集团都会选择的措施。在这些竞争性的利益主体中,究竟谁得谁失就由行政行为决定。

在确定了预期会产生模糊法律的情形之后——也就是会赋予行政官员宽泛裁量权的法律之后,阿伦森、盖尔霍恩和罗宾逊紧接着提出:这些情形是否会产生强化福利的立法?他们的答案是绝对不会。在他们看来,实际上所有的立法都意图"以公共支出为代价生产私人物品"。此外,他们始终如一地表示,这些"私人物品"的净收益是负的,也就是说产生私人物品耗费的公共成本比私人利益集团获得的收益要大。因为模糊的授权降低了立法机关的立法成本,与其他情形下相比,我们会获得更多这种"私人物品"式的立法。复兴禁止授权学说可以提高立法的成本,降低颁布的(私人物品)法案的数量,并因此强化公共福利。阿里森、盖尔霍恩和罗宾逊承认,禁止模糊的授权也会抑制某些"公共利益"的立法。但是根据他们关于私人利益与公共利益立法之相对比率的信念,由降低立法产出获得的收益会超出这些损失。

我们首先考察的是对行政官员的模糊授权会系统地削弱公共福利这一主张。我们将会看到的是,这种将公共选择理论转化成为福利经济学的努力是不可能成功的。正如我在第二章中提出的那样,还没有人能够提出经验性的检验来说服那些尚未被这样一种观念说服的人:多数立法只不过是以公共支出制造私人收益。

法律的模糊性与公共福利

首先设想一种假定的情形,其中立法机关通过让行政机关就某一问题承担某些事情确立一种公共政策偶然性决定的方法,但是并未明确到底让它做什么。根据阿里森、盖尔霍恩和罗宾逊的说明,立法机关这样做是为了当就行为应当如何达不成一致意见时满足多样化的需求。根据假设,所有要求立法机关做点什么的主体都是风险的接受者,也就是他们宁可选择偶然性的决定而非现状。假定预期是理性的(正如阿里森、盖尔霍恩和罗宾逊认为的那样),这就意味着每一主体都支持在立法确立的偶然决定的范围内让行政官员作出执行方面的决定。

阿里森与其同事们认为这是一种有害的立法行为。不过,要确定原因为何却是极其困难的。立法机关已经是不折不扣的回应性的(具有代表性),而且严格来说强化了公共福利(每个人都偏好偶然决定的方法而非现状)。当然,行政机关的执行行为未必会选择可能最好的政策。而或许阿里森、盖尔霍恩和罗宾逊认为,如果被迫采取明确的行动,那么立法机关就会选择这样一种政策据以消除行政过错发生的可能性。但是考虑到这些作者关于立法行为总的看法,人们紧接着就会设想他们的论点是如何得出的。

由阿里森、盖尔霍恩和罗宾逊的替代性情境得出的关于福利的论点,就不那么让人困惑。在这里,谨记以再次当选为导向的立法者希望因有益的立法而获得好评,而同时避免对立法的成本承担责任,数不清的作者都将其称作创造"财政上的假象幻想"。

那么,立法者这种沽名钓誉、逃避责任行为的福利后果是什么呢? 阿里森、盖尔霍恩和罗宾逊认为这种后果是消极的。该主张依赖于一种更笼统的命题,也就是假定选民与立法者都是自利的,政治生活的自由游戏使所有立法都是无益的(或大多数如此)。不过,这种论点能够证明的内容太多了。至少说来,已知这些前提的普遍性,阿里森、盖尔霍恩和罗宾逊应当支持的是这样一种宪法规则,该规则应当以某种方式要求,无论何时立法机关希望立法模糊,都只能限于那些明确的立法;而无论何时立法机关认为明确的立法更容易,都只能限于那些模糊的立法。尽管是以反对模糊立法的面目出现的,但该主张实际是针对所有立法而言的。

这种悲观看法的根据是什么? 它们正是我们第二章考察过的观点。第一个命题就是:立法者主要是以重新当选为导向的。因而,他们就会从获得相关选民信任的能力出发去考虑立法行为。第二,因为立法者们代表着不同选民的不同利益,他们所有人都会发现彼此交易(互投赞成票)以使大范围内的选民得到满足是有益的。最后，即使在立法成本同样影响所有选民的情形下，只要立法的收益超过其成本的一半，立法受益者就仍有可能结成相对多数的联盟。在已知这种可能性的条件下，就可以推定所有立法（或有时是大多数立法）用以满足私人集团当中的某些联盟的要求的公共支出，超过了立法给该联盟带来的收益。尽管存在这些通常是否定性的结果，但是由于某种所谓"很高的投票者知情门槛"的东西，因此投票者是不会将立法者淘汰出局的。投票者会看到他们的直接收益，但就该收益对其他人非常高昂的间接成本而言却无动于衷。

该主张中的经验断层与逻辑跳跃是相当有趣的。首先，所有的政治活动都是利益集团的政治活动。所有立法以及所有立法者/选民的关系都是"纯粹的猪肉桶"。与堕胎、公立学校的祈祷、环境保护以及河流与港口的改善等相关的立法，完全都可以以相同的方式加以塑造。更关键的是，可能性定理（有可能发生）被转化为行为的预期（将会发生）。因为相对多数的联盟能够通过无益的立法，所以他们就得以通过。这一体系是通过互投赞成票（允许所有立法者进行同样的博弈）与选举方面的无知（财政上的假象）这种结合维持的。在这种最坏的情形中，无论小组委员会的权力分散化还是政党纪律的涣散似乎都不会约束互投赞成票。意识形态（关于公民权利或环境保护的信念）既不会使立法的收益超出简单的多数联合，也不会限制（例如关于个人自治或小政府的一般信念）立法者通过（还记得总统的否决吗？）削弱福利的法律。

这种试图从（有时显然各异的）公共选择定理提炼福利后果

的努力,除了简单地对其经验基础进行反思就能得出这些疑虑之外,当其提供的分析被置于在模糊或明确立法二者之间做出选择时,也是十分不一致的。据推测,模糊的立法会通过降低立法决定成本的方式来推动得出削弱福利的结果。[23] 但是,将互投赞成票当作提议的最坏情形背后的主要驱动力,并将福利的损失归因于对行政官员的授权,这一点还存在一个问题。该问题很简单:模糊的授权似乎会限制互投赞成票。授权会把政策决定转化为行政机关的权限,这在法律上很难而且显然没有什么激励去进行跨方案的价值交易。因此,任何授权都会限制互投赞成票发挥活动的政策空间,从而限制了立法者在下一阶段可以进行的交易的数量。弥补这一缺陷的唯一方式,就是将政策保留在互投赞成票可以继续的立法领域当中,也就是将所有显然属于授权性的政策问题一直保留在立法的机关议程上。但倘若如此,实际上就不存在任何授权了,也就不会节省立法机关决定的成本了。因为不存在,授权就成了根本不相干的问题。

如果所有可能的立法交易都能够在一项具体的立法中确立,那么前述难题也有可能得到解决。如果确实存在大量各异的利益,那么似乎应有两种技术在一部法案中完成所有的互投赞成票行为。第一种就是惊人的宽泛授权,也就是完全通过偶然决定政策的方法,完全没有标准的立法,既不会限制政策选择,也不会限制权限范围。因为即使一种明确的事项会限制某些交易的进行,

---

[23] 威廉·H.赖克、史蒂文·J.布拉姆斯(William H. Riker and Steven J. Brams):《投票交易的悖论》(The Paradox of Vote Trading),载《美国政治学评论》(Amer. Pol. Sci. Rev.)第 67 卷,1973 年,第 1235–1247 页。

145 从而将某些立法者及其选民从互投赞成票的行为中排除出去。但这反过来会产生揭发财政假象的激励,然后整个故事都会被拆穿。就当前来说,不去考虑这样的授权显然并不存在这一事实,正如我指出的那样,推定通过偶然的方式决定政策带来的福利结果是消极的。实际上,如果具有理性预期的投票者提出要求,那么在这种通过偶然做作出决定中的持续博弈还是会带来公共福利方面的收益。

但稍加思索就可以揭示为什么纯粹偶然的决策方法只可能是一种观念性的范畴。就每一个可能的问题来说,所有的集团都宁可选择任何可以想到的变化而非现状,这是极其不可能的事。这些是革命者的偏好,而非美国利益集团的偏好。在存在财政假象的情况下,特殊利益的互投赞成票更可能产生一套完全不同的明确规定。这种法律会赋予每个人一些东西,同时将交易限于特定的阶段之内,从而为未来的多边交易留下了充足的机会。

简而言之,尽管阿里森、盖尔霍恩和罗宾逊关于立法的一般理论体现了某些立法的动态性福利结果,例如用于国防或改善河流与港口的征收法案,但它似乎是解释明确而非模糊立法的理论。就我们认为这种"圣诞树法案"确实是削弱公共福利的私人利益立法情形而言,我们应当赞成以法律的模糊作为可能的矫正措施。或许,国防部或美国陆军工程兵团至少能避免某些由纯粹的猪肉桶政治产生的没有价值的方案。实际上,最近运用"基地关闭委员会"使该问题部分摆脱政治交易,正是这样一种进展的一个例证。

因而,在没有进一步探究这种显然顽固的进路(例如简单多数的立法事实上是不存在的)经验幼稚性的情况下,该理论在支持限制立法机关赋予行政官员裁量权的能力方面,似乎并未提供什么内容。因为即使就模糊授权系统性的负福利作用而言,其提供的分析甚至也不能提出一种可信的理论例证。

法律的模糊性与选举责任

公共选择以福利经济学为由反对模糊的授权可能是难以让人信服的。然而,如果公共选择的进路强化了伊利关于破坏选举责任的抱怨,就我们希望对其施加更多(与当前最高法院学说规定的限制相比)限制的民主治理而言,模糊授权还是具有大量让人不快的后果。然而,这些关于立法者通过简单的模糊法律的方式系统地欺骗其选民的说明,似乎是很成问题的。请回想一下我在前面对伊利观点的批评。我们真的希望根据关于具体立法的具体投票情况选择代表或让其负责吗?要不是宪法上的需要(与禁止授权学说有关),他们会以更一般的方式制定相应的法律?我们真的认为,与其了解立法者或候选人的一般意识形态倾向相比,投票者会从关于具体立法的具体投票情况中获得更好的信息吗?

大卫·舍恩布德显然认为,就民主责任制而言,信息越具体越好。在他看来,"授权会让立法者有选择性地传递信息,在拒绝提供有关棘手选择的意见的同时提供能够笼络人心的意见。《清洁空气法》与许多其他管制性法律,就是因为以赋予广泛权力的方式通过,而非因为国会在棘手的主题上达成了共识"。舍恩布德接着说:"立法者摆出的意识形态姿态与由行政机关产生的法律之间彼此绝少类似之处……授权确实使立法者可以采取内在不一的意识形态(例如避免经济混乱与保护健康)。他们不必就这种不一致进行辩论,因为他们是在象征性的目标层面而非具体的法律层面进行讨论。"[24]

归纳起来,舍恩布德的主张就是:宽泛的授权为立法者提供了这样的机会,即有选择性提供信息,无须达成合意就进行立法,掩盖不一致的立场。就舍恩布德认为立法者赋予行政官员宽泛权力的情形下会做所有这些事情而言,我并不存在异议。我的观点是:这些事情并非绝对都是坏的,在立法者颁布非常具体的立法时,那些确实会削弱责任制的事情同样也是存在的。

正如前面表明的那样,我不认为未能就细节问题达成共识就应阻止立法者进行立法,因为我找不到理由认为它对公共福利或政治责任有什么消极后果。一种在仍然存在模糊性或就执行细节存在分歧但仍继续进行的决定,就是一种进行笼统立法会比维持现状更能改善政体处境的决定。公民可能存在不同意见,但他们能够让立法者对其选择负责。如果公民希望的是更明确的法律,或担心在未就执行细节方面达成真正共识就进行立法是危险的,他们毕竟还能够将这些笨蛋淘汰掉。

当然,可以说这需要投票者一方具有相当程度的世故方可。但这正是下述建议存在的问题,即同更明确的立法行为相比较而

---

[24] 大卫·舍恩布德(David Schoenbrod):《没有责任的权力:议会如何通过立法欺骗公众》,纽黑文:耶鲁大学出版社,1993年,第103页。

言,立法中的宽泛授权提高了代表进行掩饰或前后不一的能力。但令人悲哀的事实是,立法者在明确的法律中就如同在更笼统的法律中一样,同样能够很容易有选择性地传递信息或者采取不一致的立场。

舍恩布德用来支持其观点的《清洁空气法》,同样可以很容易地支持我的观点。在这部法律及其诸多修正案中确实存在一些关键性的空白,从而将重大的政策裁量权留给了行政官员。另一方面,该法律却有数百页之巨,其中许多都包含着罕有公民能够理解的超技术性规定。此外,就《清洁空气法》及其修正案的行事极大偏离了公民的期望而言,我认为这主要出在细节性的规定而非宽泛的抱负部分。投票者并不阅读法案,即使阅读也几乎无法理解当中的多数内容。因此,无论立法者明确还是笼统地立法,他们都可以有选择性地传递信息。

明确性同样也无助于投票者去监督立法者意识形态立场中存在的不一致。实际上,在我看来,在立法者"通过严格的空气质量管制保护公众健康而同时避免严重的经济混乱"的陈述中探测其不一致性,较之找出法案实际上在这些价值之间进行选择的具体规定以及如何选择,对投票者而言,前者似乎更容易。

以一个不同的但现在很著名的例子为证:近年来国会通过的最明确的立法恐怕就是由预算、拨款与财政委员会起草的体系庞大、详细到让人头昏脑涨的立法了。但是这样一部《综合预算协调法》几乎无法携带,更不用说阅读了。在美国的政治中,立法者对选择性信息和前后不一致最充分地运用,或许就体现在向美国人民解释如何设计联邦预算当中。

这一问题的梗概似乎如下：没有人能够表明在改进责任制、增强公共福利或尊重法治与立法的明确性之间存在着任何系统性的联系。与用于证明笼统性与明确性的选择性例证相关的抽象假定，会损害我曾讨论过的某种或者全部公共价值。倘若果真如此，那么最高法院曾将法律笼统性这种选择留给立法机关自身就确属明智之举。

支持宽泛授权的理由

先让我们回顾一下讨论。我们似乎没有有力的理由认为宽泛的授权会使治理丧失合法性，或者会造成系统的负福利作用。至少在理论上，正当性既可以源于明确的法律规则，也可以源自通过行政规章与决定实施的一般法律原则。同样，并不存在有说服力的先验理由认为宽泛的授权会破坏选举方面的联系。此外，就不利的立法源于那些不受约束的跨事项投票交易而言，宽泛的授权不会对福利产生什么明确的影响。认为宽泛的授权是立法机关的自我家长主义（self-paternalism）行为，约束着进一步的不利交易，这同模糊授权会以某种方式助长互投赞成票这种观念一样都只是表面有道理。关于模糊授权会导致通过偶然方式决定政策最尖锐的批评可能就是结果满足的是"获胜联盟"，而直至行政的委托人（事先用 McNollgast 的术语来说）"徒劳无益"并且选择一种确定的政策。因而，反对宽泛授权的理由似乎是相当没有说服力的。但是否有理由支持授予行政官员以宽泛的权力呢？或许这难道是一场不论谁承担说服责任都会输掉的辩论吗?

对福利的影响

假如我们假定,无论是明确的还是模糊的立法,其对福利的影响在具体情形下都是随机的而且总体上是中立的,那么我们至少会对降低立法以及执行立法的行政成本感兴趣。[25] 这些行政成本似乎包括两种:做出和实施决定的直接成本与有缺陷决策及其执行的错误成本。在执行阶段,这些错误成本当然可能源于所谓的"代理成本"(代理人的目的与委托人的目的相背离)[26],也可能源于简单的错误。因此,尽管职能的划分会产生某些效率方面的属性(专业化等等),它同时也需要监督以查明代理人一方的渎职行为以及简单的错误。从监督服从的角度来看,明确的法律具有明显的优势。

然而,有什么理由认为宽泛的授权会经常降低决定、代理以及错误成本的总量吗?大量的评论者确实是如此认为的。正如阿里森、盖尔霍恩和罗宾逊指出的那样,这种可能性确实是支持宽泛授权主张中最常见的形式。然而,当他们强调节省成本的可能性并

---

[25] 可参见艾萨克·埃里希、理查德·A. 波斯纳(Isaac Ehrlich and Richard A. Posner):《法律规章创制活动的经济学分析》(An Economic Analysis of Legal Rulemaking),载《法学研究杂志》(J. of Leg. Studies)第 3 卷,1974 年,第 257 – 286 页。

[26] 可参见迈克尔·C. 詹森、威廉·H. 迈克林(Michael C. Jensen and William H. Meckling):《公司理论:管理行为、行政机关成本与所有权结构》(Theory of the Firm: Managerial Behavior, Agency Costs and Ownership Structure),载《财政经济学杂志》(J. of Financial Economics)第 3 卷,1976 年,第 305 – 360 页。

非支持这种政府权力划分的决定性理由时,他们也是十分正确的。我们还必须有某种理由认为,立法机关不仅能够认识到何时模糊授权会减少成本,而且在可能的情况下还会有动力去实现这些收益。

不过,还有一个不那么有说服力的支持授权的理由也是能够成立的。如果我们不相信阿里森、盖尔霍恩和罗宾逊宽泛的授权总的说来会减少福利的论点,那么如果授权会降低决定、错误以及代理成本的总量,采用授权方式就是有道理的。然后挑战就在于设计其他的宪法性约束激励立法机关朝着增进福利的方向立法。实际上,通过拒绝给予立法机关有效决定过程以减少福利损失的方式约束立法机关似乎是相当奇怪的。实体性的限制会更加切题。

通过偶然方式决定政策的情景则强化了这一主张。如果授权可以回应对于通过偶然方式决定政策的要求,那么就有理由认为立法本身至少具有一些积极的效果,而不仅仅是中性的。因而提供一种有效的决定技术就会鼓励通过增进福利的立法,还会防止浪费。但是,因为这种授权需要在一个有限的决定框架内选择一种"获胜的"政策,我们就必须面对这样一个问题,即预言行政机关一旦采取行动,事实上是否会增进福利。行政机关采取的行动若没有增进福利,就会被认为超越了其权限。但是这种行政过错或越权是最容易通过诸如司法审查等法律控制加以限制的。

不过,在其权限范围内(由法律界定的选择空间)的行政行为可能无法实现所有可能取得的福利收益,甚至其净福利影响为负。司法审查或行政管理和预算局的监督能确保行政机关的选择总是会产生正的福利影响吗？很难。不过，同样明确的是，行政机关要求准备好的关于行政机关管制成本/收益的分析以及法院要求行政机关提供规章已经合理评估了竞争性价值的解释，当然会推动行政机关做出成本最小化或增进福利的行为。但在具体的立法选择方面，这样的约束是不存在的。

就以行政法作为确保对行政官员的宽泛授权会得出增进福利的结果的方式而言，得到广泛讨论的美国谢弗林有限公司诉自然资源保护委员会一案，㉗为其优点和缺点提供了证明。同时，就立法机关进行这种授权的理由而言，该案也提供了某种有趣的司法讨论。

谢弗林案涉及对美国环保署所谓的污染泡政策（bubble policy）的审查。依照1981年通过的一项管制措施，对周边空气排放物质的设施，准许安装并未完全达到其空气质量许可条件的新设备，其条件是他们做出补偿性的改变，以阻止前述变化对整个工厂排放的物质质量产生不利影响。被告自然资源保护委员会主张，现有工厂中的每一种污染源都属于《清洁空气法》所说的"固定源头"。由于该法禁止任何"固定的源头"在"未达标"的地区增加排放，因此自然资源保护委员会辩称，在美国那些要求改进而不仅仅是维持其空气质量的地区（未达标地区），这种污染泡管制所试图引入的灵活性是不允许的。

最高法院认定，环保署能够将整个工厂视作一个"固定的源

㉗ Chevron, U.S.A., Inc v. Natural Resources Defense Council Inc., 467 U.S. 837 (1984).

头"(污染泡政策),尽管就其他目的而言,环保署将每一个排放点都当作固定的源头。在对法律与立法历史进行解析之后,最高法院得出结论:就鼓励还是限制运用污染泡技术而言,国会并没有清晰可辨的具体目的。相反,最高法院认为相关法律仅仅为行政行为建立了一个笼统的框架。国会试图通过某种方式调和对环境质量与经济增长的要求。因为在这里环保署似乎已经在这些利益之间进行了"合理"的平衡,所以最高法院认为它的司法性的审查功能到此为止。

简而言之,环保署在做出具体政策选择时有权就环境与经济价值加以平衡,它以一种显然合理的形式去进行这种平衡。对于通过法律明确赋予行政机关做出重大价值选择的行政权所导致的可能存在的禁止授权问题,最高法院并没有去直接触及,而是说:"国会意在调和(经济与环保)两种利益,但在这些案件所体现的明确性层面,国会自己并没有这样做。或许,国会有意识地要求行政官员在此层面上去实现这种平衡,认为那些具有明显的专业知识而且负责实施相关规定的人更适合这样做;或许它根本就不是在这个层面上考虑该问题的;或许国会无法就该问题的任何一方面形成联盟,而每一方都决定在行政机关设计的方案方面试试运气。就司法机关的目的而言,它与这些具体发生的事情中的任何一个都是不相关的。"㉘

简而言之,最高法院似乎是在告诉我们,无论国会是明确地努

㉘ Chevron, U. S. A., Inc v. Natural Resources Defense Council Inc., 467 U. S. 837 (1984),第 865 页。

力通过考虑由专业化获得的收益来增进福利,还是在立法层面处理具体偶然情况固有的不确定性,抑或通过确立以偶然方式决定政策的方法降低立法层面的决定成本,相关的宪法情形都是一样的。在每一种情形下,立法都是有效的,司法机关的作用就是通过确保行政行为不超越职权范围(即这种选择要出自由具体偶然决定方面所确定的选项集合当中)与"合理性"(与委托人的目的相关而且没有过度的错误)来帮助立法机关实现这些潜在的收益。

当然,从谢弗林案的判决以及该案系争的环保署对《清洁空气法》宽泛授权的处理中,我们无法得出这样的结论,即宽泛的授权在接受司法审查的情形下有可能会增进福利。很少有机关的选择会像污染泡政策那样显然具有成本效益。同样不确定的是,最高法院会不会将《清洁空气法》解释为它只是认可赋予这样一种"调和"环境与经济价值的权力:通过这种选择能带来社会福利的净收益。实际上,在下面的段落中,最高法院表明它根本不会根据福利的方式进行思考。其法律意见如下:

> 法官在这个领域并非专家,而且不是政府的两个政治部门的组成部分。在有些情形下,法官必须调和竞争性的政治利益,但并不是以法官个人的政策偏好为根据。相反,获得国会授权履行决策职责的行政机关,在授权范围内是完全按照当局对明智政策的看法作出判断的。尽管行政机关并不直接对人民负责,但总统是直接向人民负责的,由政府的政治部门作出这样的政策选择显然是合适的,即解决国会本身因或者疏忽大意未曾解决的或者有意识地留给负责按照日常的实际

情况实施相关的法律的行政机关来解决的竞争性利益问题。㉙

这后一种主张似乎将环保署政策选择的可接受性建立在一种完全不同的基础之上：较之远离选举政治的法院而言，行政官员通过他们与总统的联系对选民承担了更大的责任。根据最高法院的指引，我们现在该回到责任性、代表性与合法化这些论题上了。福利方面的主张对赋予行政官员决策权所提供的支持很难说是压倒一切的。在对谢弗林案法律意见的第二段引语中存在着这样一种观念的雏形，它能够在责任性以及合法化的技术方面确立起模糊授权相较于明确的法律规定的优越性。

总统制下的责任制

足够令人奇怪的是，这样一种设想是有道理的，即将授予行政官员政治权力当作一种提高政府对普通选民诉求的回应性的方式。即使我们接受许多政治经济学文献的洞见——这些文献将其关于国会与选民行为的预设建立在对选民的利益转移与代表的当选或再次当选二者之间的直接关联上，仍然可以得出这种主张。所有需要我们去做的就是别忘了还存在着总统选举，正如最高法

㉙ Chevron, U.S.A., Inc v. Natural Resources Defense Council Inc., 467 U. S. 837 (1984),第865－866页。

院在谢弗林案中提醒我们的那样,总统是行政官员之首。

然后去假设,投票者是通过现代公共选择作品对国会行为最愤世嫉俗式的解释的棱镜去认识国会议员的选举的。简而言之,投票者之所以选择某个代表,是因为他能够有效地向包括投票者在内的地方提供政府物品与服务。代表是好是坏,取决于他为本地提供政府开支的能力,至少得是均等份额的能力。从这一点来看,议员关于各种国家利益事务的立场的重要性,即便存在,也是非常有限的。唯一的问题就是,他或她"完成任务了吗"?

投票者关于总统选举政治的设想可以说是十分不同的。总统没有特别需要他/她专门负责给其带来好处的选区。虽然总统很难说切断了与猪肉桶政治之间的联系,但只有全国范围的事务以及候选人在这些问题上的立场,才是总统政治学的本质所在。公民投票支持一个总统,几乎完全是基于这个或那个候选人对一般政府政策可能持有的不同理解。

如果这种关于全国大选投票的描述是可信的,那么利用对行政机关的模糊授权作为促进回应选民在总统选举中表达出来的偏好的方式就有它的意义。立法的高额交易费用尤其表明,以修改行政指令为目标的立法行为是罕见的。因而在相当长的时期内,行政机关会相对比较完整地坚持它们的法律授权规定。

不过,投票者关于政府行为方向与强度方面的偏好不可能是如此稳定的。实际上,人们之所以会合理期待总统能够在四年的任期内影响政策,完全是因为当选为总统就必然拥有运用、指挥或影响政策裁量的权力。通常被我们称为"行政管理部门"的执行官员团体之所以重要,完全是因为行政官员负责实施的指令具有相对的可塑性。如果国会的法律就行政官员应采取的行动而言真的是明确的，那么总统选举政治活动就只不过是一场选美。因为在缺少议会制度或严格的政党忠诚制度的情况下，明确的法律会意味着，只有当能够说服立法机关就现有明确的法律体系做出明确的更改时，总统与他的行政管理部门方能回应投票者的偏好。那些支持以明确的法律规定约束行政裁量权的论点，因此体现的只是保守而非回应性治理的要求。

当然，总统或行政管理部门必须与国会就政策的变革进行协商这种设想并不缺乏吸引力。确实，我们期望能就总统可以把全国性大选视作通过公民复决批准所有总统（或总统同事）偏爱的方案的程度规定某些限制，而无论这些方案在竞选期间是否得到了披露。那些憎恶任何行政管理部门政策的人确实会被诸如此类的制度所吸引，即要求总统几乎总是通过提出立法变革议案的方式采取行动。然而，与严格的授权学说相比，当前通过相对宽泛的法律授权在行政治理过程中确立的灵活性，似乎有可能对投票者意愿做出更适度的行政性回应。因为，如果我们要认真限制行政官员的裁量权，就必须超越大部分禁止授权理论家似乎假定的、会代表国会明确选择的那些东西。

在禁止授权学说的文献中，这后一点遭到了如此的漠视以至于值得对其进行详细阐述。尽管禁止授权学说的大多数讨论都集中在关于决定的实体标准问题方面，但确立标准只是政策裁量实践的一个方面而已。例如，在管制政策的形成过程中，至少必须回答下述这些笼统的问题：管制议程上的主题有哪些？其中哪个优先？管制根据什么标准进行设计？这些管制在什么期间内通过？

第六章　行政官员应当作出政治决定吗？

就所通过的政策而言,运用执行机制的优先次序是什么?据以发现与法律规则之运用相关的事实的规则与程序是什么?将事实与法律结合在一起得出法律结论,也就是"认定"是否违反管制的规则是什么?就不服从而言有什么例外或正当理由?如果认定违法会规定什么样的矫正措施或救济?

当然,这些问题中的每一个都可以被分解为许多其他问题,而且关于每一个问题的答案都是一种政策选择。事实上,任何一件可以通过立法机关对前述问题之一的回答而得到明确控制的议题,在考察其他的问题时也都会重新开始与确定。例如,即使国会以随后被职业安全与卫生署所采纳的每一条具体且详细的规则作为立法来通过,职业安全与卫生署的法律的影响在卡特与里根当政期间仍有可能存在巨大的差异——实际上确实如此。就最宽泛的意义而言,该法在1976至1980年间与1980至1988年间的含义也是不同的。

要是国会试图使法律的含义随着时间的流逝而保持一致,那就必须就执行的发动、认定事实、进行语境性的解释以及确定救济活动详细地规定极其精确的标准。实际上,为了确保一致性,国会就必须对所有这些判断明确规定一些客观的标准以及一些将其统一于决定之中的运算法则。实际上将裁量权排除在法律/行政制度之外是如此艰难,以至于人们试图假设一种"行政裁量守衡定律"。依照该定律,行政制度中的裁量总量是恒定的。在一个选择点消除裁量只会导致它从该处转移到这个制度的其他地方。

要是国会在某些情形下能够通过明确的管制标准,比如职业安全与卫生署的法律,那就是启动了亲自做出实际管制选择的过程。它亦并未表明,设置实体性标准之外的行动不会带来禁止授权理论家关注的广泛政策问题。事实如何认定往往决定了谁输谁赢。什么情形足够重要需要做出那种最宽泛的政策裁量？什么时候拒绝给予救济性惩罚或规定某种违法的形式会引发基本的道德与政治价值问题？简而言之,正如阿里森、盖尔霍恩和罗宾逊承认的那样,制定明确的立法并且由国会做出决定性的选择,就意味着以极其详尽的方式处理所有这些问题。

当然,这种技术会导致极为机械的行政行为,而且仅仅就这一点而言就是让人非常不快的。[30] 对当前的目的更重要的是,要是强迫国会废除行政裁量守衡定律以便服从复兴了的禁止授权学说,就会消除行政机关对投票者偏好转移的回应性。因为在这种情境下,明确立法的高额交易费用会赋予现状巨大的优势地位,而现状只有可能通过同样的法律方可加以改变。

对投票者偏好差异性做出回应,并不限于随着时间的改变而改变。同样可以想象的是,考虑到地域的广阔与公民群体的异质性,政府的回应在同一时间同样需要情境性的差异。如果我们的法律真的是明确的,那这同样是不可能的。例如,我们不可能拥有这样一种残疾人社会保障方案,既可以利用联邦政府在征集税收以用于再分配目的方面的优势并运用一种全国统一的残疾标准,而同时又允许考虑地方对于工作伦理的归属、地方的就业机会以及其他可能于特定地区具有特殊性的变量。简而言之,我们不可

---

[30] 例如,可参见尤金·巴达什、罗伯特·A. 卡根（Eugene Bardach and Robert A. Kagan）:《依照书本:管制的非理性问题》(*Going by the Book: The Problem of Regulatory Unreasonableness*),费城:坦普尔大学出版社,1982 年。

能拥有这样的法律:"要做某事,但是要合理而且考虑地方性的差异。"或者至少我们无法拥有这样的法律,即当我们持有这样一种民主回应性观念:对于赋予它所通过的法律以决定性含义时,国会作为一个主体,应当使其作出的所有决定都成为必需。

事实上,正如反授权理论家同仁们经常哀悼的那样,国会很少制定这样的法律。这种令如此明确以至于无法跨地域或时间保持回应性的规章丧失合法性的非凡效果,让我感觉前述"失败"是一项重大的收益。对人民的意志做出回应并不是只能体现在一个机构中的统一现象。宽泛的授权则认识到,在政府制度某一点上的严格责任制会削弱制度整体的回应性。

还有另外一个理由支持对行政官员的宽泛授权可以提高回应性。正如投票理论家不厌其烦地告诉我们的那样,当存在三个或更多替代性政策时,就永远存在循环投票的可能性,这种可能性只有通过诉诸某种专断结果的形式方能被打破。因而,立法者往往在需要做出决定的地方赋予决定性的权力。解决这一问题的方式有许多,规则委员会、强制性截止、随机选择、否决权的分配等等。㉛以宽泛或者模糊法律宣告的方式将选项堆在一起并且授权行政官员做出选择,只是另外一种通过确立专断者来避免循环投票的方式。

但是,专断者也有可能是回应性的(回想一下霍布斯与马基雅维利二人都给予那些会成为国王的人关于谨慎行事的详尽劝

㉛ 肯尼思·A.谢普瑟、巴里·R.温格斯特(Kenneth A. Shepsle and Barry R. Weingast):《结构诱发性均衡与立法选择》(*Structure-induced Equilibrium and Legislative Choice*),载《公共选择》第37卷,1981年版,第503—519页。

告)。如果这种选择是在规则委员会、随机选择以及向特定当事人提供否决权或向行政官员进行授权之间做出,那么立法机关就可以敏感地得出,最后一种可能是更具有回应性的机制。[32] 行政官员至少是在一套法律规则(行政法)之内运行的,这套规则要求其不超越权限,要求其运作必须伴有一定的解释以及受影响利益主体的参与,监督其一致性,保护其免受国会议员以及那些想要将互投赞成票引入行政过程的人的反复纠缠。简而言之,如果阿罗定理使我们不能确定多数决定规则的投票程序能否回应公民甚或立法者的诉求,或许对行政官员的模糊授权就能够成为一种避免投票循环这种更令人沮丧的方面的技术。[33]

此外,当会造成集体不可传递性的替代偏好次序被解释为视世界情形的不同理解而定时,赋予行政官员权力就会特别有吸引力。因为在此情形下,行政调查、事实认定或替代性政策的"自然"试验会就现实得出一种统一的观点或解释,最终得出一种理性的或可传递的集体偏好次序。根据这种方式解释,对专家的授权就变成一种建构合意的形式,这不是要将决定从政治中剥离出来,而是试图赋予政治选择以一种发现可能的集体协议并且实现

---

[32] 皮埃尔·汉森、贾克-弗朗索瓦·西森(Pierre Hansen and Jacques-Francois Thissen):《选举结构与规划:孔多塞、韦伯与罗尔斯的定位》(*Outcomes of Voting and Planning: Condorcet, Weber and Rawls Location*),载《公共经济学杂志》第 16 卷,1981 年,第 1-51 页。

[33] 理查德·济科豪瑟(Richard Zeckhauser):《通过偶然方式决定备选方案的多数决定规则》(*Majority Rule with Lotteries in Alternatives*),载《经济学季刊》第 83 卷,1969 年,第 696-703 页;以及阿兰·吉巴德(Alan Gibbard):《选举方案的操纵:一般性的结果》(*Manipulation of Voting Schemes: A General Result*),载《计量经济学》(*Econometrica*)第 41 卷,1973 年,第 587-601 页。

其收益的形式。

法治

此外，请注意这最后一个例证所表明的，对行政官员的授权实际上可以促进法治，它至少部分回答了洛伊的批评。即便在诸如 McNollgast 等公共选择理论家的描述中，行政程序也是极其复杂并具有限制性的。这些程序能够在法庭中得以实施以确保那些获得程序授权的人在事实上能够拥有其可以获得的政治权力。此外，正同判例汇编中一个又一个案件表明的那样，较之适用于法律的那些它的类似物而言，与行政决策有关的合理性检验具有显著的力量。当我主张那些现在适用于立法机关的松散理性审查并不必然是可取的时，显然指的是这种情形，即尽管涉及法律时这种审查是松散的，但涉及行政管制时则正相反。实际上，当以缺乏合理的理论基础推翻行政方面的要求，而在同样的情形下却维持同样缺少经验性正当理由的立法要求时，法院就已经明确地表明了这一点。法院只是以下述方式简洁地说明了这种区分的理由："行政法的检验标准不适用于立法行为。"简而言之，就"法治"或"权威性"意味着通过司法审查确保合法性的能力而言，根据这一标准，行政过程的得分要高出立法过程许多。授予行政官员权力据此强化了对程序与实体合法性的检验，否则这种合法性就会丧失。

在批评了那些反对赋予行政官员政策选择权的理由并且提出了我自己的赞成授权学说的理由后，我不想就该主张再作进一步的说明了。这里要说的不是要以这种或那种方式对禁止授权学说作出最终性的决定,而是要具体说明运用公共选择的分析解释公法问题时存在的危险与优点。就此而言,显然还是有一些基本教训的。

首先,从公共选择理论中并不能得出关于公共福利的结果。公共选择有助于我们更好地理解选择程序结构或者分配决定权有多么确定。它有助于我们看到策略性行为与策略性均衡在具有特殊结构和关切的具体决定过程中产生相似结果的可能性。尽管如此,它本身并不能告诉我们任何有关那些结果会增进还是削弱福利的内容。

其次,我们必须警惕局部分析的诱惑力。禁止授权的情形充满了零碎的理论建构。仅举三个例子即可:将民主被等同于立法上的多数决定,同时忽略了总统一职的作用以及利益集团的行为有可能给国家与地方选举过程带来的不同影响。授权的"代理成本"没有将与之相关的信息成本和决定成本考虑在内。关于"互投赞成票"的分析没有考虑行政机关的委托人是如何改变"互投赞成票博弈"的结构。

最后,我们还应当从这些讨论中清楚地意识到运用公共选择的方式,有可能忘却该理论自身的基本假定。公共选择是建立在理性主体模型之上的。当诸如"财政假象"等概念被引入分析中时,这总是一个危险的信号。如同马克思主义者昔日喜爱的"错误的意识"一样,倘若运用它解释任何事情,那就会冒什么也解释不了的风险。

第七章　行政决策的法律控制：
"司法审查博弈"

　　晚至约翰·F.肯尼迪当政时期,关于联邦行政行为的主要图像仍是对案件的裁决:联邦贸易委员会的检控、国家劳资关系委员会的执行行为、联邦通讯委员会或联邦动力委员会的许可行为或州际商业委员会的资费行为。① 三十多年后,当美国人思考"管制"时,他们考虑的往往是职业安全与卫生署通过与工作场所安全有关的普遍性规则或环保署通过调整空气或水质量的规则。② 规章创制也不是后新边疆时代(post－New Frontier)将管制性技巧牢记在心的行政机关的排他性领域。那些传统行政机关具有政治上突出地位的活动,诸如联邦贸易委员会对礼仪学校和殡仪馆的

---

　　①　因而,当亨利·J.弗里得利(Henry J. Friendly)法官在其有影响的霍姆斯讲座:《联邦行政机关:更好界定的标准的必要性》(*The Federal Administrative Agencies*: *The Need for Better Definition of Standards*),麻省剑桥:哈佛大学出版社,1962年。他的标题界定了一个问题,他对这个问题的回答是,在作出裁决决定的过程中更清楚地阐述行政机关的政策。
　　②　在这里,弗里得利法官提供了一个有益的例子。在他劝告行政机关阐明裁决标准十一年之后,他撤销了国家劳资关系委员会的一个决定,该决定的理由仅仅是规章创制过程是发展政策的更好工具,因而滥用了要求委员会通过裁决公布新政策的裁量权。Bell Aerospace Co. v. NLRB, 475F. 2d485(2nd. Cir. 1973), reversed NLRB v. Bell Aerospace Co., 416U. S. 267(1974).

管制或联邦动力委员会对天然气管道价格的放松管制,往往具有规章创制而非裁决的特征。

这种"范式转换"部分是进化性的,但同时也包含着有意识重新设计行政过程的关键要素。1960年代的管制改革运动强调的是规章创制并赞美其效率、公平与政治责任的价值。当肯尼思·卡尔普·戴维斯可能比大多数人更夸张地将规章创制描述为"现代政府最伟大的发明之一"③时,就下述信念而言很难说他是绝无仅有:即从裁决向规章创制的转移会重新为联邦的决策提供活力,与此同时使其更加理性与民主。

今天的改革者往往会将联邦行政机关的规章创制活动当作问题而非解决方案。从一个视角来看,规章创制之所以成为问题恰恰是因为它已经成为让大量先前未被管制的经济部门遵从昂贵的联邦法令的工具。④ 由此看来,管制改革就在于降低规章创制权的范围,并且让其接受对政府干预的成本与收益的现实主义评估。

从一种不同的实体性或政治性视角来看,规章创制活动同样被激烈地批评为无法实现它的诺言。1960年代与1970年代那些无所畏惧的新机构虽然已经给社会造成了大量的成本,但在朝向

---

③ 肯尼思·卡普·戴维斯(Kenneth Culp Davis):《行政法文丛》,第一版,增补,圣地亚哥:K. C. 戴维斯,1970年,§6.15。

④ 在这些批评中,最著名的或许要数默里·韦登鲍姆(Murray Weidenbaum)的估计,联邦管制的成本每年要超过1000亿美元。默里·韦登鲍姆:《评估管制成本》(*On Estimating Regulatory Costs*),载《管制》(*Reugulation*)五月/六月,1978年,第14-17页。这种估计很难说是没有争议的。见马克·J. 格林、诺曼·威茨曼(Mark J. Green and Norman Waitzman):《法律上的商战》(*Business War on the Law*),修订版,华盛顿特区:社团责任研究集团(Corporate Accountability Research Group),1981年,第33-40页(详细阐述了韦登鲍姆计算的经验性瑕疵)。

第七章　行政决策的法律控制:"司法审查博弈"　249

设想中的、更安全与更健康的世界的前进中却时断时续。一个接一个的管制方案之后是要花费数年(如果不是数十年的话)方能完成(有时是触及)其宣称的或法律规定的议程。那些在1960年代和1970年代试验过规章制定的更悠久的委员会,作为一种对无效率、不公平以及缺乏责任性的回应,在很大程度上回到了它们更熟悉的裁决过程。联邦的规章创制机制被广泛地认为是如此残破与容易出问题,以至于行政官员会诉诸任何其他技术来完成他们的工作。[5]

　　尽管在某种(或许是很大)程度上这些竞争性设想描述的是关于政策或政治的争论,其中"规章创制"或"管制过程"的麻烦,实际上只是一些实体性分歧在程序上的体现,但异曲同工的是,这两组批评者认识到的问题是共同的。支持管制的力量仍然继续号召进行更有效和更及时的规章创制过程,放松管制的支持者往往也具有同样的兴趣。[6] 管制的规章创制过程也是放松管制会(有时是必须)遵循的政策过程。因而,就职业安全与卫生署因无法制定规章来管制美国工作场所发现的大量有害物质而提出的支持管制的悲叹,这会在放松管制的挫败方面得到映射,即职业安全与卫生署在修订20年前通过的陈旧但确是法律要求的规章方面行动迟缓。美国环保署在颁布规章保护环境方面已经成百上千次地

---

[5] 例如,参见安东尼·斯卡里亚:《回到基础:以不创制规章的方式创制法律》(*Back to Basics: Making Law Without Making Rules*),载《管制》七月/八月,1981年,第25页。

[6] 见迈赖克·B.迦蓝迪(Merrick B. Garland):《放松管制与司法审查》(*Deregulation and Judicial Review*),载《哈佛法律评论》第98期,1985年,第505—591页。

错过了最后期限,但驱使联邦能源管制委员会事实上放弃在能源定价方面重新引入市场机制的倡议的管制过程,也并不是"放松管制"的朋友。正如某些人主张的那样,⑦如果依靠规章进行决策已经逐渐废弃或"僵化",那就有必要重新审视行政机关的规章创制结构,将其当作一种治理机制,而非该机制在具体情形下的实体影响。本章就试图讨论这个普遍的制度性问题。

我们将首先回顾一些讨论行政机关规章创制活动问题的标准法学、政治学以及管理学文献。正如这一回顾会表明的那样,评论者针对行政规章的创制过程为什么未能实现政治过程让其实现的抱负,已经提出了"外在的"(受制于外在力量)与"内在的"("糟糕的管理")两方面的说明。运用某些公共选择文献中熟悉的标准"博弈论"技术,本章与下一章将会分析两种外在的假定:(1)规章创制为通过司法审查进行的法律控制所削弱;(2)规章创制因一套自相矛盾的政治制衡而受害,这种政治制衡代表的是国会与总统围绕政策权而进行的斗争。博弈论戏剧化地展现了行政过程外在的法律与政治控制的力量。更重要的是,当以博弈论提供的策略性视角分析困扰行政机关规章创制的"问题"及其解决办法时,此与标准理解迥然不同。

概括这两章的论点就是,围绕司法机关审查行政行为的多数争辩,都是围绕谁可以要求审查、可以审查什么或者如何集中审查或在实体方面加以限制。相形之下,博弈论的分析连同对其他改

------

⑦ 可参见托马斯·O.麦加里蒂(Thomas O. McGarity):《关于规章创制过程"僵化"的一些思考》(*Some Thoughts on "Deossifying" the Rulemaking Process*),载《杜克法律杂志》第41卷,1992年,第1385—1462页。

革进路可能带来的效果的考察会表明,何时可以要求审查是需要考虑的最重要问题。

同样,行政行为的政治控制通常被视作国会如何或应在多大程度上控制行政官员的行为(我们在前面几章已经讨论过这些主题),或总统与国会围绕行政的政治控制而进行的争斗。博弈论的进路会揭示这一分析的不完整性。政治对于行政决策的影响是否应当以及如何改革,关键取决于人们如何确定在国会控制与总统监督中起作用的实际利益。更有趣的是,权力分立的博弈者最终结果并不只是总统与国会,还包括总统、众议院、参议院与司法机关。就建立有效且负责任的决策官僚机构的替代性方案的吸引力而言,明确承认"权力分立博弈"更加复杂会对其产生至关重要的影响。

放弃规章创制及其成因

过去十年关于美国行政机构绩效的个案研究文献,详细地描述了一个接一个的行政机关放弃了规章创制。在《为汽车安全而斗争》中,大卫·哈夫斯特与我总结说:

> 国家公路交通安全管理局的管制行为能够被简单描述如下。(尽管它)是被当作一个强制实施汽车安全设计的技术的规章创制机关而建立的,但国家公路交通安全管理局发布的规章在促进创新性安全技术的发展方面却只起到了有限的

作用。已经付诸实施的规章所要求的都是成熟的技术,它们中的许多在标准发布时就已经在汽车产业中得到了广泛的运用——如果不是普遍的运用的话。从 1970 年代中期开始,国家公路交通安全管理局就转而集中于它的强制召回存在安全缺陷的汽车这一法律权力。它已经后退到过去的(从改革者的视角来看是令人鄙弃的)法律管制形式,也就是逐案裁决,这种方式几乎不需要技术上的复杂性,而且对汽车安全也没有什么显著的影响。⑧

在有关消费者健康与安全一类的行政机关中也存在类似的说明。特伦斯·斯坎伦将消费品安全委员会描述为"使自己轻松摆脱了规章创制活动,而学习运用其裁决权以实现同样的结果"⑨。西德尼·夏皮罗和托马斯·麦加里蒂指出,职业安全与卫生署在其 17 年的历史中只完成了 24 项实体明确的健康管制,但却没有针对国家癌症研究所确定或怀疑属于工作场所致癌物质的 110 种化学物品中过半数制定工人保护标准,甚至连不充分的标准都没有。⑩ 这种冗长的说明在其他类似的机关那里同样存在,从联邦

---

⑧ 杰里·L. 马肖、大卫·L. 哈夫斯特(Jerry L. Mashaw and David L. Harfst):《为汽车安全而斗争》,麻省剑桥:哈佛大学出版社,1990 年,第 10 – 11 页。

⑨ 特伦斯·M. 斯凯伦、理查德·A. 罗格威茨克(Terrence M. Scanlon and Richard A. Rogowsky:《规章创制的密径:来自消费品安全委员会的观察》(Back-Door Rulemaking: A View from the CPSC),载《管制》(Regulation)七月/八月,1984 年,第 8 – 27 页。

⑩ 西德尼·A. 夏皮罗、托马斯·O. 麦加里蒂(Sidney A. Shapiro and Thomas O. McGarity):《重新定位职业安全与卫生署:管制方案与立法变革》(Reorienting OSHA: Regulatory Alternatives and Legislative Reform),载《耶鲁管制杂志》(Yale J. on Reg.)第 6 期,1989 年,第 1 – 63 页。

能源管制委员会⑪到联邦贸易委员会⑫、再到环保署。⑬

当然,个案研究的文献总的来说有可能误读了当代的规章创制,或者有可能的是,放弃规章创制之于行政机关可以用来阐明政策与执行项目的替代性技术而言,是无足轻重的。不过,这两个巧妙的结论似乎都无法经得起认真的分析。

审视一下联邦法律的要求与联邦行政机关的职工配置就可以看出,在实现立法方案方面,现在的规章创制技术比以前更加重要,无论立法方案是管制还是放松管制的。法律对管制行为的要求还在持续不断地增加,而可供管制机构利用的人员与资源却是在下降。因为众所周知,就政策的形成与执行而言,裁决较规章创制是更加劳动密集型的技术,因而行政机关似乎不可能通过从规章创制转到裁决而充分动员起来。在许多情形下,行政机关都不可能通过裁决合法地实现通过规章创制能够做到的事情。尽管联邦贸易委员会可以(撇开资源的约束不谈)通过正式裁决程序从事可以通过规章创制做到的大多数事情,但对于环保署或国家公

---

⑪ 理查德·J. 皮尔斯(Richard J. Pierce, Jr.):《司法审查行政规章之始料未及的影响:联邦法院是如何导致1990年代的电力危机的》(*The Unintended Effects of Judicial Review of Agency Rules: How Federal Courts Have Contributed to the Electricity Crisis of the 1990s*),载《行政法评论》(*Admin. L. Rev.*)第43卷,1991年,第7-29页。

⑫ 巴里·B. 博耶(Barry B. Boyer):《联邦贸易委员会与消费者保护政策:事后的检验》(*The Federal Trade Commission and Consumer Protection Policy: A Postmortem Examination*),载凯斯·哈金斯·约翰·M. 托马斯(Keith Hawkins and John M. Thomas)编:《制定管制政策》(*Making Regulatory Policy*),匹兹堡:匹兹堡大学出版社,1989年,第93-132页。

⑬ 《讨论会:20年后对环保署的评估:法律、政策与经济》(*Symposium: Assessing the Environmental Protection Agency After Twenty Years: Law, Politics, and Economics*),载《法律与当代问题》第54卷,1991年,第1-374页。

路交通管理局而言就不是这样了。

此外,无论从政治监督还是法治的角度来看,其他在没有规章或正是裁决的情况下制定与实施行政机关政策的技术也会具有令人不快的结果。这包括被通俗地称为"非正式"的管制过程。在这些情形下,行政机关试图通过诸如表示怀疑、进行协商、发表餐后演说以及对那些有力量迫使其采取正式行为模式的人做出让步等方式实现其意志。简而言之,规章创制功效的丧失可能是真正的损失,不仅是决策能力的丧失,也是管制机构所采取与执行的政策的透明度与责任性的丧失。

这些观察结果会带来一个明显的问题:如果放弃规章创制会产生可怕的后果,那么行政机关为什么还会采用一种会降低其功效的重构自身的过程呢?考虑到它对管制绩效、政治责任以及法治等令人不快的结果,为什么政治和法律控制者还会允许这一过程继续呢?

通常而言,对这一问题的回答有两种。其中一种关注的是机关内部的过程及其管理能力。简单来说,相关的回答就是,因为行政机关管理糟糕所以规章创制过程正在内爆。

我们不能完全无视这一解释。良好的管理会战胜糟糕的管理,事实上没有人会认为所有的机关都是管理有序的,公司也是如此。不过,出于几个方面的原因,我不会采取这种"内在的假定"。首先,当前关于具体管理技术绩效的知识状况还是非常有限的。在最近一项未公布的、关于规章创制的管理方面的调查文献中,美利坚大学公共管理学院院长科尼利厄斯·克尔温(Cornelius Kerwin)总结说:"现有的个案研究在确定它的作者认为是规章管理的缺陷方面,比在确立能够显著改进规章创制的结构与技术方面做得要好。"

其次,在组织理论领域中,很少有学者会认为存在唯一一种组织与管理官僚事业的最佳方法。笼统的建议或结论往往得不到有力的支持,往往会存在如此之多的例外以至于无法提供什么指导意义,抑或只不过是重复传统智慧的陈词滥调而已。在为美国行政会议⑭就行政机关规章创制进行的一项"管理主义性"研究中,它的前三个结论就可以用来说明这个问题:

第一个结论是:"结构性重组往往不会给内部制度带来任何根本性的改善。"这个陈述在研究中没有得到有力的支持,它只是以某个片段为基础的。此外,它似乎还与该研究唯一有力的建议相抵触,即"团队"结构是唯一有效的规章创制过程。这两个陈述不可能都是正确的,至少同一地点与同一时间的情况下如此。

第二个结论是:"当技术专家、法律顾问与其他办公室职员一起工作时往往会形成对抗性的气氛。"在某种意义上这是老生常谈,众所周知,职业性的角色与制度性的角色会造成不同的视角。不过,它的言外之意认为"对抗性"是需要避免的毛病。当然,除了需要对抗性以深入探测具体政策事务并确保行政机关的过程不会变成"集体思考"的方式,这是正确的。简而言之,组织应具有足够的对抗性,但不能太多。

第三个结论是:"为了保证责任性,联邦行政机关往往会将签

---

⑭ 弗雷德·埃默里(Fred Emery):《作为组织过程的规章创制活动》(*Rulemaking as an Organizational Process*)(为美国行政会议准备的报告,1982年)。

署权保留在较高的层级。这就会导致无效以及职员/战线的协调问题。"或许是的。但正如该结论第一句话表明的那样,将其保留在高级当局是为了确保责任性。这里存在着一种平衡,但结论几乎没有告诉我们如何去应对。

实际上,人们可以将这三个结论设想为对行政机关规章创制活动的主管提出了以下建议:"不要费心进行结构性重组;避免对抗性并且分散决策以便提高效率"。这难道不是结构性的吗?具体的主管可以合理地回应说:"我希望重组我的机关以维护我的职权并且确保以对抗性的方式提出不同的观点。为什么?因为考虑到我机关的外在环境,确保责任是我面临的最重要的管理问题,相信我,无论出现什么政策都会让我个人对其负责。"

简而言之,正如我假定的机关主管的回应表明的那样,内在结构很可能是外在环境的函数。当人们观察行政机关内部并且发现某些在实现机关的规章创制任务方面具有功能紊乱性效果的内部条件时,人们正在观察的可能只是糟糕的管理,或者是对某些外部刺激或要求做出的回应。因为机关必须组织自身并作内部运作以便在外部环境中取胜或生存下去,这后一种解释往往是很有希望的。实际上,通过援引责任性,美国行政会议研究的第三个结论就承认外在因素对内在安排的影响。

我或许倾向于将内在结构与运作视作对外在约束的回应。哈夫斯特与我详尽地描述了国家公路交通安全管理局的权力结构与规章创制过程在过去 20 年里是如何被改造以保护机关免受外在威胁的。在这一过程中,法律人与经济学家至少获得了与安全工程师同等的甚至是主导性的地位。这些变化阻碍了规章的创制过程而且将机关的执行策略转向了一个几乎没有什么安全性回报的召回机制,但这并非"管理糟糕"的结果。为了使该机关在其政治与法律环境中能够生存下去,这些内在变化是必要的。而其他个案研究也很好地记录了这种环境对其他机关具有的威胁。如果人们希望改进规章创制的绩效,那么首先关注外在的环境因素会取得很好的结果。

司法审查

对于很多评论者来说,在研究联邦管制与其他机关放弃规章创制中,司法审查成了主要的嫌疑对象。因为它自身规章"可适用性"的不确定而败诉,这就使得国家公路交通安全管理局谨慎运用任何尚未通过"实地测验"的安全技术。此于法定任务就是强制"实施汽车安全技术"的机关而言是极大的削弱。

此外,法院坚持要求它对外部的评论者作出回应,已经导致国家公路交通安全管理局组织了一种高度重复故而浪费时间的规章创制过程。迟滞反过来会影响结果。特定关键性规章的候审改变了该机关发展政策的政治时机。随着行政部门与国会人事的变更,那些曾经有可能在某段时间内取得成功的规章就变得不可能得到颁布与实施。法院在事后对行政机关做出评估的愿望还强化了当事人的对抗性立场,这些人会因机关的规章或其不作为或犹豫而受到相反的影响。这一观念部分得到了国家公路交通安全管理局的其他调查者的支持,[15]关于司法审查的类似抱怨也得到了其他关于联邦贸易委员会、联邦能源管制委员会与环保署的评论者的响应。

165　　尽管一些评论者认为法院在审查规章时只是对某些机关过于苛刻,但多数人似乎认为司法审查造成的真正障碍是不确定性。因为法院不太熟悉在要求审查规章的当事人抛过来的诸多问题中什么才是重要的,而且在分析它认为对规章"合理性"至关重要的问题时,法院在技术与科学方面也不够熟练,行政机关的感觉就是任何事情都有可能发生。这即使不会导致规章创制过程的放弃,也会产生防卫性的规章创制活动。

改革的考虑

正如下一章将会详细讨论的那样,司法审查显然并不是导致规章创制"僵化"的唯一原因。此外,美国的法律制度严重依赖以行政行为的司法审查作为一种确保合法性和政治责任性的方法。我们希望司法机关遏制专断或未获得授权的行政行为,我们将获得司法审查的机会当作一种保证行政过程公开性进而政治责任性的主要保障。杜绝司法审查并非一种明智的或政治上可行的观念。相反,改革需要的是一种关于行政机关的规章创制应如何运作的规范性设想以及一种关于如何运用司法审查来支持而非压制

---

[15] 参见史蒂芬·G. 布雷耶(Stephen G. Breyer):《法律与政策问题的司法审查》(*Judicial Review of Questions of Law and Policy*),载《行政法评论》(*Admin. L. Rev.*)第38卷,1986年,第363、第393页注释93。

第七章 行政决策的法律控制："司法审查博弈"

推行前述设想的策略性设想。

这里并不难阐明一种适合美国行政法实践的规范性设想。在过去25年里，行政机关规章创制的发展突显了两个主要的关注：（1）组织规章创制活动以便为受影响的利益主体提供公平的参与机会；（2）在已知方案目标与相关事实（无论这些有多么复杂与不确定）的情况下，行政机关应做出合理的政策选择。及时与节约资源被当作辅助性规范嵌入这些公平与合理观念之中。长期迟滞或过于昂贵的过程可能变得既不公平，也不合理。

应当如何组织外在的环境以促进公平与合理的规章创制过程呢？我们仍然可以很容易给出抽象的描述。私人参与者应具有接触决策者的同等机会，并且利用该机会告知机关相关的"事实"以及对具体项目应该促进的目标应当如何给予适当的语境性理解。外在的政治组织（国会与行政机关）应努力确保相关方案得到勤勉实施，并确保具体方案的任务不会变成它们自己的目的——也就是不会如此偏离关于相关方案在整个社会价值中的地位的比较广泛的理解以至于产生了不合理的结果。法院进行的法律审查应确保其运用的职权是合法授予的，确保其既未被误用也未遭到忽视，确保尊重参与的公平性与实体的非专断性等基本规范。

当然，挑战在于设计程序与制度机制以促进这一理想的外部环境，同时又不会鼓励多种外部影响机制或控制的滥用。如何在不制造"障碍"的情形下确立制衡呢？我们如何去处理所有的受到严重影响的当事人因出于私人或党派的好处而操纵这些必要的外在约束这一明显倾向呢？或更乐观地说，如何引导私人利益去实现公平与合理的规章创制过程这一公共目的呢？

这最后一个关于制度设计的更明确的表述,也可以就该问题给我们带来一些分析性的收获。简而言之,如果我们像公共选择分析者那样认为规章创制过程的"滥用"是私人利益的自然结果,那么我们就把我们的问题重新界定为激励管理方面的问题了。我们希望做的不管怎么说都是建构程序与制度性的联系,从而维持通过信息或劝说施加影响的激励,就像维持对合法性与"政治管道设想"的制约那样,同时还消除策略性阻挠手段的机会。正如制度设计者都知道的那样,这不是那么容易的。不过,这里还是存在一些见识的。尽管激励很难被直接转化为行为,但是对现有安排内含的激励的谨慎关注还是会让我们相信,改进是有可能的,亦即我们可以消除某些滥用的机会,同时又不丧失规章创制外在环境所提供的有价值的制衡。

为了把握规章创制改革的这一分析性处理,我借鉴公共选择发展了一种所谓"规章创制博弈"的东西。这一博弈的基本观念是相当简单的。它假定:当规章创制(无论管制性的还是放松管制性的)的反对者觉察到运用规章创制的外部障碍比无法运用具有更高的预期价值时,这种外部约束就会被激活。然后的问题就成为,在当前的规章创制过程中,我们能否发现这样的情形——即我们愿意改变行动者的激励从而改变他们是否去激活外在约束的计算。倘若如此,我们就会发现我们愿意为了更好的规章创制过程而改造博弈规则这种情形。

司法审查的博弈论分析

博弈论是数学和经济学的分支,试图建立理性主体做出选择的模型,也就是在给定选择的前提下,行动者会试图最大化他们自身的回报。[16] 博弈理论家并没有主张行动者必然是理性行事的。博弈论的结构只是阐明了行动者的激励是什么以及行动者如何最大化其预期回报。

显然,当决定是否采取法律诉讼或是否遵守行政机关的管制时,被管制一方不会根据简单的博弈论结构采取行动。例如,一个在意识形态上反对任何一种管制的当事人,在服从方面就会有相当高的负支付,而一个以"良好公民"为豪的当事人,就会对抵制管制要求的行为具有相当高的负回报,即便当其认为相关要求是违法时也是如此。在下面的说明中,我不会试图捕捉这类偏好,尽管在多数情形下是可以修正博弈结构以便将这些偏好纳入考虑范围的,取而代之的是,我将按照假定会影响最常见的个人或公司的直接经济成本与收益这种方式进行讨论。

---

[16] 有关易于理解的导读,见艾里克·拉斯缪森(Eric Rasmusen):《博弈与信息:博弈论导论》(*Games and Information: An Introduction to Game Theory*),第二版,麻省剑桥:布莱克韦尔,1990年。

服从还是不服从

出于说明的考虑,想象我们正在考虑国家公路交通安全管理局的一项管制,它要求在新客车上安装某种设备。依照当前的法律,这样一项管制是可以被即时起诉到上诉法院的。因为国家公路交通安全管理局的管制几乎总是给服从留下了明显的预留期间,在立即上诉期间不去服从通常不会给生产者带来任何成本。对于生产者而言,问题于是就成为是立即着手准备服从还是向法院起诉相关的规章。

为了更进一步简化问题,我们首先提出的只是生产者服从还是不服从的问题,然后我们再去考查生产者是否会提起诉讼要求推翻相应的规章。这两个问题显然是相关的,因为如果规章继续有效,不服从的生产者在某一点就会开始遭到惩罚。不过,就当前的目的而言,我们将假定有些公司会攻击该规章,而且在诉讼待决期间不存在对不服从的惩罚。因为不存在针对不服从的惩罚,所以现在的策略情形就不是生产者认为自己是在与联邦机构"博弈"取而代之的是,对它们而言重要的问题是,根据其他生产者服从或不服从规章,它们的竞争地位会如何?

表 7-1 规章执行前审查的博弈 1

假定:上诉会延缓执行
 遵守成本 = 5/每一车型年
 单独服从会导致市场份额额外损失 2

第七章 行政决策的法律控制:"司法审查博弈" 263

		克莱斯勒公司(以及其他)	
		服从	不服从
通用汽车公司	服从	−5, −5	−7, 0
	不服从	0, −7	0, 0

支付矩阵(通用、克莱斯勒或其他)

执行前审查的博弈1(表7−1)说明了这一竞争地位。该表有以下假定:服从的成本是昂贵的,成本是相对统一的。这里我们假定每一车型年的服从成本为5。如果生产者是唯一的服从者,那还会有额外的成本2,因为该生产者较其竞争者的成本与价格都会提高,从而会损失一些市场份额。这些数字都是随意的,但只要没有生产者从服从中获益,当前的博弈就不会很重要。服从的直接成本比单独服从损失的市场份额大,是因为这体现了汽车市场通常的需求弹性结构,即生产者的汽车每涨价一美元,它们的收入并不会损失一美元。

观察一下表格中的2×2博弈,不难看出通用汽车公司与克莱斯勒公司(只是汽车行业中其他成员的代表而已)会在哪里结束。没有一家会服从。右下角的区间就是每个博弈者所谓的"主导性策略"。这就是每个博弈者都会采取的行动,而不管其他博弈者在博弈中如何行事。的确,通用汽车公司会选择左下角的区间,而克莱斯勒公司则会选择右上角的区间,但是当不服从没有什么代价时,竞争者就没有理由给予彼此服从方面的满足从而丧失市场份额。似乎在执行前审查的情况下,没有生产者会在最后期限之前服从。大概他们总会要求司法审查,因为诉讼至少会迟延而且甚至会消除服从的必要性。

但它们会起诉吗？

但假定生产者总会起诉也是不现实的。诚然，有人起诉总是符合生产者的利益的，但是就每一生产者而言不做起诉的那个也是符合其利益的。如果其他人起诉了，那么所有的生产者都会从中获益（假定成功提起了诉讼），但只有那些作为诉讼当事人的生产者才会买单。这就是经典的"搭便车"问题，其中每个人都想就其他人的努力搭便车。这种观念同样促使利益集团理论对政治市场利益集团的不同的成功做出了诸多的预测。[17] 在有些情况下，搭便车意味着没有人会提起诉讼。我们怎么可能看到那种结果呢？

表7-2 谁会提起诉讼博弈

假定：延缓执行的执行前审查

  服从成本 = 5

  诉讼成本 = 1

  执行前审查中规章被宣布无效的可能性 = 0.5

  没有人起诉或服从时，行政机关执行的可能性 = 1.0

---

[17] 这里的基本主张类似于曼瑟·奥尔森（Mancur Olson）:《集体行动的逻辑》（*The Logic of Collective Action*），麻省剑桥：哈佛大学出版社，1971年，第53-65页。

第七章　行政决策的法律控制:"司法审查博弈"　265

| | | 克莱斯勒汽车公司(其他) ||
		起诉	不起诉
通用汽车公司	起诉	2.0,2.0	1.5,3.0
	不起诉	3.0,1.5	0,0

支付矩阵(通用汽车公司、克莱斯勒汽车公司或其他)

答案是不太有可能,原因有数个。首先,通过建立代表每一家起诉的产业联合会的方式可以解决搭便车的问题。如果存在足以为联合会提供诉讼资金的预先捐助,那么搭便车的问题就解决了。其次,在诸如汽车等这样生产者很少而执行官们彼此都很熟悉的产业中,如果规避还用以增进整个产业的"共同福祉"的必要支出中的公平份额,就会带来显著的社会成本(可能最终是经济成本)。最后,即使不存在有效的组织与社会压力,起诉的可能性仍是相当高的。我们可以通过观察"谁会起诉的博弈"(表7-2)看到这一点。在这里,我们仍将服从的成本都保持在5,但增加关于诉讼成本的假设,最多占服从成本的20%。此外,我们还假定被起诉的规章被宣布无效的概率为50%。最近的经验表明,这种可能性并非不切实际。

表7-2的支付逻辑是这样的:如果一个生产者起诉,它将支付诉讼成本1,但会避免服从的成本2.5,也就是服从的成本5乘以规章被宣布无效的可能性0.5。因此,如果生产者单独起诉,立即诉讼的总支付就是1.5;如果都起诉而且分担诉讼成本,那就是2.0。显然,如果其他人起诉,生产者的境况就会得到改善,但事实并非如此。在此情形下,它既能避免2.5的服从成本,同时又能避

免支付诉讼成本的份额(在两个生产者的情形里是 $1 \div 2 = 0.5$)。如果没有人起诉,每个人的支付都是 0。如果没有人起诉,也就不存在收益。

在已知这一套支付的情形下,该博弈的结果就是不确定的,但起诉的可能性却是相当的高。没有博弈者具有主导性的策略。如果克莱斯勒公司去起诉,通用汽车公司就不会去,但是通用汽车公司并不知道克莱斯勒公司会起诉;对克莱斯勒公司亦是如此。这种情形很像小孩子玩的丢脸的"胆小鬼"游戏。通用汽车公司与克莱斯勒公司都希望吓唬对方去起诉而自己不去。但是,假定在起诉的情形下每个人都要比没有起诉的情形有所改善,那么因胆小而放弃并且自己起诉就是理性的。但是,为了维护信誉或将来用来吓唬的"面子",同样存在二者都不起诉的某种可能性,即使从个人的角度而言起诉是理性的也可能如此。

不过,该博弈存在着一种数学均衡。实际上是存在三个。如果一方或另一方起诉,那么它的竞争者就不必起诉。我们将结束于左下角或右上角的区域。该情形一旦实现就是稳定的,没有一个博弈者能够单独改变其想法而使自己的处境得到改善。当然,二者能够基于团结、预先承诺或愚蠢而同时起诉,但这并非一个稳定的均衡,因为任何一方都可以撤回而且使自己的处境得到改善。由于双方事先都知道这些,因此每一个博弈者的最优策略,也就是具有最高预期价值的策略就是随机性的方法,让每个生产者有时起诉有时不起诉。只要起诉与否是另一方不可预期的,那么一方是否起诉就不必成为统计学意义上的"随机"。计算某人提起诉讼的可能性也是可能的。这种可能性相当高,达到了91%。⑱

即时要求在执行前审查规章带来的激励是相当明显的。如果不服从不存在惩罚,那就不会有人有兴趣去服从。而即使存在搭便车的问题,诉讼发生的几率也是极高的。

诚然,迄今为止我们讨论的还只是被管制主体的起诉问题。但是,管制受益者如果认为规章太过软弱同样也会起诉。我们如何结合"谁会起诉的博弈",在"执行前审查的博弈"中为它们的可能性支付建立模型呢?管制受益者博弈的结构似乎应类似于为被管制主体建立的模型。管制受益者会因为无法获得更强规章更大程度的保护而遭受直接的损失,这就为其提供了起诉的激励。这些激励与被管制主体避免服从成本的激励是对称的。如果我们假定收益总的来说等于成本,而且诉讼对于每一方而言都是同样昂贵的,那么博弈就是相同的,我们就可以预期同样会有91%的可能性,这些受益者会起诉被认为软弱的规章。当然,规章有可能同时被管制受益者认为过于软弱而被被管制主体认为过于强硬。

诚然,我们知道起诉的几率不会超过100%。不过,受益者集团或被管制主体起诉的几率必须接近前述可能性,因为在受益者与被管制者之间的"审查与否博弈"应非常类于基础性的"执行前

---

⑱ 以 G 等于通用汽车公司起诉的可能性,C 等于克莱斯勒汽车公司起诉的可能性。如果通用汽车公司希望混合均衡,就必须找到另外两个同样可取的混合(随机式)选项;亦即其从起诉中的预期利润 2.0C 必须等于其从不起诉中预期获得的利润 3.0 + 0(1 − C)。解这个等式得出 C 等于 0.67。根据对称的自变量,可以得出 G 也等于 0.67。因此,至少一个起诉的可能性就是 $0.91(1-0.33^2)$。

审查的博弈1"。不挑战一个"妥协"的规章或许是最好的合作结果,但如果对被管制者与受益者的"支付"是相等的,那它这就不会成为主导性的策略。

惩罚的权力

如果针对规章有效性待决期间的不服从行为存在惩罚,那么博弈论的情形就会发生极大的变化。仅仅通过增加足以起到威吓作用的惩罚,"执行前审查的博弈2(表7-3)"就改变了博弈1的情形,也就是超过了不服从的收益。因为服从的成本是5,单独服从损失的市场份额是2,所以惩罚只有超过7才会构成威慑。在这种支付结构下,博弈中的主导性策略就会从右下角转移到左上角,每一个人都会服从。

但这种博弈仍然过于简单。首先,是否会招致惩罚是不确定的。毕竟规章有可能被宣布无效从而不会导致任何惩罚。我们至少要修正博弈以便反映胜诉的可能性。此外,在这一博弈中的胜诉可能要比"谁会起诉博弈"描述的情形复杂得多。在"执行前审查的博弈2"的情形下,行业的一些成员似乎有可能选择服从而非起诉。并且在服从的情形下,与规章的有效性相关的相当数量的法律主张都会失去可信性。许多针对行政机关管制的攻击都是基于它的"不合理性",而当事人所说的"不合理"或"专断"通常指的是规章要求的行为在技术上不可行或过于昂贵。当被管制主体之一选择服从时,这两个理由对于进行审查的法院而言都似乎不是非常让人信服的。因此,如果有人服从,那么胜诉的可能性就会发生变化。是否服从或起诉的问题就变成了一个更加复杂的盖然性问题。

表7-3 执行前审查的博弈2

假定：上诉不会延缓执行
　　服从成本＝5
　　独自服从损失的市场份额＝2
　　惩罚＝8

		克莱斯勒汽车公司（其他）	
		服从	不服从
通用汽车公司	服从	−5,−5	−7,−8
	不服从	−8,−7	−8,−8

支付矩阵（通用汽车公司、克莱斯勒汽车公司或其他）

关于服从还是起诉的计算

要去说明当不存在执行前审查或这种审查不会收取比惩罚更高的费用时，被管制行业的成员所面临的情形，最简单的方法就是通过"决定谱图"（decision tree）。这一"决定谱图"潜在的假定是建立于以前的假定之上的。这些假定仍然是任意性的，或许并非是不合理的。

决定谱图的观念就是描绘出博弈者全部可能的选择行为，计算每一选择的预期价值，然后确定决定采取某种行为的全部预期价值是多少，此处的选择就是起诉还是服从。在这一决定谱图中，我们假定行动者"通用汽车公司"在做出是服从还是起诉这一决定时不知道是否会胜诉或其他主体是否会服从。因为该行动者不拥有其他行动者的决定的信息,它只是将其他人服从的可能性当作一种几率或者说50%。因此,克莱斯勒公司在这一博弈中首先采取行动,服从或不服从,每一种行为的可能性都是50%。如果克莱斯勒公司服从,那么规章被认定有效的可能性就是90%,被认定无效的可能性是10%。但在这一谱图中克莱斯勒公司不服从的一支上,规章被认定有效或无效的可能性都是50%。相关的工作于是就成为描绘出通用汽车公司每一种可能行为分支的价值。通用汽车公司只能决定是服从还是起诉,但它会以四种不同情形之一的方式去行动。

要了解如何进行计算,以最上面的一支为例。在此情形下,通用汽车公司决定服从,这个决定的预期价值就是它的实际成本或收益(这里服从的成本是 -5)乘以这种情况下克莱斯勒公司服从的可能性。要获得该种情形的可能性,人们就可以以克莱斯勒公司服从的可能性(0.5)乘以克莱斯勒公司服从的情形下规章被宣布有效的可能性(0.9),并以服从的成本乘以该分数。在上面第二个分支中,概率是一样的,因为仍然是服从/有效的情形,但是对支付进行了修正以体现通用汽车公司会败诉并带来惩罚成本8与诉讼成本1。不管什么行为都会获得正面回报的唯一情形,就是当通用汽车公司起诉而且规章被宣布无效的情形。在那些情形下,它支付诉讼成本(-1),但却因为没有服从成本而获益($+5$)。

以所有的价值与该行为在具体情形下发生的概率相乘,人们就可以合计起诉与服从的预期价值。在已知该决定谱图总价值的

第七章 行政决策的法律控制:"司法审查博弈" 271

```
假定：服从成本=5
     诉讼成本=1
     服从时被宣布无效的可能性=0.5；当其他人服从时为0.1
     任何人服从的可能性=0.5
     惩罚=8
```

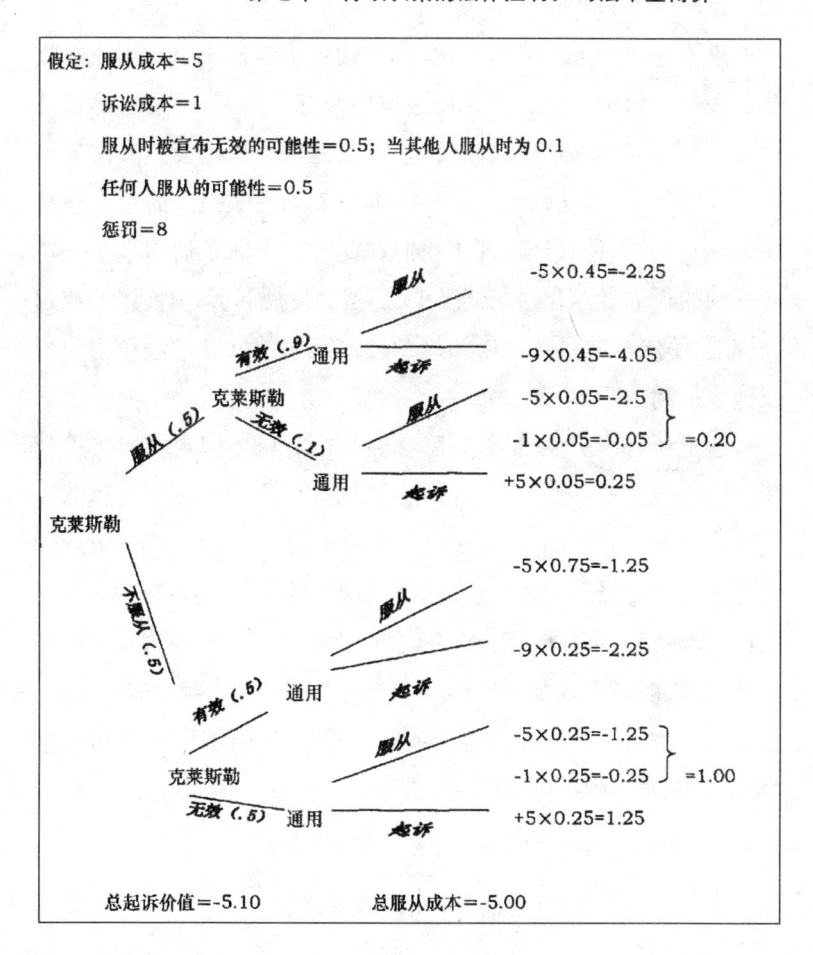

                                     服从   -5×0.45=-2.25
                     有效(.9) 通用
                                     起诉   -9×0.45=-4.05
               克莱斯勒
                     无效(.1)   服从   -5×0.05=-2.5
         服从(.5)   }=0.20
                                                 -1×0.05=-0.05
                             通用   起诉   +5×0.05=0.25
  克莱斯勒
                                     服从   -5×0.75=-1.25
                     有效(.6) 通用
         不服从(.5)   起诉   -9×0.25=-2.25

               克莱斯勒   服从   -5×0.25=-1.25
                     无效(.5)   }=1.00
                                                 -1×0.25=-0.25
                             通用   起诉   +5×0.25=1.25

  总起诉价值=-5.10   总服从成本=-5.00

图7-1 服从还是起诉的决定谱图

情况下，通用汽车公司是起诉还是服从几乎没有什么差别。如果让决定谱图在价值上发生微小变化，就会使天平发生倾斜。

该决定谱图据此给出了若干重要的教训。首先，它再次说明了如果不存在对不服从的惩罚,那么就会从诉讼或服从的成本收益平衡强烈偏向诉讼。因为在这里即使存在惩罚,问题也是很接近的。其次,给该体系加入惩罚并不能确保没有人会挑战机关的行为。实际上,即使惩罚比服从成本与市场份额损失的总量还要大,但服从的不利只是稍大于我们在此情况下赋予通用汽车公司的不利的行动者。在这个例子中,仍然会发现起诉是理性的,或者同样地,不服从并且通过增加规章被宣布无效的可能性作为防御措施来抵制执行。

这里还有第三个教训,它隐含在整个分析中但现在应被提到前台中心的位置:就司法审查是造成"僵化的"规章创制过程的成因之一而言,问题可能不在于最经常争辩的传统方向,即审查标准或范围的相对严厉方面。司法的严厉性只是与起诉规章胜诉的可能性以及与起诉对服从的支付有关的因素之一。就像服从的成本一样,审查的时限以及可以要求审查的条件也会影响相应的计算。这里还有大量的潜在性政策选项用于校正相关的博弈,从而使它具有"适当的"或"均衡的"激励。

政策的评估

暂且假定我们相信这一指控,即司法审查是以此前的研究者所描述的那种严厉方式弱化规章创制活动的。我们会推动什么政策杠杆去矫正这一情形呢?在任何时候都要记住,司法审查既是坏的,也是好的;除了引发错误、加剧蓄意阻挠、挫伤决策者的士气之外,司法审查同样可以用于反对不公平、非理性与不负责任。

抨击"范围"或"严厉性"问题

法律人一直在围绕着司法审查行政行为的适当范围问题喋喋不休。国会多次试图通过改变关于司法审查范围的字面规定以调整司法审查的严厉性。[19] 与《行政程序法》的表述相反,在审查许

---

[19] 最近有关谢弗林案的文章都是阐释性的。由于印刷在该案之后论述解释法律时之适当审查标准的所有文章造成的森林资源的损失,可能正好说明了完全有理由要求最高法院连同其法律意见一起发布一份环境影响说明。例如,参见托马斯·W.迈瑞里(Thomas W. Merrill):《司法机关对行政先例的尊重》(Judicial Deference to Executive Precedent),载《耶鲁法律杂志》第 101 卷,1992 年,第 969－1034 页;莫林·B.凯勒汉(Maureen B. Callahan):《联邦法院必须尊重行政机关对法律的解释吗? 美国谢弗林有限公司诉自然资源保护委员会案新的学说依据》(Must Federal Courts Defer to Agency Interpretation of Statutes? A New Doctrinal Basis for Chevron U. S. A. v. Natural Resources Defense Council),载《威斯康星法律评论》,1991 年,第 1275－1299 页;加里·J.艾得斯(Gary J. Edles):《钢铁工人案炸破了谢弗林案的泡沫吗? 司法尊重的某些实际涵义》(Has Steelworkers Burst Chevron's Bubble? Some Practical Implications of Judicial Deference),载《诉讼评论》第 10 卷,1991 年,第 695－712 页;凯斯·A.桑斯坦:《谢弗林案之后的法律与行政》(Law and Administration After Chevron),载《哥伦比亚法律评论》第 90 卷,1990 年,第 2071－2120 页;劳伦斯·H.希伯曼(Laurence H. Silberman):《谢弗林案:法律与政策的交叉》(Chevron – The Intersection of Law and Policy),载《乔治.华盛顿大学法律评论》第 58 卷,1990 年,第 821－828 页;理查德·J.皮尔斯:《谢弗林案以及其后:司法审查行政机关对法律规定的解释》(Chevron and Its Aftermath: Judicial Review of Agency Interpretation of Statutory Provisions),载《范德比尔特法律评论》第 41 卷,1988 年,第 301－314 页;埃里克·M.博朗(Eric M. Braun),评论:《挖出无核葡萄之核:对美国谢弗林有限公司诉自然资源保护委员会的再解释》(Coring the Seedless Grape: A Reinterpreation of Chevron U. S. A. Inc. v. NRDC),载《哥伦比亚法律评论》第 87 卷,1987 年,第 986－1008 页;肯尼思·W.斯塔(Kenneth W. Starr):《后谢弗林时代的司法审查》(Judicial Review in the Post-Chevron Era.),载《耶鲁管制杂志》第 3 卷,1986 年,第 283－312 页。

多新近成立的管制机构的非正式规章创制活动时,"实体性证据"审查被当作审查规定的组成部分。[20] 当规定退伍军人可以要求司法审查时,运用的表述完全不同于《行政程序法》的规定。[21] 至少是在某些案例中(著名的通用相机[22]案或许是最明显的例证),法院认为立法机关对司法审查标准的重新表述,是在告诉它们一些与政治部门对司法监督行政决策的范围的期待有关的重要内容。

然而,有些评论者会提出,很难说"专断与反复无常"是否确实与"实体性证据"有什么不同。[23] 当有人认为司法审查的主旨揭示了持续的(即便短暂)"严格审查",而其他人则认为司法审查的新趋势是"温柔一瞥"或其他某种比喻性的司法立场。同时,我们的一些非常有经验的法官告诉我们,他们如何严格地审查具体机

---

[20] 《职业安全与卫生法》29U. S. C. §651及其以下与《消费品安全法》15U. S. C. §2051及其以下都是显著的例证。在将实体性证据规则适用于非正式行为过程时,很难明确国会想得到的是什么。或许只是以下二者的妥协:一方是支持该法案的人以及他们关于非正式规章创制只接受对"专断性"的审查的逻辑推论;另一方是反对该立法的人,而且至少希望通过运用规章创制的正式程序以削弱其有效性,这会促使其依照《行政程序法》适用"实体性证据"规则。那些不得不应付这种妥协的法官很不爽。参见 Industrial Union Department AFL – CLO v. Hodgson,499F. 2d467,469(D. C. Cir. 1974),在该案中,麦高恩(McGowan)法官哀叹说:"联邦法院……当然有权利要求免除从立法机关不合逻辑的妥协中进行推导这一额外负担。"

[21] 《退伍军人司法审查法》(Veterans' Judicial Review Act),Pub. L. No. 100 – 687,102 Sat. 4105,Div. A(1988)。

[22] Universal Camera Crop. V. NLRB,340U. S. 474(1951)。

[23] 安东尼·斯卡里亚、弗兰克·古德曼(Antonin Scalia and Frnak Goodman):《〈消费品安全法〉的程序之维》(Procedrual Aspects of the Consumer Product Safety Act),载《加州大学洛杉矶分校法律评论》(U. C. L. A. L. Rev.)第20卷,1973年,第899 – 934页。

关的决定要取决于超越立法阐述之外的整个历史与语境因素。㉔因此,约翰·门德洛夫的看法似乎就很有道理:任何审查程序的真正问题都是合理性,而这种"合理性"主要待在旁观者眼里。㉕

这里请不要过度解读这一主张。以这种或那种方式改变胜诉的概率当然会对司法审查博弈产生影响。博弈的支付高度依赖于那些概率。然而我们通过致力于司法审查的范围或严格性问题来减少驱使着对抗性诉讼过程的不确定性,这似乎是一个不太可能实现的希望。新的立法措辞或许会对这个过程增加一种风格。不过,考虑到其他影响司法审查范围的语境因素,即使是这种风格,也是无法持久的。

㉔ 在这里提醒大家回忆一下哈罗德·利文撒尔法官在 Greater Boston Televsion Corp. v. FCC,444 F. 2d 841 – 852(D. C. Cir. 1970),cert,denied 403 U. S. 923(1971)中的主张,审查行政行为的法院在寻找的是某种"危险信号的结合",可以证明严格审查甚至是撤销或发回是正当的。在他看来,司法功能将"司法监督与有益的司法克制原则结合起来",也就是意识到行政机关与法院在促进公共利益方面共同构成了一种"伙伴关系",而且是"协作实现正义的手段"。这种观点在下述文件中得到了回应,即司法部长行政程序委员会:政府机关中的行政程序(Attorney General's Committee on Administrative Procedure, Administrative Procedure in Government Agencies), Senate Doc. No. 8, 77 Cong. 1st Sess. 75 – 76(1941)。

那种将尊重与怀疑按照国会通过关于司法审查范围之文字说明所意图的比例结合起来的困难,是由布朗(Brown)法官在 American Petroleum Institute v. EPA,661 F. 2d 340,349(5th Cir. 1981)中以有些生气的方式提出来的:"总之,我们必须给予行政机关相当但并非太多的尊重;行政机关有权行使其裁量权,但只能到这里,不能再多了;只要其裁量权不是'专断'或'反复无常的',就无须是理想的或甚至无须是正确的。"

㉕ 约翰·M. 门德洛夫(John M. Mendeloff):《有害物质管制的困境:职业安全与卫生署的过度管制如何导致了管制不足》(*The Dilemma of Toxic Substance Regulation: How Overregulation Causes Underregulation at OSHA*),麻省剑桥:麻省理工大学出版社,1988 年,第 115 – 116 页。

此外，我们从有关民事诉讼的文献[26]中得知，要求审判的案件的数量，它并不是审判标准的函数，而是原被告类似地评估法律诉讼"利害关系"的程度以及原告胜诉的可能性的函数，亦即诉诸审判的预期价值。考虑到在几乎任何执行前审查过程中可诉性问题的繁多以及任何可适用性审查标准的模糊性，被管制主体、受益者以及政府对胜诉可能性作出不同评估的概率是非常高的。此外，由于所有这些"博弈者"都是"重复博弈者"，因此"利害关系"对每一方来说可能是不同的，即便对原告在某个诉讼中取胜概率的评估是一样的，也可能会导向不同的预期诉讼价值。简而言之，执行前审查诉讼的"和解"似乎很成问题。

还有另外一项关注，即试图通过告知法官以更尊重行政裁量权的方式来减少司法监督的干预性，但这既在政治上不受欢迎，在宪法上也是不适当的。就国会针对司法审查规章创制的范围做出一般性修正已经进行的认真辩论而言，国会主要是希望使审查更具有穿透性而非尊重性。即使我们认为字面说明的改变是有效的或适当的，但让法院到一边去在政治上也是不可能获得成功的。

改变"利害关系"

不管它的定量假设有多么随机，前述的博弈论模型也能非常

---

[26] 乔治·L.普里斯特(George L. Priest):《私人诉讼者与法院拥堵问题》(*Private Litigants and the Court Congestion Problem*)，载《波士顿大学法律评论》第 69 卷，1989 年，第 527 - 559 页；乔治·L.普里斯特、本杰明·克莱因(Geroge L. Priest and Benjamin Klein):《诉讼争议选》(*The Selection of Disputes for Litigation*)，载《法律研究杂志》第 13 卷，1984 年，第 1 - 55 页。

生动地证明改变利害关系在博弈中会起到什么作用。就增进诉讼而非服从而言,这样的方案可能是最好的,即允许即刻进行审查且同时避免所有的服从与惩罚成本。尽管律师与诉讼都是昂贵的,但多数重大的规章创制过程涉及的问题至少对某些公司或个人来说是如此重要,以至于带来的服从负担或放弃的潜在利益都会使诉讼的预期成本相形见绌。

因此,约翰·门德洛夫的另外一项主张可能也是很有道理的,即通过系统地努力削弱服从造成的负担是可以避免规章创制过程的阵地战的(他特别批评职业安全与卫生署的法律,它似乎未给行政官员留下什么选择,而只能强制实施极其昂贵的管制性要求)。确实有许多方法可以降低服从的负担。延长服从的时间往往会降低成本,比较不严格或适用范围比较窄的标准也会产生这种结果。同样可以大力推荐的是被管制主体之间进行交易以最小化整个服从成本的市场化措施。然而,这种"减少利害关系"的策略存在一些严重的问题,其中之一就是,它似乎认为解决规章创制太少这一问题的方案就是制定得更少,或者制定些更不重要的规章。在许多情形下,减少利害关系是一种通过屈从相关问题而使之得以解决的策略。[27]

然而,这里存在一个更深层的困难。门德洛夫的主张与这里

㉗ 而屈从是不起作用的,正如近来职业安全与卫生署水分很大的有害性暴露规章被撤销所表明的那样。29 C. F. R. §1910(1989)。另外见我对门德洛夫的批评,杰里·L. 马肖,书评:《有害物质管制的困境》(*The Dilemma of Toxic Substance Regulation*),《兰德经济学杂志》(*Rand J. of Econ.*)第 19 卷,1988 年,第 486 – 494 页;还可以见之于西德尼·A. 夏皮罗、托马斯·O. 麦加里蒂:《并非如此自相矛盾:基于技术管制的原理》,载《杜克法律杂志》1991 年,第 729 – 752 页。

278 贪婪、混沌和治理

描绘的程式化的博弈结构,似乎都倾向于假定同质的服从成本。不过,显而易见的事实却是,管制对某些主体比对其他主体更不利(或更有利)。[28] 实际上,对于某些主体而言,服从的成本可能并非"成本",如果成本指的是净损失的话。有时这是对未来利润的投资。例如,通用汽车公司之所以没有加入它的美国汽车竞争者/同行对最初的被动安全装置规则的抨击,就是因为它掌握着安全气囊技术的专利,并期望从该管制中获取重要的竞争性优势。而它后来又之所以对国家公路交通安全管理局同样的规则展开圣战,部分是因为该机关的优柔寡断的规定(它自身并没有特别的过错)没有给通用汽车公司带来一些非常丰厚的利润。

服从成本的不同还与放松管制的规章创制特别相关。既有的管制可能在产业内产生根本不同的影响,它的取消对某些人比对其他人更为有利。因此,减少利害关系就不只是意味着仅仅减少管制负担以便对运用法律过程发动管制战争产生显著的影响。例如,投资公司研究所肯定是有史以来最好讼的贸易协会之一。但它在司法领域中的努力,与其说是为了更自由的市场而战,不如说更经常地是为了维持针对其成员名单之外的金融中介机构的管制负担而战。[29]

---

[28] 布鲁斯·M. 欧文、罗纳德·布罗伊蒂加姆(Bruce M. Owen and Ronald Braeutigam):《管制博弈:行政过程的策略性运用》(*The Regulation Game: Strategic Use of the Administrative Process*),麻省剑桥:巴林格(Ballinger),1978 年。

[29] 例如,可参见 Board of Governors of the Federal Reserve System v. Investment Company Institute, 450 U. S. 46 (1981); Investment Company Institute v. SEC, 401 U. S. 617 (1971); Investment Company Institute v. FDIC, 815 F. 2d 1540 (D. C. Cir.), cert. denied, 484 U. S. 847 (1987); Investment Company Institute v. C. T. Conover, 790 F. 2d 925 (D. C. Cir.), cert. denied, 479 U. S. 939 (1986)。

第七章 行政决策的法律控制:"司法审查博弈"

因而,那些试图通过削弱管制的利害关系来减少对抗性阻挠的政策,实际上酷似立法机关的互投赞成票。为了确保非对抗性,行政机关实际上会在寻找这样的规章或规则缓和,即在包括各种管制受益者在内的所有受影响利益之间"公平"分配收益与成本。在这一幌子之下,相关提议看起来就像行政机关的投降(或"俘虏");或更乐观地说,是一个协商性管制提议。尽管"协商管制"显然具有自身的地位,但没有人会相信联邦官僚机构大多数宽泛的规章创制活动可以被重塑为协商的模式。[30]

的确,我们应当关心因服从与诉讼负担的重要断裂而致的利害关系失衡问题。但考虑到在被管制主体或者拖延、废除管制的潜在受益者之间存在的收益或负担的差别,要设计一种体系在天平两端放上恰好的砝码还是不太容易的。无论规章创制者是正在管制、放松管制或放弃管制,投入法律战斗的激励似乎都是无处不在。

---

[30] 可参见亨利·H.普瑞托(Henry H. Perritt):《联邦机构的协商性规章创制:美国行政会议建议的评估》(Negotiated Rulemaking Before Federal Agencies: Evaluation of Recommendations by the Administrative Conference of the United States),载《乔治亚法律杂志》(Geo. L. J.)第74卷,1986年,第1625-1717页;弗里德赖克·R.安德森(Frederick R. Anderson):《协商与非正式的行政行为:超级基金的情形》(Negotiation and Informal Agency Action: The Case of Superfund),载《杜克法律杂志》(Duke L. J.)1985年,第261-380页;尼尔·埃斯纳尔(Neil Eisner):《管制协商:真实世界的经验》(Regulatory Negotiation: A Real World Experience),载《联邦律师协会新闻与杂志》(Fed. Bar News &J.)第31卷,1982年,第1-118页。

时限

在某种意义上,考察司法审查的时限只是另一种说明利害关系问题的方式。现代对即刻的执行前审查的偏好往往意味着,被管制或被放松管制的主体可以在诉讼这一选项成本相对不高时在起诉与服从之间进行选择。管制往往有一个实施前期限,它恰好延伸到预期可以就诉讼进行判决的时间,而延缓规章创制行为的生效时间可以使当事人免于在该时间内的无谓服从。然而,集中单独考察时限这一主题,可以提出运用其他方式有可能错过的问题以及改革的机会。

例如,在特定情形下,审查的时限与胜诉的几率之间存在一种复杂的互动关系。如果可以要求即刻审查会消除所有当事人开始准备服从的激励,那么也就消除了否则就会存在的这样一些激励,即解决诉讼过程中显著存在的可行性与实践性问题。国家公路交通安全管理局的管制就曾反复因实践性或合理性这一沙滩而搁浅。然而,随着时间的推移而变得清楚的是,许多说服法院将规章发回行政机关的技术问题原本是能够解决的。此外,要是在诉诸法院之前先去服从,那么这些问题可能会得到更早的解决。

审查时限还在根本上重塑了诉讼的焦点。执行语境下的审查,往往集中关注的是对具体公司具有特殊重要性的一个或数个问题。执行前审查引发且通常造成的是援引规章的实体内容或程序正规性方面潜在的弱点清单。可援用的问题的多重性与关于真正服从规章的努力的证据的不可取得性结合在一起,就急剧地增加了司法审查的不确定性。

二十多年以前,保罗·威克瑞尔就曾经就时限的转移可能造成审查性质的转移对我们提出过警告。用威克瑞尔的话来说就是:

> 上诉法院对规章执行前审查带来的结果之一就是一个对规章创制的新的关注点,据信它会导致出现一种新的规章创制模式。在过去,当规章仅能在执行之后才能进行审查时,在规章创制程序与规章的事实基础获得检验之前,会过去相当长一段时间。结果是,对规章创制颁布时的情形进行审查就成为次要的,而且随着时间的推移会变得模糊;主要的问题在于规章对法院具体被告的适用问题。但是,由于与最终性与成熟性观念密切相关的次序方面的要求,对规章创制的审查几乎可以即刻进行,而且对于规章创制过程的关注可能更加尖锐。在此意义上,更早的审查意味着更严格的审查,这本身会带来一种严厉的司法审查规章创制模式。[31]

威克瑞尔分析中的批判性见识在于,他将司法兴趣的关注点定位为行政机关规章创制的"模式"。很久以后,哈夫斯特与我将这种进路称为"程序化的理性审查"。法院并未承担洛克纳式的实体理性审查任务,而是已经将事情"程序化"为诸如行政机关解

---

[31] 保罗·威克瑞尔(Paul Verkuil):《非正式规章创制的司法审查》(*Judicial Review of Informal Rulemaking*),载《弗吉尼亚法律评论》第60卷,1974年,第185、205页。

释的充分性问题;或者它对规章反对者提出的异议的回应性问题;或者提供给当事人的"公告"的充分性问题(这些当事人声称要是在此之前知道行政机关的真实计划或其意图所依靠的事实或"方法",他们原本会做出不同的回应)。[32] 当然,具有讽刺意味的是,这些试图避免司法对行政机关的实体判断进行干扰的努力,可能已经造成不确定性与"防卫性"的规章创制,它对规章创制的"僵化"贡献良多。

所有这些都表明,改变审查时限的观念不仅仅在于它可能在将激励转向服从而非诉讼方面具有策略性的意义。与改变司法审查的范围朝向"温柔一瞥"或者更有雄心地重新引进政策选择的"不可审查性"作为严肃的选择这种努力相比,[33]它在"适当性"方面具有一些优势。否定即刻审查并非要否定整个审查。要求做出独立的司法判断这种传统的个人"权利"得以保留。同通过文字说明的方式改变审查范围的努力相比较而言,时限对立法控制而言似乎更具有可行性。此外,申请阶段的审查往往会改进审查的政治维度(这里的意思是它差不多就是由竞争性寻租推动进行的辩论),同时还能够集中关注问题并提供更好的信息基础。"执行"或"实施"审查因而将司法机关置于一个更有利的位置,它可以针对没有资格或"政治"干预等主张为其判决作申辩。

---

[32] 例如,可参见 United States v. Nova Scotia Food Prod. Corp. ,568 F. 2d 240(2nd Cir. 1977)(因为在公示提议的规章创制时未能揭示其提议潜在的科学方法,食品和药品管理局的熏鱼管制被发回)。

[33] 最高法院试图在美国谢弗林有限公司诉自然资源保护委员会案 467 U. S. 837(1984)中对这一总类问题进行处理,但关于谢弗林案卷帙浩繁的文献似乎一致表明该努力是失败的。

第七章　行政决策的法律控制:"司法审查博弈"　283

这一改革的进路当然是有问题的。首先,最近的国会立法与法官造法的发展几乎一致朝着相反方向发展。㉞ 执行前审查已经变成常态,在执行过程中进行更晚的审查则越来越频繁地遭到了禁止。㉟ 基于法律确定性会使行政机关与受影响的利益主体都受益这种理论,国会的动力就是提供迅速解决有关规章无效的主张的机会。

但是,如果不去关注这一时限问题的解决所影响诉讼激励的方式,也会产生有害的结果。不仅争议的解决没有变得特别迅速,而且许多解决方案也是毫无必要的。通常的处置,也就是发回,会带来不确定性外加拖延。由不得要求即刻审查所引起的在行政机关与受影响主体之间进行的试图服从、试验与协商阶段,可能会得出更好的规章、更迅速的服从与更少的诉讼。因而返回更老的主要在执行阶段对规章进行审查的制度,就很有推荐的必要。因为不必要的司法审查不仅会导致政策过程的徒劳无益,同时还会危害司法与行政的正当性。

当然,我们必须对这些结论的普适性保持谨慎。执行前审查

㉞ 十多年前,弗雷德里克·戴维斯(Frederick Davis)在其论文中提供了一个令人印象深刻的关于立法执行前审查规定的目录:《规章创制的司法审查:新模式与新问题》(*Judicial Review of Rulemaking*: *New Patterns and New Problem*),载《杜克法律杂志》1981年,第279-296页。戴维斯的目录当时是不完整的,而且自那之后又通过或修正了大量的执行前审查规定。

㉟ 《联邦水污染防治法》1972年的修正案具有典型性。86 Stat. 891, §§509(b)(1) and (2), codified at 33U.S.C. §§1369(b)(1) and (2)(1982 and Supp. 1991)。它设置了自颁布之后很短的可以起诉规章的时间(120天)。其他的诉讼只能是基于在前述规定的期间之后出现的理由,而在任何民事或刑事诉讼中对强制执行进行审查都遭到了明令禁止。

尽管在国家公路交通安全管理局设定标准的情形中尤其会造成功能紊乱,但在其他情形下允许进行执行前审查却极其重要,例如环保署的空气质量标准。那些管制设立的目标要通过复杂的州/联邦过程加以实施,这需要法律上的确定性以便动员政治资源,而不管法律对抗性的成本有多高。执行前审查在其他方案中亦不会以同样的方式构建服从遵守/诉讼的激励。联邦能源管制委员会或证券交易委员会会计规则的变化可以在非常短的执行前时间内完成。在这里选择诉讼而非服从会受到严格限制,在等待司法结果出来的过程中不存在对规章的延迟。在其他方案中,受影响的当事人会发现几乎任何规定法律确定性的规章都优先于开放的许可或检控制度。因此激励诉讼而非服从的失衡景象并非特别突出。此外,尽管尊重放松管制性的规章创制,但除了认为规章在公布时即已成熟得可以审查或者完全不可审查之外,几乎没有什么其他的选择。

调整司法审查时限的另一个困难在于,时限并非仅仅是国会政策的函数。最高法院很长一段时间内的法哲学已经重新解释了《行政程序法》以及其他同类立法的规定,以便允许进行执行前审查。国会后来的规定就特定机关的规章创制进行执行前审查的法律,可以被视作国会对执行前审查的可得性所作的调整,而不是一种拓宽与深化最高法院能力的努力。至少,对规章的执行前审查不应被视作强加于心不甘情不愿的司法机关的立法要求。要改变目前这种将执行前审查假定为可行的守旧观念,还需要国会采取重要举措。

第七章 行政决策的法律控制:"司法审查博弈"

就司法审查行政规章创制的公共选择或博弈论进路而言,很难得出一个单一的或决定性的方向。不过,这里请注意策略性理性行动者的模型在推动解决政策问题以及导向那些往往被法律变革者所忽略的方向方面,看起来确实有所裨益。尽管我此前将法律理想主义与公共选择并列为影响我们观察之行政过程的两种竞争性进路,但本章表明了交叉领域协作的一种可能性。公共选择会有助于我们实现理想,我们不应仅仅改造或挖苦它。

第八章　分权与管制决策

如同第七章描绘的那样,执行前审查连同高度不确定的结果与利益集团的竞争给管制过程造成了法律上的抑制。法院的作用就像是穿着法袍以近乎偶然的方式产生结果的轮盘赌,或者"驳回起诉",或者"退回行政机关进一步发展"。在可能的情况下迟延审查被认为是抑制参与这一显然功能紊乱的管制轮盘赌的人的热情的一种手段。

在某种程度上,关于通过总统或国会对行政机关规章创制的政治控制的标准抱怨复制了司法审查的情境。但还是存在关键性差异。尽管政治控制努力的结果同样是不确定的,但来自国会与总统方面的压力会趋于抵消。不确定性并非源于相对不太熟悉情况的通才性法官适用的模糊法律标准,而是源于部门间为争夺对政策的控制权进行竞争固有的风险。这就使"政治监督博弈"同司法审查博弈相比较而言在结构上稍有不同,而且就什么改革策略是适当的导出了不同的结论。

我们将再次先考察现代对政治控制行政机关规章创制的抱怨。然后我们将运用曾鼓舞司法审查分析的同样的利益集团竞争精神分析这些抱怨与变革的提议。最后,我们将采取一种修正的视角,以总统、众议院与参议院三者之间的制度性竞争为标志。从这一角度来看,政治监督博弈之中的利害关系与控制技巧都会非常清楚地凸显。更重要的是,这种制度间竞争的分析有助于解释,为什么政治制度未能抵制确立司法审查博弈强调的那种虚弱的对抗性合法主义形式。

政治与规章创制

行政监督

尽管司法审查可以说对行政机关管制或放松管制的介入或约束是不偏不倚的,但在里根/布什年代的行政监督通常只是敦促行政机关向放松管制或不管制的方向发展。不足为怪的是,这些行政"改革"成了支持管制的信徒的众矢之的,而同时可以取得反政府与支持市场的力量的广泛支持。关于该主题的学术与通俗作品,文雅一点说是非常广泛的。这种争论是在各个层面展开的,从成本/收益分析的技术可靠性到行政监督与国会干涉的合宪性。这场战争不仅仅是话语之争,还动用了重型政治武器。总统授予行政管理和预算局的负责人和副总统大量的权力以迟延或取消行政机关的倡议。与此同时,国会还通过以下方式予以还击:批准延迟、资金封锁、不给促进行政审查的立法重新授权以及旨在免除行政机关所有行政性磋商的法律规定。①

这些迟延或取代究竟是好东西还是坏东西,主要取决于人们对整体行政管制性审查过程的看法。如果认为该过程产生了更好的联邦政策协调、更加深思熟虑的管制以及对私人活动的侵扰代价更低,那么迟延与取代就是值得的。反之,如果认为行政监督以政治私利取代了专家管制,为被管制利益主体提供了介入管制过程的优先途径,颠覆了国会的(大概也是普遍的政治)意愿,那么行政监督的后果似乎就是消极的。

外部环境管制已经成为行政管理和预算局的主要目标,但通过行政管理和预算局实施的规律性行政审查是否对行政机关的规章创制产生了极大的影响,这尚不明确。因为行政管理和预算局下属的信息与管制分析办公室审查行政机关规章的能力有限,绝大多数规章,即使是那些符合"重大联邦活动"标准的规章都是在信息与管制分析办公室没有怎么介入的情况下就通过了。② 然而,通过观察信息与管制分析办公室的审查模式,很难判断行政管理和预算局的监督究竟有什么样的影响。如同司法审查的情形那样,行政机关可以在其内部进行组织以避免在行政管理和预算局那里出现意外。倘若如此,他们就会进行一种"自我检查",这就

---

① 关于作品及论争的综述,见 Robert v. Percival,"没有平衡的制约:总统办公室对环保署的监督"(*Checks Without Banlance*: *Executive Office Oversight of the Environment Protection Agency*),载《法律与当代问题》第 54 卷,1991 年,第 127 – 204 页。

② 参见乔治·C.艾德斯、迈克尔·弗克斯(George C. Eads and Michael Fix):《救济还是改革?:里根的管制窘境》(*Relief or Reform?*: *Reagan's Regulatory Dilemma*),华盛顿特区:城市学会出版社(Urban Institute Press),1984 年。

提升了行政管理和预算局审查的影响。③

此外,同信息与管制分析办公室的相对技术性过程相比较而言,行政审查往往具有公然的政治性。乔治·布什副总统早在里根年代就是"管制救济"的积极推动者,后来作为总统,他通过他的竞争性委员会给予丹·奎尔类似的命令。尽管信息与管制分析办公室原本可以更为可信地提出,它所确保的只是管制的优先选择以及管制本身是基于可靠的"管制性分析",但副总统的干预却被正确地认为是"政治性"而非技术性的,它主要是为了回应共和党总统的主要政治选民的抱怨——也就是商业界。

国会的活动

当联邦司法机关与联邦行政机关的活动经常被视作迟延或使行政机关规章创制的努力脱离轨道时,国会的许多活动则显然是为了推进其步伐。在过去的20年里,国会已经发布数以百计的促进行动性命令,主要针对联邦行政机关立法中的规章制定期限。国会要求采取行动这种趋向,部分是为了回应1960年代有关行政机关管制过程呆滞而且经常"被俘虏"的观念。随着总统办公室(主要是通过行政管理和预算局)增加了它对行政机关管制活动的监督与审查,该趋向得到了维持,而且因国会与总统的制度性竞

---

③ 关于一位原则上赞成总统审查的必要性的学者就行政管理和预算局审查对行政机关的管制内容产生了实质性影响的结论,可参见托马斯·O.麦加里蒂(Thomas O. McGarity):《总统对管制机构决策的控制》(Presidential Control of Regulatory Agency Decisionmaking),载《美利坚大学法律评论》第36卷,1987年,第443-489页。

争而持续不断地获得活力。在共和党总统与民主党国会的相当长一段时期内,这种宪法许可的制度性竞争获得了党派政治的动力。如果说曾经存在实现麦迪逊"以野心制约野心"的预期的情形,那么最近二十多年的管制政治就提供了这种例证。在克林顿政府时期,尤其是1994年大选之后,总统/国会的角色已经发生了颠倒。但是正如我们将要看到的那样,这并未改变政治竞争的基本结构。

此外,即便对于里根/布什年代而言,支持管制的国会与放松管制的总统这种描述也是过于简单的。国会的活动同样也要对行政机关的表现不佳负责。首先,许多观察者都一致认为,国会在其现代管制立法中往往会做出过度承诺。④ 一部接一部的法律宣布一个接一个的问题都将会通过行政机关的管制行动解决,但却没有正确认识到布置的任务在科学与政治方面的复杂性。此外,随着这些立法中试图实现的许多目标都要求进行大量的研究与开发而变得明确的是,国会并没有提供足够的资金支持以使其目标的

---

④ 约翰·S.艾伯盖特(John S. Applegate):《万恶之首:有害物质控制中的风险、信息与管制结构》(Worst Things First: Risk, Information, and Regulatory Structure in Toxic Substances Control),载《耶鲁管制杂志》第9期,1992年,第277-353页;约翰·P.德威尔(John P. Dwyer):《象征性立法的病理学》(The Pathology of Symbolic Legislation),载《生态法季刊》(Ecology L. Q.)第17卷,1990年,第233-316页;霍华德·拉汀(Howard Latin):《理想与实际的管制效率:统一标准的实施与"微调的"管制变革》(Ideal Versus Real Regulatory Efficiency: Implementation of Uniform Standards and 'Fine-Tuning' Regulatory Reforms),载《斯坦福法律评论》第37卷,1985年,第233-316页;大卫·舍恩布德:《目标性法律抑或规则性法律:〈清洁空气法〉的情形》(Goals Statutes or Rules Statutes: The Case of the Clean Air Act),载《加州大学洛杉矶分校法律评论》第30卷,1983年,第740-828页。

实现变得可行。尽管如此,它既未放宽法律的时间表,也未降低此前为让行政机关注意而设置的议程。就此而言,在某种程度上,行政机关规章创制踌躇不前这种感觉是"巧妇难为无米之炊"的结果。

国会还直接采取行动去约束行政机关规章创制的步伐与方向。在它被裁定违宪之前(实际上之后也是如此),国会在数以百计的关于行政机关的法律中都附加了立法否决的规定,其中有许多都附着于规章创制的规定之上,从而表明了国会严重关切行政机关的提案或可能性提案的合理判断。⑤ 国会还使用具体的"拨款附加条款"单方撤销或迟延行政机关的规章创制活动。而它在对行政机关管制活动施加分析性审查要求方面,其意愿与行政部门不相上下。⑥

尽管在它的立法中存在过度承诺、资金不足以及做出超量分析,但国会的监督活动似乎主要指向的是责难行政机关在管制方面的迟缓。行政机关未能像国会立法命令的那样履行保护公共健

---

⑤ 可参见乔纳森·R. 梅西(Jonathan R. Macey):《分权与实证政治理论:针对行政机关的拔河比赛》(*Separated Powers and Positive Political Theory*: *The Tug of War Over Administrative Agencies*),载《乔治亚法律杂志》(*Geo. L. J.*) 第 80 卷,1992 年,第 671 - 703 页。

⑥ 参见尼尔·E. 狄威斯(Neal E. Devins):《通过限制附加条件管制行政机关》(*Regulation of Government Agencies through Limitation Riders*),载《杜克法律杂志》,1987 年,第 456 - 500 页。所有行政机关都必须遵守《国家环境政策法》的要求,42 U. S. C. §4321(1982) 以及《管制灵活性法》的要求,5 U. S. C. §601(1982)。只有对前者的遵守要接受司法机关的执行,但同样期望惯常性地遵守后者。这些宽泛框架法律中的一般性分析要求被附加于具体行政机关法律中内含的详尽有时甚至高度技术性的分析要求上。

康与安全的职责往往会让媒体关注,而且促成了个别立法者的私人目标。如果能够在行政机关面临环境或健康危机时的疏忽再加上某些不诚实或丑闻,那就更好了。结果是,监督曝光就成为国会山一种流行的娱乐形式。尽管在某种程度上显然是必要的而且是有益的,但国会官僚的圈套往往会使行政过程丧失政治合法性,并进一步阻碍行政机关的规章创制过程。[7]

国会还有另外一种将法定的分析性要求与程序的复杂性联结起来的倾向。一个行政机关不仅必须就问题本身进行分析,它还必须为外界提供挑战其分析的机会并提供他们的分析。在证明它的规章的理性或合理性时,行政机关必须考虑外部的评论、他们的证词与交叉讯问。正如我们所看到的那样,有些评论者认为,行政规章创制中程序的复杂性是国会希望维持它对官僚机构的控制以满足那些让该机关的法律得以通过的立法联合的利益的结果。[8]而其他人则认为,程序上的复杂性是扔给管制立法不成功的反对者的一块立法骨头。无论动机为何,程序上的复杂性可能使得管制方案"笨拙且难以运作"。[9]

---

[7] 可参见理查德·J.拉扎勒斯(Richard J. Lazarus):《国会监督环保署遭到忽略的问题:谁来监管监管者自身?》[*The Neglected Question of Congressional Oversight of EPA: Quis Custodiet Ipsos Custodes* (*Who Shall Watch the Watchers Themselves*)?],载《法律与当代问题》第 54 卷,1991 年,第 205 – 239 页。

[8] 例如,参见马太·D.麦克卡宾斯、罗杰·G.诺尔、巴里·R.温格斯特:《结构与过程、政治与政策:行政机关的行政安排与政治控制》,载《弗吉尼亚法律评论》第 75 卷,1989 年,第 431 – 482 页。

[9] 迈克尔·艾斯默(Michael Asimow):《非立法性管制创制与管制变革》(*Nonlegislative Rulemaking and Regulatory Reform*),载《杜克法律杂志》1985 年,第 381、424 页。消费品安全委员会可能是那种最终被证明是没用的创新性程序要求之国会指令的最

这些对行政机关管制活动进行政治监督的悲叹的可信性，为政府活动的普通公共选择视角提供了许多吸引力。政治生活类似于一个荒唐的剧场，通过目的就在于失败的方案来满足一般大众的需求，从而保护与政客进行金钱和选票交易的"特殊利益"。介入、参与、公平程序以及理性分析的程序，都只是掩盖通常肮脏的政治交易的烟雾与镜子而已。不仅如此，公众往往还会相信推销政治演说的新闻媒体所宣扬的"谴责官僚而非我们"的立法责任观点。精于要求赞扬与规避谴责而非合理政策过程的建构，这反倒变成确保责任的技巧。

当然，正如我前面主张的那样，这种黯淡的说明不可能经得起严格分析。那些为一般公众所期望的对集中的利益强加任何成本的项目都不会获得通过。关于行政程序的起源与功能的公共选择观点，并不比法律理想主义者的说明更好。然而这里有足够的理由让人关心它究竟是制度间的竞争还是利益集团的俘虏。让我们返回博弈论的进路，首先考察利益集团竞争与政治控制的问题，然后更广泛地审视政府机构之间的竞争是如何驾驭管制政策的。

好例证。显然期待赋予消费品安全委员会外行关于安全管制的热情以及对特定产品拥有长期经验的专业技术，国会赋予其一种独一无二的程序，公众借助这种程序能够诉请颁布规章，而且外在的"贡献者"也能够藉以发展这些规章的实体内容。诉请与贡献的过程都变成了程序性的噩梦（相关描述，见特里莎·M. 施瓦茨（Teresa M. Schwartz）:《消费品安全委员会:消费者年代的次品》(*The Consumer Product Safety Commission: A Flawed Product of the Consumer Decade*)，载《乔治·华盛顿法律评论》，第51卷，1982年，第32-95页），二者最终都因国会对消费品安全委员会管制步伐的不满而被取消。不过，同一届国会进而又代之以新的、额外的程序性和分析性要求。

博弈、总统与国会

假定如下:在一个多元政体内,构成行政机关规章创制外部环境的其他组织以类似于司法机关回应诉讼人的方式对选民的诉求作出回应。简而言之,所要分析的这种组织,无论是行政管理和预算局、众议院、参议院或立法机关某个委员会或小组委员会,都被假定为只会根据其他某人、公司或利益集团的要求才会采取措施以影响规章创制过程。从这一视角来看,政治组织是消极的,除非由其他人要求,恰如我们通常将法院视作被动的争端解决机构那样。

当然,这种假定在一定程度上(有时在很大程度上)是错误的。但设想司法机关对外部诉讼人的诉求是完全被动的也是错误的。司法学说构想了诉讼人可以向法院请求的情形,司法在听审或不听审案件方面具有相当的裁量权。此外,司法机关显然总是具有制度方面的利害关系——至少是它自身作为立法者的正当性。它的行动部分的是对嵌入我们宪法中的司法机关角色观念的激励的回应。因此,将诉讼视为由诉讼人鼓动而不受法院的影响,以及将诉讼结果视为一种只受相关信息存在或不存在影响的机会概率或可能性,这同样有些不切实际。

在首先考察了这种积极选民/消极组织框架下控制规章创制的政治环境的组织之后,我们将重建这个博弈以便考虑在行政部门与立法部门之间展开的制度性竞争的策略性现实,因为同样可信的理由是,行政机关作为非司法性的政治控制者,它必须被视作以法院所努力避免的方式去积极参与决策。当讨论立法权与行政权塑造规章创制的同时,相关分析还将向我们展示两院制、社会现状、司法决定以及行政机关以前的决定,都是决定规章创制过程的结果的非常重要的方式。

积极的选民/消极的组织

在这里,我们不必进行进一步的正式解释以便阐述由我们所谓的"行政协调博弈"或"立法监督博弈"产生的重要政策参数。通过考察司法审查博弈我们知道,有三个重要因素影响着原告或选民是否具有足够有力的激励通过诉诸行政机关政治委托人的方式控制行政机关的活动,这三个因素是:收益(通常是避免遵守成本或获取竞争的优势)、成本(在司法审查博弈中,诉讼的实际成本、支付罚金的可能性以及取得或丧失未来行政机关协作的更微妙的成本)以及胜诉的可能性。

此前分析的主要含义之一就是,当前的执行前审查的结构相当强烈地将参与者的激励转向诉讼而非遵守的方向。人们的直觉可能是,向诸如行政管理和预算局之类的行政监督机关或国会的某个部分申诉可能也是如此。大部分诸如此类的申诉都会发生在规章通过之前,更不用说它的实施阶段了。此外,既然这类要求政治干预的请求可能很容易导致行政机关的规章创制过程的迟延

（如果不是停顿的话），那么总是可以取得由迟延遵守成本获得的收益或因为既有管制（或不存在管制）获得的竞争性优势的持续存在。正如环保署的一位前总顾问据报道曾说过的那样："任何客户的代表如果没有运用（行政管理和预算局的）线路都是该死的粗心大意。"⑩

另一方面，在向行政部门或立法部门申诉时显然涉及在寻求司法审查时不会产生的成本。首先是，提出这些个别化的申请存在政治性约束。向法院起诉的原告被推定为追寻其"权利"，而寻求由行政管理和预算局或议员进行干预的人似乎会是（或被其对手或新闻界描述为）在寻求准腐败的政治优惠，即便当他们除了主张他们的观点的价值之外避免主张任何东西时也是如此。我们的政治文化已经变得有些愤世嫉俗，但愤世嫉俗是失望的理想主义者的姿态。个人与组织从来就没有停止过关心他们的负责任的公民行动的声誉。

政治而非法律过程同样还要承担另外一种成本。寻求总统办公室或本州的代表干预职业安全与卫生署拨款委员会的公司，要承受一种政治义务。如果公司（或个人）对是否欠下不确定的（寻求立法或者行政当然未得到明确界定的）政治债务犹豫不决，那就会被劝阻不要提出请求。在选择时还存在直接成本，就像向司法机关起诉存在诉讼成本一样。实际上，在如今通过律师提出请求的趋势下，直接成本可能会非常接近。

---

⑩ 托马斯·O. 麦加里蒂：《重塑理性：管制分析在联邦官僚机构中的作用》（*Reinventing Rationality: The Role of Regulatory Analysis in the Federal Bureaucracy*），剑桥：剑桥大学出版社，1991年，第289页。

提出政治性的申请同样也存在机会成本。那种不断乞求优惠的选民可能会相当正确地认为，他不久就会被视作瘟疫。因此，现在提出的请求就会限制未来可以提出的请求。申请的这种机会成本会对运用立法或行政杠杆的意愿产生某些令人沮丧的影响，这是在诉讼的情形下根本不会产生的考虑。诉讼人通常是向不同法院或至少是不同法官与不同陪审团追求其"权利"而非优待。而愿意起诉的声誉实际上会成为协商的优势。

最后，政治请求成功的可能性也是非常有限的。虽然存在相反的丑闻，但关于行政管理和预算局对行政机关管制审查的实际影响的报告表明，超负荷的信息与管制分析办公室对多数规章甚至主要规章都缺乏关注。虽然有人在行政管理和预算局之外不断要求它对管制采取特别严格的审查或许会有所帮助，但影响信息与管制分析办公室的议程却是极其困难的。

但是，正如我前面所指出的，一种关于特定机关与重要规章的目标性进路会受到一定的影响。那些集中研究行政管理和预算局与环保署关系的分析者发现，存在着实质性的干预、相当程度的实体性影响以及持续的迟延问题。⑪ 此外，那些很少或根本不害怕司法撤销的行政机关规章创制过程的富有经验的参与者报告说，由国会的分析性要求支持或煽动的行政监督，足以导致规章创制

---

⑪ 参见艾利克·D. 奥尔森（Erik D. Olson）：《权力的悄悄转移：行政管理和预算局依照 12291 号行政命令对环保署规章创制的监督》（The Quiet Shift of Power: Office of Management and Budget Supervision of Environment Protection Agency Rulemaking Under Executive Order12,291），载《弗吉尼亚自然资源法杂志》（Va. J. of Nat. Res. L.）第 4 卷，1984 年秋季号，第 1 - 80 页，也可参见托马斯·O. 麦加里蒂：《总统对管制机关决策的控制》，载《美利坚大学法律评论》第 36 卷，1987 年，第 443 - 489 页。

实际上的放弃。

到底在多大程度上可以预期行政管理和预算局会根据享有特权的选民的申请进行干预？这是不确定的。人们用不着远到在环保主义者中就可以找到那些人，他们怀疑行政管理和预算局对环保署管制的兴趣是受那些可能或已经被管制行业推动的。行政管理和预算局与总统办公室或白宫的其他机构，它们在非正式规章制定中扮演着单方代表或游说的"导管"，这也在诉讼中出现而且被新闻界描绘得栩栩如生。[12] 无论运用与行政部门的联系来影响规章创制有多困难，但熟练的游说者仍可以让一大堆的行政部门对特定的规章创制提议施压，而且使提案行政机关的经历实际上变得非常复杂。

通过打"政治牌"迟延或阻止规章创制活动在国会山的确稀松平常，但它也面临着障碍。单个的国会议员除了向相关机关传递选民的抱怨之外通常无法再做什么。当然，有影响的委员会或小组委员会成员因其位置不同可以在要求行政机关方面产生较大的影响。[13] 然而，我们实际上没有数据表明国会的干预究竟在多大程度上迟延、阻止或实质性改变了行政机关的规章创制活动。政治学文献在国会监督对行政机关行动产生的影响方面，存在显

---

[12] 例如，参见 Sierra Club v. Costle, 657 F. 2d 298 (D. C. Cir, 1981); 鲍勃·戴维斯 (Bob Davis):《安全的价格是什么？管制需要的风险分析方法，但其并非科学》(What Price Safety? Risk Analysis Measure Needed for Regulation, but It's No Science), 载《华尔街杂志》(Wall Street Journal) 1992年8月6日, A1, col. 6。

[13] 布鲁斯·A. 阿克曼、威廉·T. 汉斯勒:《清洁的煤/污浊的空气》, 纽黑文:耶鲁大学出版社，1983年，主张环保署的湿洗(wet-scrubber)规章相当数量的迟延与不一致都源于由两个有影响的参议员施加的政治影响。

著分歧。⑭ 立法否决的威胁消失了,尽管数不清的拨款附加条件仍然点缀于法律大全当中,⑮但许多似乎都是象征性的而不起作用。虽然国会骚扰行政官员的权力以及通过干预官僚机构取信于选民是极其著名的,但就这种外部政治力量在多大程度上是有效的规章创制的主要障碍而言,实际上还没有过硬的数据。⑯

众所周知,国会会通过模糊与野心过大的法律,但只给行政机关以太少的资源去实施它们,它经常而且陶醉于官僚的懒散与欺诈之中。根据共识,国会决策的一般政治活动是对规章创制过程的奇怪拖延。但是国会对行政机关管制活动的实体性游说的持续存在,却要归结为多重原因:选民的漠视、国会议员取信/避责的狡猾以及华盛顿游说者的公关技巧。那些对寻求国会帮助的收益保

---

⑭ 将伯纳德·罗森(Bernard Rosen):《让政府官僚机构负责任》(*Holding Government Bureaucracies Accountable*),纽约:普拉格尔(Praeger),1982;以及肯尼思·W. 克莱克森、蒂莫西·J. 莫里斯(Kenneth W. Clarkson and Timothy J. Muris):《自 1970 年以来的联邦贸易委员会:经济管制与官僚机构的行为》(*The Federal Trade Commission since 1970: Economic Regulation and Bureaucratic Behavior*),剑桥:剑桥大学出版社,1981 年,第 34 页;请比较巴里·R. 温格斯特、马克·莫瑞恩(Barry R. Weingast and Mark Moran):《官僚机构的裁量权或国会的控制? 联邦贸易委员会的管制决策》(*Bureaucratic Discretion or Congressional Control? Regulatory Policymaking by the Federal Trade Commission*),载《政治经济学杂志》第 91 卷,1983 年,第 765 – 800 页。

⑮ 参见尼尔·E. 狄威斯(Neal E. Devins):《通过限制附加条件管制政府机关》(*Regulation of Government Agencies through Limitation Riders*),载《杜克法律杂志》,1987 年,第 456 – 500 页。

⑯ 不过明确的是,如果行政机关将决策转为正式的裁决形式,那么可以更好地保护其免受国会干预。例如见 Pillsbury Co. v. FTC, 354 F. 2d 952, 963 – 965 (5th Cir. 1966)。只在极端情形下,即当国会的干预迫使行政机关不是依据其调整性法律的授权做出决定时,国会的政治干预才会被认为在法律上不具有正当性。例如见 D. C. Federation of Civil Association v. Volpe, 459 F. 2d 1231, 1245 – 1249 (D. C. Cir. 1971), cert. Denied, 405 U. S. 1016 (1972)。

持理性计算的人,如果打上成功的可能性的折扣,并与不可避免的成本进行比较,那么就会怀疑这种博弈是否值得努力。

即使围绕主要规章创制展开的行政与立法部门的激烈游说起到的作用是非理性的,但仍然是大量存在的。行政协调与立法部门监督的博弈吸引了大量的参与者。对大多数"行为主义"分析者而言,这自身就足以证明参与者采取的是理性的策略,而且他们还会得出结论说,这些博弈像司法审查博弈一样,为对抗性的政治战争提供了主要的激励。更进一步说,如果这种普遍存在的斗争像某些评论者所主张的那样是在破坏规章创制的及时性与理性,那么改革这种博弈的激励结构的时机也就成熟了。

实际上,即使所有这种政治上的推来搡去充满了喧哗与骚动,却丝毫也未表明规章创制的实质,它仍然意味着许多关于规章创制过程的公平与理性的东西。毕竟,在政体中广泛流传着这样一种信念,即行政机关的规章创制过程"不过是政治活动而已",而且是地下政治活动,这种信念会破坏行政机关政策指示的正当性,并且同时侵蚀行政官员抵制政治谄媚的意愿,这种谄媚会削弱而非提升规章创制产品的质量。

人们还是不应将这种主张推得过远。行政机关"处于政治中"这一观念就其在政治上是负责的这一信念而言是必要的。因此,规章设计问题就是如何将行政机关整合到政治结构中,它可以促进适当的政治责任,而同时不会在实质上偏离公平与理性的认识或现实。

许多评论者似乎认为,这一方面最重要的改革就是提升规章创制过程中政治接触的透明性。⑰ 行政机关能够通过将所有无论书面还是口头的外部信息都包括在它们的记录中的办法来约束自己。实际上，除却来自可以主张行政特权的总统的信息之外，法院可以要求在任何情形下都做出这种类型的"记录"。

关于行政管理和预算局的疑虑也可以通过更进一步开放信息与管制分析办公室的审查过程而被驱散。行政管理和预算局自身要求它所传递的函件应包括在规章创制的记录当中⑱；它还可以通过仅仅因为提议在本质上是"放松管制性的"而拒绝宣布放弃进行审查的必要性的方式，来避免实体性偏见的印象；它可以更好地协调它对行政机关管制影响分析（RIA）的文件应当包含充分相

---

⑰ 参见玛格丽特·盖霍莉（Margaret Gillhooley）:《行政规章创制的行政监督：影响的披露》（*Executive Oversight of Administrative Rulemaking: Disclosing the Impact*），载《印第安那法律评论》第 25 卷，1991 年，第 299 - 350 页；托马斯·O.麦加里蒂：《总统对管制机关决策的控制》，载《美利坚大学法律评论》第 36 卷，1987 年，第 443 - 489 页；保罗·R.威克瑞尔：《向行政机关施压：白宫的单方接触》（*Jawboning Administrative Agencies: Ex Parte Contacts by the White House*），载《哥伦比亚大学法律评论》第 80 卷，1987 年，第 943 - 989 页。

⑱ 到 1980 年代中期，行政管理和预算局在调整其自身的过程以及在取消隐秘"通道"的联系机会方面已经取得了巨大的进步。不过，总统国会的关系崩溃以及奎尔的竞争委员会的激进主义姿态重新点燃了怀疑与两败俱伤的战争。参见黛博拉·R.亨斯勒（Deborah R. Hensler）:《瞄准美国法律制度：竞争委员会的法律改革议程》（*Taking Aim at the American Legal System: The Council on Competitiveness's Agenda for Legal Reform*），载《司法》（*Judicature*）第 75 卷，1992 年，第 244 - 250 页；丹佛斯·奎尔（Danforth Quayle）副总统：《美国民事正义改革的议程》（*Agenda for Civil Justice Reform in American*），在美国律师协会的演讲（1991 年 8 月 13 日），载《新泽西法律杂志》1991 年 8 月 29 日；肯尼思·威克特（Kenneth Victor）:《奎尔的政变静悄悄》（*Quayle's Quiet Coup*），载《国家杂志》（*Nat'l J.*）1991 年 7 月 6 日，第 1676 页；《奎尔的顾问班子建议摧毁自相矛盾的再循环规定》（*Quayle Council Recommends Killing Provision in Incinerator Rule*），载《环境报告》（*Env't Rep.*）（BNA）211(1990)，第 1595 - 1596 页。

关信息的要求,运用的方式是协调这个要求与有关它对行政机关从被管制者那里取得信息的管制规定。一个拒绝去允许收集成本与服从数据然后指责行政机关在其"管制影响分析"中存在疏忽的行政管理和预算局,很难让人相信它是在努力促进而非阻止规章创制活动的。实际上,克林顿政府发动了许多这样的改革。

所有这些增加透明性的运动提高了对管制过程不适当政治干预的成本,同时并不必然会阻止正当的政策监督与主张。这些运动还激励行政部门与立法部门解释,为什么从国会与行政机关必然坚持的更广的视角来看,要求行政机关改变政策的具体请求不仅在技术上是适当的,而且在政治上是合理的。

不过,关于政治监督博弈进一步的"策略性思考"表明,我们应当警惕规章创制过程的透明性将会对特殊利益集团的诉求或行政管制过程的冗长产生重要影响这一主张。实际上,每一件事都应"记录在案"的要求往往会增加保持记录与解释的任务。当游说者或国会议员非正式地提出了一种糟糕的想法时,那么官僚就可以迅速而尖锐地做出回应或含糊过去("我们当然会考虑那一点,议员先生"),后来在行政机关用以证明规章正当性的"对根据与目的的明确说明"中就用不着解释,可能还得由实际的调查来加以支持。如果相关的评论记录在案,那么关于拒绝的详细解释对于避免司法机关有关规章审查的棘手问题而言就是至关重要的。

另外,如果利益集团理论的运作多少有点类似于公共选择同仁们所认为的那样,那么透明性就是一把双刃剑。25 年前(1969年之前),当众议院筹款委员会在秘密会议上通过提高税收的立法时，委员会成员可以轻而易举地告诉游说者说："我已经尽力了，但主席（或多数派或随便什么）不愿听我的。"现在，那种涨价对"公众"是开放的，猜想一下公众会是哪些人？很可能就是原来的特殊利益集团，现在他们能够看到他们的议员是否真的尽其所能了。完整和透明的行政机关记录同样也是如此，它有助于特殊利益集团监督它们以前的代言人。转化为公共选择的行话就是：[191]"透明性降低了有组织利益的'代理成本'。"

请不要误解我的意思。我并不是跳上 McNollgast 的游行花车上大喊："看呐，程序改革只不过是另外一种为受惠的利益'事先准备的'方式。"鼓励程序透明是限制政治干预并支持行政正当性（如果不是有效性的话）的最好方式了。但是，通过思考理性行动者在一个多元讨价还价博弈中将透明度变为优势的方式，至少会就可以实现的内容做出更现实的评估。"透明性"因而变成了一种策略上的制度性设计工具，它自身并非目的。布兰代斯大法官据传曾说过：对敏感的政治过程而言，"阳光是最好的防腐剂"。公共选择的视角至少可以帮助我们看到，对理想主义改革者的这种数十年的战斗口号，不应不加考察地接受。绷带是不透明的，但却将大量的细菌排除在外。

立法/行政机关的分权博弈

如同我前面指出的那样，"政治监督博弈"并非只是一种外部请求者或选民诉诸不同的政治机构以帮助其控制联邦机构的身心而展开的对抗性斗争。这些政治机构还具有宪法上的角色,构成了它们长达两个世纪的控制政策过程的竞争。如果麦迪逊是对的,那么在履行这些角色时,政治行动者所支持的规范性考虑就是与自由民主制度下权力分立相关的宪法设计。权力分立因而利用他们的希望来取悦选民并且奖励支持者去拓展公共利益观念。以这种方式考察问题就会提出一些相当不同的见解:(1)不同的组织在控制行政机关决策方面的力量比较;(2)为什么随着时间的流逝,国会与法院已经将现在围绕行政规章创制过程进行的内部冲突形式给"程序化"与"法律化"了?这一制度分析同样凸现了改革者可能改进行政机关规章创制过程环境的不同方向。

描述这一博弈的立体模型是第四章所讨论的简单线性模型更加详尽的版本。它设想政策是由二维空间界定的,其中总统、众议院与参议院每方都有首选的位置。⑲ 这些在图 8-1 中分别用点 P、H 和 S 来代表。Q 是现状或当前的社会现实。Q 显然不符合这三个机构中任何一方的首选位置。不过,它位于每个机构的无差异曲线的交叉点(所谓无差异曲线是指将与每个机构的首选位置相等的那些点联结在一起的曲线。它之所以被称作无差异曲线,是因为它假定机构或行动者与其首选的位置等距离的点是无差异的)。

因为众议院、参议院与总统每一方实际上都拥有"否决"任何立法提案的权力,因而他们必须就政策进行讨价还价。可能使得他们的状况都得到改善的讨价还价是由镜头 QN 界定的。该镜头

---

⑲ 基本模型借鉴的是穆卡宾斯(MuCubbins)等:"结构与过程"(Structure and Process)。

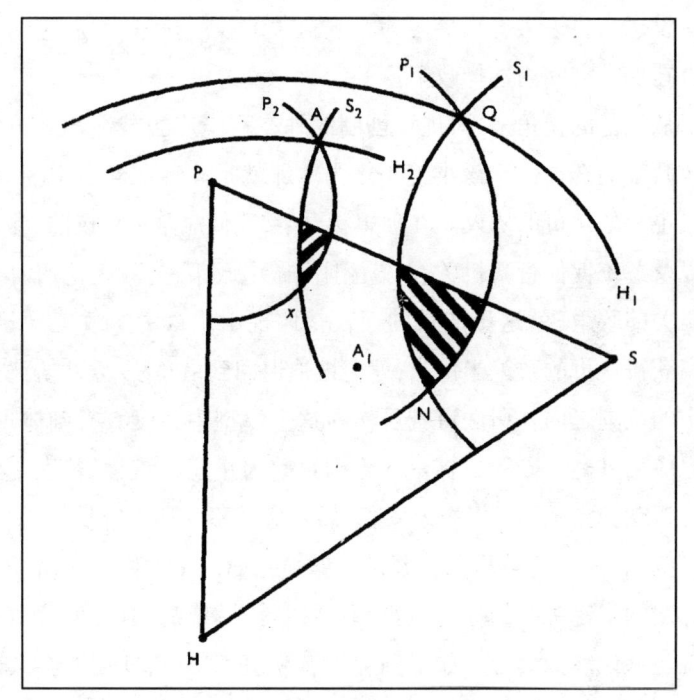

图 8-1　立法/行政机关的分权博弈

内的所有点对于所有行动者的首选位置而言都比 Q 更近。因此，如果他们就颁布这样一种法律达到协议而言就是理性的，该法律在这个镜头范围内的某处确定一种政策。实际上，因为众议院（它的无差异曲线通过 Q 时被标为 H_1）总是能提出位于三角形内的半镜头的某些政策，而这会使它得到改善，同时不会使总统与参议院变得更糟，所以众议院没有理由赞成位于 PS 线之外的协议。应当达成协议的相关政策空间因而就是三角形中的半镜头。任何能够得到所有各方认可的立法都处于该半镜头中的某个地方。考虑到所有立法在某种程度上都是模糊的，可能更为实际的就是将法律设想为将该半镜头界定为行政机关的权限范围,然后它们就可以在那个空间内选择政策。

从规范的视角来看,规章创制的外在环境应当被组建为迫使行政政策的选择位于该半镜头之内。那就是体现在立法中的、获得民主上的认可的协议。在理想状况下,我们应希望众议院、参议院以及总统促使行政机关在该范围内做出政策选择,无论何时行政机关的政策(就这里的目的而言是体现于规章中的政策)只要偏离获得认可的政策半镜头,就会被迫退回到由总统/立法协议所界定的范围之内。司法审查虽然在这个模型中并没有得到体现,但也应当具有相同的目标。尽管到目前为止还不错,但稍进一步的分析就会揭示出,让这个体系运转良好并不是那么容易的。

例如,假定行政机关选择的政策位于 A。A 的位置比由立法所界定的半镜头中的任何政策都更接近于总统的偏好,但远离众议院与参议院的偏好。如果国会拥有立法否决权,就可能会取消行政机关的选择以及其他可能位于半镜头之外的任何选择。但最高法院已经裁决立法否决违宪,无论是一院还是两院一起行动都是违宪的。没有了立法否决权,国会或两院中的任何一院都必须运用其他技巧以迫使行政机关服从最初的法律协议,或依靠司法机关应某些受到不利影响的人的要求而宣布行政机关的行为无效。但是,正如我们持续不断的行政治理经验所表明的那样,要国会创制不给行政机关留下宽泛裁量权的立法是相当困难的——这种裁量权宽到足以使司法监督合法性成为一种问题多多的确保立法/总统协议完整性的手段。

在缺乏有效的司法审查维持最初协议或缺乏其他对行政机关

施加压力以不选择 A 的技术的情况下，众议院与参议院可以通过立法撤销行政机关的政策选择，并采纳一项让参议院与众议院更高兴的政策。不过需要注意的是，新的立法规定的政策会位于由 X 与该镜头与 PS 线的交集所界定的半镜头中的某处。任何试图将政策移回到由 QN 界定的镜头中的立法都会遭到总统的否决。如同试图推翻总统否决的历史所揭示的那样，国会在那种较量中很少获胜。

由此可见，在立法否决的合宪性之中涉及的利害关系，比起初看上去的要高，即使对诸如拜伦·怀特（Byron White）大法官那些认为国会需要这种武器以便在现代行政国中维持与总统均势的人而言也是如此。[20] 不仅仅是因为没有立法否决权，导致国会不得不采取行动，通过立法（或许通过超级多数）来推翻令其不悦的政策。因为在讨价还价情形下的政策选择是行动者偏好与现状二者的函数，当面临总统的反对时，国会差不多无法回到它原本认为它与总统在先前的法律中所界定的政策空间。这就有助于解释为什么国会已经发展出许多其他的技巧，以试图重新获得像立法否决权的威胁那样的政治控制，尽管当这种否决权可用时它也极少运用。[21]

---

[20] INS v. Chadha, 462 U. S. 919, 967 – 1003 (1983)（怀特大法官持异议）。

[21] 可参见乔纳森·R. 梅西：《分权与实证政治理论：行政机构上的拔河比赛》，载《乔治亚法律杂志》第 80 卷，1992 年，第 671 – 703 页；哈罗德·高洪柱（Harold Hongju Koh）：《为什么总统在涉外事务上（几乎）总会赢：反伊朗事务的教训[*Why the President (Almost) Always Wins in Foreign Affairs: Lessons of the Iran – Contra Affair*]，载《耶鲁法律杂志》第 97 卷，1988 年，第 1255 – 1342 页；斯蒂芬·布雷耶：《变革管制》，载《杜兰法律评论》（*Tul. L. Rev.*）第 59 卷，1984 年，第 4 – 23 页。

以这种方式去考察政策选择另一个有趣的方面就是,它揭示了更多的、在对司法审查功效作不同假定的情况下一个行政机关权力的内容。例如,如果行政机关选择类似于图 8-1A_1 点上的一项政策,那么任何政治行动者通过立法都对它无能为力,而只能适度期待司法审查去矫正。政治行动者之所以丧失了通过立法改变政策的能力,是因为三角形范围内任何一项政策界定的点,如果在不使三个行动者之一变得更糟的情况下就不可能得以移动。处境不利的机构因此会否决这种移动并保留相关的政策(如果我们为 P、H 与 S 绘出穿过 A_1 的无差异曲线,那么显然,任何朝向由 N 与 PS 线所界定的镜头的移动都会导致总统与众议院变得更糟,而只有参议院得到改善)。位于三角形中的任何政策都是稳定的。

我们可以设想援用司法审查将行政机关的政策移回到镜头当中。但是如果我们稍微思考一下准确辨别最初的立法/总统协议所在的位置,那么我们就会怀疑法院是否具有这一方面的能力。通过考察法律规定的条件以及众议院、参议院与总统最初的陈述(或支持的法案)所界定出来的总体空间可能会像 PHS 三角形一样。因此,三角形之外的选择 A 可能会被宣布无效。但是去设想由镜头所界定的更小的政策空间对于审查的法院而言将会是清晰的,这也是过于乐观的。在这当中,存在着司法尊重行政机关判断的部分智慧。因为如果法院误解了立法意图,那么法院就会通过解释界定一个新的现状,该现状或者是稳定的(如果位于三角形之内)或者会导向一个全新的政策(如果位于三角形之外),而不是立法/总统最初达成的意图。

然后,可能的情形就是,行政机关在由其对之负责的三个政治机构的首选位置所界定的政治空间内,拥有重要的政策选择权。即便我们去假定每一机构都是根据其自身对良好公共政策的理解而行动而不是作为私人利益的导管,在规章创制中权力分立或"平衡"的利害关系也是相当高的。从这种"制度"视角来看,行政机关规章创制是一个重大的宪法战场也就不足为怪了。我们现在需要解决的就是,为什么这种政治/机构的竞争导致的规章创制过程为罗伯特·卡根所谓的"对抗性合法主义"[22]提供了重要例证。换言之,为什么"立法/行政机关的分权博弈"导致了"司法审查博弈"以及与之相伴的所有政治性制衡(行政协调与立法监督博弈)——这些制衡对规章创制的反对者进行了授权并使得创制过程僵化?

从博弈到制度设计

立法分权博弈与由普遍存在的执行前司法审查所助长的对抗性合法主义是紧密相连的。图8-1模拟的行政机关选择的例子都倾向于总统的偏好并不仅仅是巧合。任命与免职权、行政管理和预算局的审查以及行政机关通常是行政"团队"的一部分这一简
单的事实,往往都会赋予总统在影响行政机关行为时具有优势地

---

[22] 罗伯特·A.卡根(Robert A. Kagan):《对抗性合法主义与美国政体》(*Adversarial Legalism and American Government*),载《政策分析与管理杂志》第10卷,1991年,第369-406页。

位。㉓当没有针对行政机关规章易于操作的否决权时,国会就必须直接还击(更精确的立法)或间接还击(监督、施压敦促或替代授权),即使所有这些技术更多的是通过立法障碍给规章创制添乱而非增进其公平、理性或符合国会/总统的政策妥协。

特别是,McNollgast 的命题——即国会现在之所以在规章创制法律中植入的大量程序复杂性与法律控制,是因为国会需要授权选民监督国会自身无法监督或执行的立法协议——可以被视为不仅为自利所激励,而且也为在行政国家维持权力平衡这一真正问题所激励。㉔尽管我前面认为如果这一分析被当作解释行政程序整体结构的努力,那么是有点夸张的,但这一主张确实存在一些说服力。任意的时限、"不断重申"、程序的复杂性、分析性需求、提高的证据性要求以及立即寻求司法审查的机会,都赋予立法机关选民(以及其他人)以敦促行政机关朝向最初的立法/总统协议方向发展的工具(当然,这些工具的设计是否能很好地实现这一任务就是另一个问题了)。

因而,不管行政法在多大程度上回应了我们宪政文化更深层次的潮流,政治学家的说明都表明,国会具有强大的激励去为各式选民制定或者延续可能具有削弱性和背离合法性的"法律权利",

---

㉓ 运用一种不同的博弈论模型,埃斯克里奇与费内中得出了类似的结论。威廉·N. 埃斯克里奇、约翰·费内中:《让交易牢固:在现代管制国家中实施最初的立法结构》(*Making the Deal Stick: Enforcing the Original Structure of Lawmaking in the Modern Regulatory State*),载《法律经济学与组织杂志》第 8 卷,1992 年,第 165-189 页。

㉔ 例如见乔纳森·R. 梅西(Jonathan R. Macey):《组织设计与对行政机关的政治控制》(*Organization Design and Political Control of Administrative Agencies*),载《法律经济学与组织杂志》第 8 卷,1992 年,第 93-110 页,以及该文的引证。

用以挑战行政机关的政策选择。其他可用的政策控制方法或者过于软弱（监督），或者具有极明显的政治或政策灾难的风险（在极不确定其结果的情形下采取的具体立法命令）。

尽管公共选择的文献往往会忽略总统在确立对行政机关规章创制的法律制衡方面所起的作用，但我们很少发现总统以规定了过多的司法审查或规章制定程序为由而否决该立法。即便总统或总统办公室总的来说似乎试图通过行政或者政治手段来影响规章创制过程，程序化的理性审查也会影响行政部门与它们的选民的地位。尽管体现在与主要规章创制有关的行政命令中的分析性要求明确排除了对那些分析的质量进行司法审查，但这种分析仍然成为规章创制记录的一部分。其他行政部门规定的分析也是如此。针对行政机关规章创制"所有记录"的司法审查，因而强化了行政机关有力地回应执行部门的机构与超级机构所提出的观点的必要性。

于是在这个意义上，法院的使围绕规章创制进行的立法/行政政治战争"重新法律化"的努力——即通过创立"程序理性"的当代审查技术使它适合司法机关的作用——就影响到立法机关与行政机关之间的政治战争对整个规章创制制度惯性的影响的分量。如果我们叙述的故事是真实的，那么，一方面政治动机与宪法目的搭配不当，另一方面就是政治动机与法律控制搭配不当。法律控制正被用于以取消给政策过程授权的方式来影响有关行政政策的政治性/制度性战争。

美国的行政国家复制了自由民主法律秩序中内在的更普遍的

张力。多数派进行统治,但个人拥有权利;多数派的偏好并非总是与保护个人自由一致的。同样,行政法的规范方案就是要强化行政机关的政治与法律责任。但正如强化政治责任会支持民主一样,法律责任也会体现出对个人权利的保护。通过司法审查进行控制因而以法律的形式复制了政治偏好与个人权利之间的持续冲突。司法对这种竞争的回应不曾而且也不可能解决它,而只能通过建构"公平的程序"与"程序理性"的监督加以处理。

政治控制者往往也是喜欢程序化的监督形式的。因为行政机关具有多个委托人,他们竞相通过创立自己监控与惩罚犯错行政官员的多样化手段来控制行政决策,行政过程因此变得越来越笨重。

由此产生的美国行政治理的情形就确实很特别。在法律模糊不清以及多位委托人竞争老大的情况下,行政官员似乎拥有显著的政策裁量权。但另一方面,批评者认为他们在执行法律训令方面一贯表现不佳。行政官员似乎拥有巨大的政治裁量权,但运用能力有限。这种无能似乎是由多元主义政治与打扮成法律权利形式的制度间竞争造成的"对抗性合法主义"的直接产物。行政利维坦如同小人国的格列佛:只要他能站起来就可以压扁他们。

当然,并不是公共选择学者最先注意到美国行政官员同时表现出专横与无效。用詹姆斯·弗里德曼的术语来说,这就是美国行政法至少自新政以来所一直试图解决的"合法性危机"问题[25]。

---

[25] 詹姆斯·O.弗里德曼(James O. Freedman):《危机与合法性:行政过程与美国政府》(*Crisis and Legitimacy: The Administrative Process and American Government*),剑桥:剑桥大学出版社,1978年。

然而通过公共选择的透镜考察这些问题,有助于我们理解在我们的治理形式下这些问题是多么难以处理。委托/代理式的分析有助于我们更深刻地理解在基于分权而产生多重委托人的宪法体系中的行政责任。而博弈论的进路(它包括要求行政官员关注竞争性主张中的司法机关与司法审查)则有助于解释,我们为何拥有如此众多的政府活动但政策产出却非常有限。

以这种方式去考察这些问题还有助于解释,为什么议会制度对美国政府的改革者总是具有吸引力。因为只要我们拥有一个分权的政府同时致力于通过司法审查来执行权利,那么就不可能同时产生行政官员既有效率又负责任这种强烈感觉。相形之下,议会制度从根本上重组了选举博弈,将当选政治家的命运与行政管理的效果联系在一起。各部部长可以期待会将精力与责任结合在一起。职业官僚仍然可以向执政党负责,因为尽管政府改变了,但总是可以知道政府是谁。

此外,因为在议会体系下行政官员只有一个委托人,可以让该委托人在选举中对行政政策负责,司法机关对一般行政决策的介入如同对立法控制活动的介入一样都是罕见的。当政治责任明确的时候,法院在无须审查行政政策的判断的情况下就可以保护个人权利。

当然,根据更严密的考察,议会制度也有其自身的混乱属性。我的意思不是主张按照英国的议会体系进行重大的宪法修正,取而代之,我的意思是从公共选择关于不同利益与组织之间的斗争出发来观察行政行为及其控制,这是一项让人清醒的工作。美国行政国家具有的那种内在的政治/法律博弈,对行政与行政合法性可能是与会是什么产生了强有力的影响。确实存在重构相关的博弈以使之更好服务于我们的方式。但是委托/代理的博弈理论视角阐明了在有益的改革有可能被揭示之前,需要进行多么认真的分析。至少,当从公共选择的视角认识这些问题时,人们不可能认为理想的安排就在眼前,或者诸如"透明"、"介入的机会"以及"法律控制"之类的标语能在多大程度上促进我们有关改革应如何进行的理解。

第九章　公共选择语用学

尽管从一个年代到另一个年代,具体的问题都会发生变化(实际上每一年或每一周都会不同),但美国公法却一直关注着前面讨论的一般性问题:法官应当在多大程度上积极审查法律的合宪性或行政机关判断的任意性?解释法律的最好方法是什么?分权实际上是如何运作的?在一个自由民主的宪法体制中,行政行为应当扮演什么角色?我的目的是依照公共选择的以下观念重新思考这些问题:投票理论、利益集团理论以及博弈论(包括代理理论)。现在到了简要回顾这些讨论以便确定我们学到些什么的时候了。公共选择是否是思考美国公法这些持续存在的问题的有益方式呢?如果是,那么是如何发生的?又到了什么程度?

该死的公共选择

对有些人而言,这些问题的答案似乎是很直接的:就其贬斥者而言,公共选择理论不仅无用而且有害。它无法胜任预测或解释的工作;它强化了一种愤世嫉俗的公共生活观念,往往会消除公共精神存在的可能性;就其告诉我们的内容而言,它告诉我们的都是我们已经知道的。

正如我们所看到的那样，这些批评者显然是有一定道理的。公共选择理论家，至少其中的某些具有一些非常坏的习惯。他们往往会过分要求、过分简化，而且彻底改造那些在别处设计得更好的机器。然而，我却不能满足于这样一种主张，即如果我们忘掉公共选择观念而继续改进公法与公共制度的工作，那么我们的状况会更好。

的确，公共选择理论家已经严重侵害了社会科学的方法论。不过，大多数社会调查领域的大多数实践者也都是如此。社会科学假定的"控制测验"通常是不存在的。如此一来，经验主义者剩下的就是过分简化的实验室实验，或者是可能或不可能说明相关变量的夸张回归。包括公共选择在内的经验性社会科学，它们在性质上差异显著。如果人们旨在将其"发现"转换成公共政策那就必须谨慎处理。这一点在我看来，詹姆斯·布坎南基本上是对头的。与之相关的问题不在于公共选择是否对公法过程的运作方式作出精彩和令人信服的解释，取而代之，重要的问题是公共选择的进路是否有助于制度设计。

就这个问题而言，"没有"并非一种可信的一般答案。社会选择分析最基本的前提只不过提醒我们，人们至少在有些时候会追求其自身或组织的利益，而那些试图实现私人或组织利益的努力是通过不同的决定规则以不同的方式建构的。要是我们忘记了那些一般命题，无论我们的目标多么值得赞美，也无论我们多么熟谙自由民主宪政的规范理念，我们只能成为糟糕的制度设计者。

更困难的问题在于，就制度设计的具体内容而言，公共选择是否告诉了我们什么为那些久经世故的公法学者或实务者所不知晓的东西。那些对这个问题做出"没有"回应的人是很难加以回答的,因为并不明确可以用什么证据来反驳他们的主张。他们似乎在说,关于这些事务,他们拥有充分发展的直觉,他们从未因公共选择的发现而感到惊讶,除非是公共选择的结果被证明是错误的情形。确实会存在这种人。而且还会有很多人认为,较其花费的努力而言,公共选择有用的发现是非常有限的。

无论如何,我认为前面的讨论表明,这里的内容对大部分公法研究者与实务者还是很有用处的。这种效用部分地在于它正在改进我们的直觉,或者使我们对公共选择分析者所关注的制度动态性或潜在的制度失灵变得更加敏感。更特别的是,我们详细考察过的公共选择分析经常会与主要公法领域流行的以直觉为基础的分析存在矛盾。随后我就会拟出一些教训,既可以概括又可以强化此前的讨论。

投票理论的教训

一些评论者误用投票理论来创作荒诞不经的集体行动讽刺漫画,而且猛烈"抨击民主"。然而,严格来说,阿罗投票理论并未证明集体选择过程必然就是混乱的,或其结果是不可解释的,它也并未使得代表的选举或公共集会行动的民主血统丧失合法性。实际上,如果明智地运用,投票理论可以带领我们更认真地思考"民主"某些弥足珍贵的图像,而且以不同的、更具启发性的方式审视它们。

投票理论的第一个有益的教训就是揭穿幼稚的人民民主主义。美国人似乎对人民主权伊甸园的丧失流露出浓郁的乡愁，无论是表现为18世纪新英格兰市镇会议的景象还是罗斯·佩罗特（Ross Perot）20世纪晚期电子全民表决的景象都是如此。投票理论教导我们，无论我们多么渴望直接民主，但倘若将其付诸实践就可能让我们的期盼落空。如果政治过程允许任何人将任何事情提出来针对任何替代性方案通过投票的方式决定，那结果都可能是混乱的。决定过程必须通过规则加以建构，这些规则排除可能性并且规定对提议进行深入细致的思考。

这种过程与制度性约束使得"多数决定规则"与"人民的直接意愿"的分离成为事实。但投票理论教导我们，这并非一个被视作或应当被视作对中介性民主批评的事实。直接民主不仅组织起来昂贵与耗时，而且直接民主过程的结果并非就是"人民的意愿"。我们因而就可以着手设计良好的集体决策制度结构的工作，免于失去了人民民主主义/多数决定理想的潜在地丧失合法性的映像。具有高度组织化的集体选择制度的代议制民主，并非"真实民主"苍白的赝品——如果我们用真实民主指的是准确反映出所有公众就所有要求集体行动的问题上的总体偏好的投票过程的话，那么它从来就是一种不可得的选择。

或许这种大众理念已经造成的危害，没有比宪法工作者关于"反多数难题"的反复咒语更加严重的地方了。这种标语已经构建了数十年的关于司法审查适当角色的理论化问题。但反思一下投票理论的教训就可以明确，无论司法审查存在什么难题，反多数都是提出该问题的一种奇怪方式。如果它所主张的是法院审查法律是有违人民意愿的,那么这种映像当然就是错误的。我们不仅没有"反多数难题"这种设想所主张的那种意义上的人民民主,而且也不可能拥有这种民主。另一方面,如果所有这些指的是由选举产生的代表多数支持该法案,那么"反多数难题"这一说法就丧失了很大一部分冲击力。

在建构司法审查时,真正的问题是要处理我们政府的不同部门的不同责任模式以及那些不同的责任模式应如何建构它们各自的职能。以这种方式提出这个问题,并未使司法审查问题变得更容易。但是,如此表达就不会如同"反多数难题"咒语那样预先判断司法机关"再次评判"立法机关判断的潜在合法性来源及其限制。的确,并非所有的宪法工作者或宪法学者在所有时候都会忘掉这一点,但他们中足够多的人已经花了足够多的时间以至于让人希望去迫使他们至少学习一下公共选择的投票理论方面的东西。

另一个关于立法过程的理解很容易可以根据第一个得出来。投票理论有助于我们理解程序结构对集体行动的结果是多么至关重要。此外,因为立法机关的决策是高度建构的,所以混沌并非集体决策的可能结果。程序结构的目的是要允许有目的的行为,同样也要有目的的阻挠。

这种关于立法的"制度主义"视角表明关键的行动者还是可以确定的,他们的言行对于理解意图赋予法律术语的含义而言具有非常明显的作用。如同 McNollgast 令人信服地主张的那样,当其与博弈论的有关在立法过程中言行什么时候"算数"的理解联系在一起时,在进行法律解释时,对结构与过程的关注就能引导对立法史加以明智的运用。

这种见识只不过会强化许多法官与律师的直觉。多数律师与法官在法律解释问题上的行动,仿佛立法者在立法过程所说的内容是可以证明的——其中的某些表述比其他的更可以证明。然而,在面对试图否定所有(或大部分)运用立法史的合法性的"文本主义"的严酷批评时,这种强化似乎是必要的。

利益集团分析的教训

对立法、官僚机构甚至司法结果的利益集团解释,只不过是以先后为因果的逻辑谬误的例证而已。这是一个公共选择理论侵犯社会科学的多数重罪都在此犯下的领域。不过,考虑公共政策承受的组织性影响还是很有意义的,同时还要避免像伊斯特布鲁克法官的法律解释那样头脑简单的进路,将利益集团影响的可能性转化成难懂的法律解释的运算方法。

例如,威廉·埃斯克里奇使用公共选择观念建构的法律分类,可以提供一份关于立法的"公共精神"的积极与消极信号的有益清单。将其当作认真思考的激励而非关于潜在过程的结论,埃斯克里奇的分类就变成一套有益的提醒与启发性经验规则。同样地,布鲁斯·阿克曼从利益集团的视角分析了卡罗琳产品案的脚注,发现它对会给司法审查合宪性产生一些影响的整个危险信号来说,只是一种幼稚的指引。确实应该给法官以更好的指示去考虑立法过程中分散与未组织的多数派问题与孤立分散的少数派问题。在这两种情形下，关于利益集团的形成与行动的潜在影响的系统思考，会引领我们超越传统的直觉。

博弈论的教训

泛泛来看，包括代理理论在内的博弈论视角似乎会教给了我们许多东西。博弈论的关键性洞识在于与决定过程如何创造不当激励或严重制约可能结果的方式有关。

不当激励的问题，在我所描述的对行政规章创制进行执行前审查的"司法审查博弈"的讨论，表现得非常明显。尽管法律工作者已经将这种法律控制技术视作反对行政专断的重要壁垒，但执行前司法审查似乎越来越多地成为一种对抗性合法主义与管制性或放松管制性僵局的方案。从博弈论的视角考察司法审查的动态性，有助于理解为什么似乎值得称赞的制度会产生让人不快的结果。它还提议集中关注此前被认为与行政决策过程的"僵化"关系不大的司法审查时限问题。

要是立法部门认为司法或行政部门未能适当实施法律标准，关于政策变化的动态性的博弈论视角也可以提供某些让人清醒的消息。尽管就鼓动立法的多数派解决行政机关或司法机关的错误活动的难题方面，存在大量的传统智慧，但这些传统智慧显然低估了立法机关遭遇的困难。无论是以埃斯克里奇与费内中阐释的第1条第7款博弈的方式还是我后来所描绘的分权博弈的方式来组织这一问题,都会突显立法机关讨价还价的一些显著特征。尤其是它既证明了决策中现状的至关重要性,又表明了当立法体系在面对明显违反对法律的最初理解的实施活动时会在多大程度上保持稳定。

这些结果都是很有影响的,就此可能存在两个有益的告诫。尽管在前面的讨论中它的内容并不多,但司法审查博弈对于相关例证中假定的数字参数而言还是高度敏感的。服从成本的变动、司法撤销的可能性、惩罚的范围或竞争劣势的因素都会产生关于司法审查的不同净成本或收益。每一项努力都是根据最近的经验去选择似乎可靠的价值,但那和说相关"博弈"描述的是现实是两回事。

其次,就其认为行动者的偏好是稳定的意义上来说,博弈论的模型是"静态的"。因此,当我通过将司法解释或行政行为置于不同于最初"立法协议"的位置上来阐明对达成合意的立法结果的偏离时,至少表明了司法或行政官员具有破坏立法偏好的力量。目前的情况也确实如此。不过,就执行活动或解释性的决策会影响立法参与者理解其自身行为的方式而言,偏好可能会发生变化。一旦采取并加以解释,偏离最初立法妥协的实施活动对所有参与者来说似乎都比最初的"协议"更可取。以这种方式加以审视,解释或实施可以被理解为积极参与不断进行的建构立法含义的过程的力量,而非颠覆立法偏好支持司法或行政部门偏好的力量。

实际上,如果说公共选择视角具有一种最主要的缺陷,那就是在它的说明与困惑中存在的关于公共生活的静态映像。政治行动者通常具有固定的偏好与利益;决定呈现为完全明确的合同或

"交易";实施者应成为致力于实现预先确定的结果的"忠实代理人",但却往往不会如此。当公共选择的实践者与消费者忘记了那些程式化的假定并不必然正确或可取时,他们就会犯下非常严重的错误。

对行政官员的授权:综合的例证

去充实关于公法问题公共选择分析的功效的观念的方式之一,就是将构成公共选择工具箱的所有视角用于一个具体的问题。考察将决策权授予行政官员的明智性以及可能的结果就提供了这样一个富有启发的例证,即公共选择分析如何阐明特定制度选择的正反两方面。

在新政时代联邦行政能力大大膨胀期间,美国律师协会曾发布一项声明,将行政机关描述为"暴君热爱而自由人民憎恨"的组织。不管这种声明有多夸张,但美国律师协会在某些方面还是正确的。实施模糊法律语言的行政官员拥有大量的裁量权和重要的"原动力"优势。正如分权博弈所阐明的那样,倘若行政官员处于众议院、参议院与总统偏好的总体界限之内,那么行政行为就可以不受立法变革影响。问题在于,从民主治理或公共福利的角度出发,这是否是件好事?

公共选择同仁中有些人显然认为答案是不是。但我对这种回应持批评态度,因为它似乎主要是建立在模糊的授权会促进立法的通过这一观念之上的。对行政官员进行授权很可能降低立法者达成共识的成本,但这对此类授权是支持还是颠覆民主或公共福利并不具有确定的含义。

其他人则提出了精细理论,认为行政官员之所以能够不断逃脱掉立法部门有效控制,是因为他们对信息具有实际上的垄断地位。这不仅会容许行政官员推行其自身偏好的政策,而且还使得行政官员从进行与相关行政机关未来预算有关的买方垄断式讨价还价的立法机关委员会那里获得越来越多的预算。然而,更进一步的公共选择视角表明,这些担忧可能是夸大的,对行政官员的授权存在民主方面的优点。

例如,从博弈论的视角来看,当涉及约束行政裁量权时,与立法机关委员会进行的买方垄断式讨价还价显然并非"城里唯一的游戏"。司法审查显然对行政决策具有一种重要的影响,而且可能是抑制性的影响。这可能部分源于 McNollgast 所描述的那种动态性:国会试图通过由司法审查支持的程序机制来监督行政机关的行为。此外,总统显然能通过任命、免职以及"行政的领导身份"等简单措施,在行政决策方面也具有非常实质性的权力。即使国会的直接控制非常有限,其他法律与政治控制措施也可能使行政行为既充满危险又拖沓。行政官员到底是美国律师协会20世纪中期设想的那种暴君还是"华盛顿的懦夫",取决于对具体行政机关就具体问题所持具体立场的高度复杂的分析。公共选择的分析表明,这些问题无论如何都不是一概而论的。

例如,总统影响行政机关活动的权力的民主后果就是不明确的。这显然贬损了立法机关对行政的控制。此外,拥有两位委托人的代理人可能实际上等于没有。另一方面,"民主控制"与"立法机关的控制"并非同义,因为总统政治与其说是以利益集团为基础的,倒不如说是以意识形态与政党为基础的。因而总统对行政的控制有助于将行政机关的活动与一般政治进程再次结合在一起,有助于避免因利益集团的持续存在而导致最糟糕的行政机关俘虏形式。行政法中体现出来的开放程序与理性决定的要求,可以推动向同一方向发展。

最后,对行政机关的授权有助于避免多数投票的病状。例如,提议根据一般标准对行政机关进行广泛授权会引起一种特殊的立法问题。非常笼统地说,它提出了立法机关是否赞成解决该问题的努力而非维持现状。这就将选择置于一种二元的形式,消除了相当范围的不可传递性与不一致的立法,就像立法机关试图自身得出具体的救济措施一样。此外,对行政机关的受行政法程序与实体所约束的授权,还有助于将具体问题与未来利益集团的交易进行隔离。因而,就具体问题向具体机关的授权往往会抑制互投赞成票的有害影响。

简而言之,在正确理解与适用的情况下,公共选择的进路可以通过多棱镜透视制度设计的问题。公共选择的分析并不必然会得出对美国治理的决定性的基本解释因素就是贪婪与混乱这一令人沮丧的预言。如果剥离意识形态的特殊诉求、简单化的适用以及学科的傲慢,那么公共选择分析对于那些头脑冷静的公法工作者而言会得出有益的教益。如同任何从交叉学科所借用的东西一样,必须谨慎关注所借用的学科的优点与缺点,以及它的抱负与法律理论的抱负之间的差异。然而,如果公法工作者要继续履行他们最根本的任务(即设计规范上适当而且可以起作用的制度),他们要是忽略公共选择的教导就会冒风险。尽管法律工作者确实经常对他们的制度直觉感到自豪,但那些直觉既可能遭到公共选择分析的挑战,也可以通过公共选择分析来加以完善。

公共选择与为了公共利益的改革

正如我们看到的那样,有些公共选择的分析者以及那些将其工作转化为政策处方的人确实拥有激进的改革议程。他们将复兴前新政的宪法原理以严格约束政府的活动,像对待债券契约那样解释法律,取消大多数行政机关。对他们而言,政府活动实际上不是贪婪就是混沌的产物。在这样的世界中,必须通过将集体选择降至最低程度的方式追求公共利益。

在此前的章节中我指出,这一改革方案得不到实质性的经验调查或规范主张的支持。根据公共选择主张对行政机关进行授权既可以促进民主责任又会提高公共福利,这似乎是可信的。无论投票理论还是利益集团理论都没有给予我们任何实质性的理由对法律进行严格解释,或者后退到形式性文本主义以避免讨论立法机关所追求的集体目的。

但是我还曾指出,在这些自由至上主义的热情之外尚存一种公共选择学术,对传统的法律理解与公共制度设计提出了丰富而且有趣的问题。在我们考察的两个一般领域中,公共选择进路都提出有待深入考察与改革的重要问题。

总的来说,第一个领域与司法行为和多数决定规则之间的关系有关。这是公法关注的一项传统内容,但从公共选择的视角来看,一些老问题得到了不同有时是更加尖锐的关注:难道司法机关审查法律专断性的权力确实将多数决定规则置入危险当中了吗?多元主义政治的动态性主要是给分散孤立的少数派的利益还是给分散且未组织的多数派的利益造成了特别的威胁?司法解释应当考虑具有十分不同的分配性后果的立法种类的潜在的不同政治动态性吗?考虑到在分权体制中存在着现状与制度竞争互动的情况下,司法审查同司法解释相比较而言是对民主治理产生更大还是更小的威胁呢?关于立法过程历史更策略性的认识是否可以将立法史作为法律解释更可靠的指引呢?

对于这些问题中的每一个,公共选择分析都提供了可信的而且非传统的回答。经过反思,这些回答可能正确也可能不正确,但确实值得认真考虑。

第二个一般领域与行政机关的政治和法律责任有关。在这里,我尽管认为有些公共选择的描述很是值得批评,但它们仍然显示出有价值的洞识。虽然行政机关的政策裁量权通常被视作宪法上问题多多的授权性立法判断形式,它同样也可以被理解为去解决立法过程的某些病状(突出的是互投赞成票),或者去强化以问题为导向的总统政治活动。行政机关行动的"程序化"似乎既可以根据传统"法治"或"公平"进行解释,又可以被当作去监督行政机关绩效的策略政治行为的组成部分。按照这种理解,行政过程的矫枉过正就完全是可想而知的。

在这种情形下,通过司法机关进行的"程序化理性审查"就呈现出一种可能不吉的形象。司法审查非但不是一种有限的法律控制形式——对维护法治至关重要，还可能成为从管制战争转化为管制僵局的催化剂。当将这些考虑与"分权博弈"中固有的政治控制的可能性结合在一起时，美国行政法的基本问题就有可能发生转换。当代的挑战是要建构一种具有采取权威行动的适当能力的决定过程，而非确保行政机关依法行政的传统目标。

我的观点并不是说如果没有公共选择的视角那么这些关注的内容就是不可见的。我也不认为公共选择的分析往往会得出一种轻快的解决方案，以使得公共机构表现得更好。实际上，伴随着公共选择分析者与其批评者视角的改进，问题可能变得更复杂而不是更简单，更不容易处理而不是更易于解决。取而代之，我的主张是，公共选择的消费者、批评者以及分析者在共同塑造一种改革议程（以及解决该议程的智识工具包），这不仅激发而且重新配置了传统上关于集体决策是什么样的以及应当如何操作的辩论。在此过程中，通过试图向那些有时似乎认为公共利益不可能存在的人学习来迫使我们去追求公共利益。

索　引

（本索引所标页码为英文版页码，请参照中译本边码使用）

A

Ackerman,Bruce 布鲁斯·阿克曼,68,88,203

Administrative discretion 行政裁量：arguments favoring 支持的论点,149 – 157；critics of delegated discretion 对授予裁量权的批评,135 – 142；"Law of Conservation of Administrative Discretion" 行政裁量守恒定律,154；principal – agent paradigm 委托—代理范式,131 – 132

Administrative Law 行政法：explaining administrative procedure 解释行政程序,124 – 130；idealist vision 理想主义的设想,108,111 – 118；"McNollgast Hypothesis" "McNollgast（系麦克卡宾斯、诺尔与温格斯特三人的笔名）假定",119 – 122；public choice theory of 与公共选择理论有关的,118 – 123；realist critique 现实主义者的批评,108 – 110

Administrative process 行政过程：defined（行政过程的）界定,124；explained（行政过程的）解释,124 – 130

Administrative rulemaking 行政规章创制：causes of retreat from 从其撤退的理由,161 – 165；contemporary prominence of 与当代的显著性有关的,158 – 159；reforming judicial review of 与司法审查改革有关的,165 – 166,174 – 180

Agency costs 机构成本：in legislating 在立法中,148；principal-agent paradigm 委托—代理范式,131 – 132；agenda influence 议程影响,13 – 14

A. L. A. Schecter Poultry Co. v. United States 谢各特家禽公司诉美国,134

American Textile Manufacturing Institute v. Donovan 美国纺织品制造者协会诉多诺万,137-138

Aronson,Peter 彼特·阿伦森,141-145

Arrow Theorem 阿罗定理,12-15

B

Bell v. Burson 贝尔诉布森,63

Block v. Community Nutrition Institute 布洛克诉社区营养学会,78

Brennan,Geoffrey 杰弗里·布伦南,25-26

Buchanan,James 詹姆斯·布坎南,25-26

C

Campaign finance reform, regulating "soft money" 财政改革运动,管制"软钱",45-47

Carolene Products, footnote 4 卡罗琳产品案判决书,注释4,68

Chevron U. S. A., Inc. v. Natural Resources Defense Council, Inc. 美国谢弗林有限公司诉自然资源保护委员会,149-151

Condorcet's paradox 孔多塞悖论,12;variation on 相关变量,16

Congressional organization, bearing on interpretation of statutes 议会组织,承担着法律解释任务,97-101

Countermajoritarian difficulty 反多数困难,201-202

D

"Deals" approach to statutory interpretation 法律解释的"交易"进路,88-93

Democracy 民主:as "civic virtue" 作为"公民美德",5;as "justice" 作为"正义",6;as "rationality" 作为"理性",7-8

Deregulation 放松管制,23-25

E

Easterbrook,Frank 弗兰克·伊斯特布鲁克,70,88-92,203

Economic man 经济人,3

Ely,John Hart 约翰·哈特·伊利,115,137,139,141

Eskridge,William 威廉·埃斯克里奇,94-96,102,203

F

Facts and values, relationship 事实与价值,关系,1-4

Federal common law 联邦普通法,86

Federalist 10 《联邦党人文集》第10篇,10,4-6

Federalist political science 联邦党人政治学,4-6

Ferejohn, John 约翰·费内中,102,204

Ferguson v. Skrupa 菲格松诉斯格拉柏案,57

Field v. Clark 菲尔德诉克拉克,132

Fiorina, Morris 莫里斯·菲奥里纳,141

Freedman, James 詹姆斯·弗里德曼,197

Freedom of speech claims, substitute for substantive due process 言论自由诉求,替代实体正当过程,61-62

Frug, Gerald 杰拉尔德·弗鲁克,109

G

Game theory 博弈论:applied to political oversight of agency policymaking 运用到行政机关决策的政治监督,185-195;and judicial review of rulemaking (运用到)司法审查规章创制,167-174;and statutory interpretation, (运用到)法律解释,101-103

Gellhorn, Ernest 欧内斯特·盖尔霍恩,141-145

Gibson v. Berryhill 吉布森诉贝里希尔,64

H

Hart and Sachs, legal process approach to statutory interpretation 哈特与萨克斯,法律解释的法律过程路径,84

I

Ideology, predictive power of 意识形态的预言力量,36

Industrial Union Department, AFL-CIO v. American Petroleum Institute 美国劳工及产业工会联合会产业工会部诉美国石油协会,137-138

Interest group formation,利益集团构造,19

Interest group theory 利益集团理论,15-21;competing models 竞争模型,34-35;evaluation of 与评估有关的,32-40

Irrebuttable presumption doctrine 无法反驳的假定,63-64

J

Judicial review of administrative rulemaking 行政规章创制的司法审查:effects 效果,161-165;game-theoretic analysis 博弈论分析,

167 - 174; proceduralization of 相关的程序化, 178 - 179; reform of 相关的改革, 165 - 166, 174 - 180; scope of 相关的范围, 174 - 176; timing of 相关的时限, 177 - 179

Judicial review for reasonableness 合理性司法审查: instrumental rationality paradox 工具理性悖论, 53; legal landscape 法律图景 52 - 55; public - choice approach 公共选择进路, 55 - 56, 65 - 71; review on tangential grounds 附带理由的审查, 61 - 65; strict scrutiny distinguished 严格审查的识别, 54

K

Kagan, Robert 罗伯特·卡根, 195
Kelman, Steven 史蒂芬·凯尔曼, 25 - 26, 29
Kerwin, Cornelius 科尼利厄斯·克尔温, 162

L

"Legislative failure" 立法失灵, 76 - 78
Legislative intent, relation to voting theory 与投票理论有关的立法目的, 113
Linde, Hans 汉斯·林德, 71 - 72

Lochner v. New York 洛克纳诉纽约, 59
Logrolling 互投赞成票, 16 - 17
Lowi, Theodore 西奥多·洛威, 136 - 139, 140 - 141

M

Macey, Jonathan 乔纳森·梅西, 89 - 92
Mendeloff, John 约翰·门德洛夫, 175 - 176
McCubbins, Matthew 马太·麦克卡宾斯, 97。See also McNollgast 还可参见 McNollgast
McGarity, Thomas 托马斯·麦加里蒂, 161
McNollgast, McNollgas 97 - 101, 109, 119 - 122, 140, 195, 202。See also McCubbins, Matthew; Noll, Roger; and Weingast, Barry 还可参见麦克卡宾斯、马太、诺尔、温格斯特与巴里

N

New Deal political science 新政政治学, 6 - 10
New Motor Vehicle Board v. Orrin W. Fox Co., 新机动车辆委员会诉奥林·W.福克斯有限公司, 56 - 59
Noll, Roger 罗杰·诺尔, 97。See al-

索引 333

so Mcnollgast Norm of universalism 还可参见 Mcnollgast 普遍主义标准, 18; relation to pluralism 与之相关的多元主义, 19 – 20

P

Panama Refining Co. v. Ryan 巴拉马炼油公司诉瑞恩, 133
Pluralism 多元主义 16; and administrative law 与行政法, 114 – 115; problems of 它的问题, 19 – 21
Posner, Richard 理查德·波斯纳, 93 – 94
Preference formation 偏好形态: confusing "ises" and "oughts" 混淆"是"与"应是", 1 – 4; effect of public choice theory 公共选择理论的影响, 25 – 29
Principal – agent paradigm 委托—代理范式, 131 – 132
Proceduralism 程序主义: in administrative law 在行政法中, 115; as a cure for legislative irrationality 作为立法非理性的一种疗法, 71 – 73
Progressive political science 进步主义政治学, 6 – 10
"Public regardingness", as constitutional standard "公共导向", 作为一种宪法上的标准, 66 – 68, 74 – 80

R

Rational voter apathy 理性的投票者冷漠, 15; empirical difficulties with, 与之相伴的经验性难题, 35
Regulatory reform, 1960s – 1970s 1960 – 1970 年代的管制改革, 21 – 23
Riker, William 威廉·赖克, 41 – 42, 69 – 70
Robinson, Glen 格伦·鲁宾逊, 141 – 145
Rulemaking 规章创制: congressional oversight of 相关的议会监督, 183 – 185; executive oversight of 相关的行政监督, 182 – 183

S

Schoenbrod, David 大卫·舍恩布德, 146 – 147
Scalia, Antonin 安东尼·斯卡里亚, 96 – 97
Separation of powers 分权: Article 1, Section 7 Game 第 1 条第七款博弈, 102; game-theoretic analysis of, 相关的博弈论分析, 191 – 195; relation to statutory interpretation 与法律解释相关的, 101 – 103
Shapiro, Sidney 悉尼·沙博里, 161
Shepsle, Kenneth 肯尼思·谢普

瑟,96

Silkwood v. Kerr-McGee Corp. 希克沃德诉科麦奇公司,90-91

Stanley v. Illinois 斯坦利诉伊利诺伊州,63

Statues, place in public law decision-making 法律在公法决策中的位置,81

Statutory classification, attempts to separate public and private interests in legislation 试图在立法中区分公共利益与私人利益的法律分类,93-95

Statutory interpretation 法律解释: contemporary formalism in 其中的当代形式主义,85; and game theory 以及博弈论,101-103; influence of public choice theory 公共选择理论的影响,86-87,104-105; New Deal purposivism 新政目的主义,84; relation to views of governance, 涉及治理观念,82-86; use of interest group theory in 其中运用的利益集团理论,87-96; and voting theory 以及投票理论,96-100

Stewart, Richard 理查德·斯图尔特,108

Sunstein, Cass 凯斯·桑斯坦,108

T

Taste shaping, and institutional design 偏好塑造与制度设计,27-29

"Textualism", and voting theory "文本主义"与投票理论,96-100

Theory of public choice 公共选择理论: effect on "public spirit" 对"公共精神"的影响,25-29; general 普遍性,10-12

V

Verkuil, Paul 保罗·威克瑞尔,178

Virginia State Board of Pharmacy v. Virginia Citizens Consumer Council, Inc. 弗吉尼亚州制药业委员会诉弗吉尼亚市民消费者理事会,61-62

Vote trading 投票交易,16-18; paradox of 投票交易悖论,17

Vote theory 投票理论,12-15; remedies of chaotic outcomes 混乱结果的救济,43; support for "liberalism" versus "populism" 有关"自由主义"对抗"人民民主主义"的支持,41-42; virtuesand vices of 有关的价值与罪恶,40-44

W

Weingast, Barry 巴里·温格斯特,

97。See also McNollgast 亦可参见 McNollgast
Williamson v. Lee Optical Co. 威廉姆森诉李光学公司,64

Wilson, Woodrow 伍德罗·威尔逊,8-10

图书在版编目(CIP)数据

贪婪、混沌和治理:利用公共选择改良公法/〔美〕马肖著;宋功德译. —北京:商务印书馆,2009
(公法名著译丛)
ISBN 978-7-100-05891-9

I. 贪… II. ①马… ②宋… III. 公共选择(经济学)-应用-公法-研究 IV. D90

中国版本图书馆 CIP 数据核字(2008)第 093415 号

所有权利保留。
未经许可,不得以任何方式使用。

公法名著译丛
贪婪、混沌和治理
——利用公共选择改良公法
〔美〕杰里·马肖 著
宋功德 译 毕洪海 校

商 务 印 书 馆 出 版
(北京王府井大街36号 邮政编码100710)
商 务 印 书 馆 发 行
北京民族印刷厂印刷
ISBN 978-7-100-05891-9

| 2009年4月第1版 | 开本 880×1230 1/32 |
| 2009年4月北京第1次印刷 | 印张 10 3/4 |

定价:22.00元